Jacob J. Toews
Gemeinde leben
Ein biblisches Konzept

GEMEINDE
LEBEN

Ein biblisches Konzept

Jacob J. Toews

Autor: Jacob J. Toews

© Lichtzeichen Verlag GmbH
2. überarbeitete Auflage 2006
ISBN 10: 3-927767-18-2
ISBN 13: 978-3-927767-18-8
Lichtzeichen-Bestellnummer: 305508

Christlicher Missions-Verlag e.V., 33729 Bielefeld
ISBN 10: 3-932308-89-1
ISBN 13: 978-3-932308-89-5
CMV-Bestellnummer: 30889

Satz und Titelgrafik: CMV
Printed in Germany

Inhaltsverzeichnis

Vorwort 11

Kapitel 1
Jesus und seine Gemeinde 13

*Vorbedingung zu einem richtigen Verständnis
der Gemeinde Jesu Christi* 14
Jesus, der Eigentümer der Gemeinde 15
*Jesu Anschauungsunterricht für die Mächte
und Gewalten im Himmel* 17
Jesus als Baumeister der Gemeinde 18
Jesus und das Baumaterial 19
Jesus als Haupt der Gemeinde 20
Jesus als Fundament der Gemeinde 21
Jesu Interesse an der Gemeinde 22
Jesu Garantie für den endgültigen Sieg seiner Gemeinde 26

Kapitel 2
Die Sonderstellung der Gemeinde 28

Voraussetzungen für ein richtiges Verständnis vom Reich Gottes 28
Der Reich-Gottes-Begriff 29
   Der Begriff „Himmelreich" bei Matthäus 29
   Die Souveränität Gottes und sein Reich 29
   Die Souveränität Gottes und der Mensch 31
   Das Reich Gottes heute 33
Die Darstellung von Gottes Reich vor der Welt 35
Die Sonderstellung der Gemeinde für heute 37
   Kein Heilsunterschied in Gottes Plan 37
   Vielfacher Stellungsunterschied in Gottes Plan 38
Eine Sonderethik für das Reich Gottes 45
Das Reich Gottes und die Gemeinde 46

Kapitel 3
Die Herrlichkeit der Gemeinde 48

   Die Herrlichkeit der Gemeinde entdeckt......................... 49
   Eine von Gott geschenkte Herrlichkeit 51
      Gottes Liebe in uns...................................... 52
      Das Maß der Nächstenliebe 53
      Die Dauer der Liebe 54
      Das Liebesgebot 55
      Liebe, die zuerst liebt 56
      Charakterzüge dieser Liebe.............................. 58
   Eine Gemeinde ohne Gottes Herrlichkeit 59

Kapitel 4
Die Universalgemeinde und die Gemeinde am Ort....... 62

   Die Universalgemeinde....................................... 62
      Ihre Darstellung in der Schrift 62
      Ausschließliche Gemeindebezogenheit der Darstellungen....... 69
      Mitgliedschaft in der Universalgemeinde 70
   Die Gemeinde am Ort.. 74
      Die Betonung der „Gemeinde am Ort" in der Bibel 74
      Der Zweck der Gemeinde am Ort 75
      „Gemeinde am Ort" in der Bibel 79
      Mitgliedschaft in einer Gemeinde am Ort.................. 81

Kapitel 5
Die Vielfalt in der Gemeinde 86

   Die Erkenntnis des Herrn 88
      Verbundenheit durch die Heilserfahrung................... 89
      Prägung der Gemeinde durch Einheit des Geistes 89
      Stärkung der Einigkeit durch ein gemeinsames Ziel.......... 90
   Vielfalt trotz Einheit 91
      Der Leib Jesu Christi als Bild für die Gemeinde 91
      Die Vielfalt der Gemeinde anhand der Gnadengaben 96

Kapitel 6
Der Zweck und die Aufgaben der Gemeinde 105

   Der Zweck der Gemeinde 105
      Den Herrn zu verherrlichen 105
      Das geistliche Wachstum der Gläubigen zu fördern 107
      Die Verlorenen für Christus zu gewinnen.................. 111
   Ausgewogenheit beim dreifachen Zweck der Gemeinde 113
      Einseitige Gemeindeausrichtungen 114

Kapitel 7
Gemeindestruktur 119

Eine Modellstruktur für Gemeinde? 120
   Der Unterschied zwischen dem alttestamentlichen
   und dem neutestamentlichen Volk Gottes 120
   Das Verhältnis zwischen Leben und Form. 121
   Richtige Gemeindestrukturen 122
   Prinzipien, Methoden und Stile. 125
Die Machtstruktur in der Gemeinde 128
   Machtstrukturen in der Gemeinde im Laufe der Geschichte. ... 128
   Die Autoritätsfrage in der Gemeinde. 132

Kapitel 8
Die Gemeindeleitung 138

Biblische Grundlagen für die Gemeindeleitung 138
Gemeindeleitung oder Gemeindeleiter? 139
Methoden der Gemeindeleitung 140
   Ein persönliches Verhältnis 140
   Das Wohl der Gemeindeglieder 141
   Bedürfnisse erkennen 142
   Leitung ohne Druck 142
Die notwendige Planung 144
   Erkennen des Zwecks der Gemeinde 144
   Ein klares Ziel 145
   Unterziele der Gemeinde 146
   Mittel und Möglichkeiten der Gemeinde
   zum Erreichen der Unterziele 147
   Strategie oder Ausführung. 148
   Verantwortungsgebiete für die Gemeindeleitung. 154
Menschliche Werkzeuge für die Gemeindeleitung 159
   Die allgemeine Berufung als Christ. 159
   Die besondere Berufung als leitender Mitarbeiter 160

Kapitel 9
Aufgaben innerhalb der Gemeinde 163

Eine klare Darstellung der Heilserfahrung 164
Die Förderung der Heiligung. 166
Biblische Gemeindezucht. 167
   Zweck der Gemeindezucht 168
   Methoden der Gemeindezucht 169
   Ursachen für Gemeindezucht. 169
   Ziel der Gemeindezucht 170

Pflege der Gemeinschaft von Gläubigen *170*
   Vorbedingungen für eine Gemeinschaftserfahrung *171*
   Das Wesen wahrer Gemeinschaft *176*
Ein Zeuge Jesu sein *178*
   Begriffsdeutung *178*
   Voraussetzung um ein Zeuge Jesu zu sein *180*
   Zeugnismethoden *182*
   Das Zeugnis zu Hause *183*
   Das Zeugnis der Gemeinde *184*

Kapitel 10
Aufgaben außerhalb der Gemeinde 185

Das Zeugnis der Gemeinde als Ganzes *185*
   Teilnahme am gesellschaftlichen Leben *186*
   Öffentliche Veranstaltungen der Gemeinde *186*
   Christliche Kalender *187*
   Besondere Veranstaltungen *187*
   Persönliche Beziehungen *187*
Die Rettung der Verlorenen *189*
   Die Verlorenen suchen *189*
   Die Verlorenen zu Christus führen *184*
Methoden der Evangelisation *197*
   Großevangelisationen *197*
   Gemeindeevangelisation *199*
   Persönliche Evangelisation *200*
   Heimatmission *203*
   Außenmission *205*
   Der Dienst an den Armen und soziales Engagement *207*

Kapitel 11
Eine neutestamentliche Einstellung
zur Gemeinde Jesu Christi 218

Die Einstellung Jesu Christi zur Gemeinde *219*
   Jesu Liebe zu seiner Gemeinde *219*
   Jesu persönlicher Einsatz für die Gemeinde *219*
   Jesu Erziehung an der Gemeinde *220*
   Jesu Fürsorge für die Gemeinde *220*
   Jesu Weisheit in der Gemeinde *220*
Die Einstellung des Apostels Paulus zur Gemeinde Jesu Christi *221*
   Paulus' Sorge um die Behebung von Mängeln *221*
   Paulus' Hingabe an und für die Gemeinde *222*

*Mindesterwartungen an eine Gemeinde für eine
neutestamentliche Einstellung ihr gegenüber.* *223*
    Eine bibeltreue Gemeinde. *223*
    Eine christozentrische Gemeinde *225*
    Eine missionarische Gemeinde. *226*
*Die neutestamentliche Einstellung von Gliedern gegenüber
ihrer Gemeinde* *227*
    Erwartungen an die Gemeinde *228*
    Liebe für die Gemeinde. *228*
    Vorbildliches Leben als Gemeindeglied. *229*
    Mitarbeit in der Gemeinde. *233*
    Kritik in der Gemeinde. *234*
    Korrektur in der Gemeinde *235*
    Gemeindebewusstsein im Alltag *236*
    Geduld einüben in der Gemeinde. *237*

Vorwort

Die Frage nach einem klaren Leitbild der christlichen Gemeinde ist heute aktueller denn je. Dafür gibt es zwei Gründe.

Einmal ist die Gemeinde Jesu durch missionarische Verkündigung ein globales Phänomen geworden. Der Herr baut seine Gemeinde unter vielen Völkern der Erde. Aber die Erscheinungsformen dieses geistlichen Hauses sind so vielfältig, wie die Kulturen und Sprachen der Volksgruppen verschieden sind.

Zum anderen steckt die Gemeinde in einer Identitätskrise. Dazu hat nicht nur die konfessionelle Zersplitterung der Freikirchen in ihren tausend Formen aller Lande beigetragen. Auch in traditionellen Landeskirchen debattieren Schlüsselpersonen über Zweck und Ziel ihres Fortbestehens und Jugendliche fragen nach Sinn und Wertstellung der Kirche für Leben und Dienst.

Wer heute nach Maßstab, Inbegriff und Urbild der Gemeinde Jesu Christi sucht, greift zuerst weder zur Kirchengeschichte noch zur Dogmengeschichte, sondern zur Bibel, besonders zum Neuen Testament. Da ist die Urkunde für die Urgemeinde in Jerusalem, sowie für die urchristlichen Gemeinden zur Apostelzeit zu entdecken. In der Bibel wird der Gemeinde Jesu auch heute durch Gottes Geist „die Eigenschaft eines klassischen Leitbildes" gezeigt, wie Otto Riecker es einmal gezeigt hat. Und gerade darum geht es in diesem Buch.

Der in Kanada und USA, im deutschsprachigen Raum Europas und unter Deutschen Brasiliens und Paraguays bekannte Prediger und Bibellehrer, Jacob J. Toews, entwirft hier ein von der Bibel her kommendes Gemeindebild. Er fragt nicht nach Weltweisen und Theologen; er fragt die Bibel, was sie über die Gemeinde Jesu zu sagen hat. Und sie hat uns viel zu sagen: was Gemeinde heißt, wie sie sich gestaltet, was ihr Auftrag in der Welt ist, welchen Umfang sie als Lokal- und Universalgemeinde beansprucht, wie sie sich intern aufbaut und was sie nach außen hin zum missionarischen Einsatz motiviert.

Das Buch ist nicht aus dem Stegreif entstanden, sondern durch jahrelanges Suchen und Forschen in der Schrift. Die elf Kapitel sind eine Sammlung von Vorträgen, die Prediger Toews zum Thema Gemeinde in Bibelstunden und auf Glaubenskonferenzen gehalten hat. Obwohl die gegenwärtige Fassung stark bearbeitet wurde, ist der volkstümliche Sprachstil des Redners absichtlich beibehalten worden. Nachfolger Jesu werden in ihrem Alltagsleben angesprochen, sich über Leben und Auftrag, Charakter und Handlung der Gemeinde zu orientieren.

Das Buch ruft auch zum Wachen und Beten auf; es fordert heraus, Glauben zu halten, Hoffnung zu bewahren und Liebe zu üben, bis der Herr der Gemeinde wiederkommt.

Hans Kasdorf
Mennonite Brethren Biblical Seminary
Fresno, Kalifornien
29. Januar 1991

Kapitel 1
Jesus und seine Gemeinde

Das Wort „Gemeinde" wird heute verschieden verstanden. Manche sehen darin eine politische Einheit, wie es im deutschen Sprachraum oft zur Bezeichnung einer Kommune oder Stadt gebraucht wird. Lukas verwendet denselben Ausdruck, um von einer Volksversammlung in der Stadt Ephesus zu sprechen (Apg. 19,39-40). Stephanus gebraucht dieses Wort, indem er von Israel als einer Gemeinde in der Wüste spricht (Apg. 7,38). Andere sind sich nicht klar darüber, ob Gemeinde und Kirche ein und dasselbe bedeuten, obgleich es eigentlich verständlich sein sollte, dass das Wort „Kirche" zumindest eine Doppelbedeutung hat. Es spricht einmal von dem Gebäude, in dem sich die Gläubigen versammeln, aber es kann auch nur die gläubigen Christen, die sich in dem Gebäude versammeln, meinen.

Zudem wird die Gemeinde Christi unterschiedlich eingeschätzt. Es gibt Glaubensrichtungen, die behaupten, es gebe kein Heil ohne die Gemeinde, während andere sagen, das Heil sei die Hauptsache und ganz ohne die Gemeinde denkbar, weshalb sie der Gemeinde Jesu Christi gleichgültig gegenüberstehen. Da ist es schon notwendig, dass wir uns neu an der Bibel orientieren, was unter der Bezeichnung „Gemeinde Jesu Christi" zu verstehen ist und auch, wie man sie richtig einschätzen kann.

Der Herr Jesus selbst hat bei zwei verschiedenen Gelegenheiten von Gemeinde gesprochen. Die erste Erwähnung in Matthäus 16,15-19 lautet wie folgt: *„Er fragte sie: Wer sagt denn ihr, dass ich sei? Da antwortete Simon Petrus und sprach: Du bist Christus, des lebendigen Gottes Sohn! Und Jesus antwortete und sprach zu ihm: Selig bist du, Simon, Jonas Sohn; denn Fleisch und Blut haben dir das nicht offenbart, sondern mein Vater im Himmel. Und ich sage dir auch: Du bist Petrus, und auf diesen Felsen will ich meine Gemeinde bauen, und die Pforten der Hölle sollen sie nicht überwältigen. Ich will dir die Schlüssel des*

Himmelreichs geben: Alles, was du auf Erden binden wirst, soll auch im Himmel gebunden sein, und alles, was du auf Erden lösen wirst, soll auch im Himmel gelöst sein."

Die zweite Begebenheit, in der Jesus von der Gemeinde spricht, wird uns in Matth. 18,15-18 beschrieben: *„Sündigt aber dein Bruder, so geh hin und weise ihn zurecht zwischen dir und ihm allein. Hört er auf dich, so hast du deinen Bruder gewonnen. Hört er nicht auf dich, so nimm noch einen oder zwei zu dir, damit jede Sache durch den Mund von zwei oder drei Zeugen bestätigt werde. Hört er auf die nicht, so sage es der Gemeinde. Hört er auch auf die Gemeinde nicht, so sei er für dich wie ein Heide und Zöllner. Wahrlich, ich sage euch: Was ihr auf Erden binden werdet, soll auch im Himmel gebunden sein, und was ihr auf Erden lösen werdet, soll auch im Himmel gelöst sein."*

Diese zwei Bibelstellen sollen uns zunächst helfen, uns neu zu orientieren, was die Bibel über die Gemeinde Jesu Christi zu sagen hat.

Vorbedingung zu einem richtigen Verständnis der Gemeinde Jesu Christi

Um richtig zu verstehen, was uns die Bibel mit der Gemeinde Jesu Christi sagen will, brauchen wir zunächst einmal die richtige Erkenntnis oder Überzeugung, wer Jesus Christus ist.

Der Herr gab sich viel Mühe, seinen Jüngern diese Überzeugung auch zu vermitteln. Zuerst fragte er sie: *„Wer sagen die Leute, dass der Menschensohn sei?"* Darauf antworteten sie: *„Einige sagen, du seist Johannes der Täufer, andere, du seist Elia, wieder andere, du seist Jeremia oder einer der Propheten"* (Matth. 16,13-14).

Ungewissheit über die Person Jesu Christi selbst vernebelt auch das Verständnis für seine Gemeinde. Wie damals Meinungsverschiedenheiten über Jesus vorherrschten, so sind sie auch in unserer Zeit zu finden. Doch was andere über Christus sagen, ist für uns nicht ausschlaggebend. Jesus fragt direkt: *„Wer sagt denn ihr, dass ich sei?"*

Das ist die Frage, mit der jedes Studium über Gemeinde zu beginnen hat und wobei wir uns einer göttlichen Offenbarung bedienen müssen, um zu derselben Überzeugung zu kommen, wie Petrus sie mit den Worten ausdrückt: *„Du bist Christus, des lebendigen Gottes Sohn."* Wird Jesus Christus für weniger gehalten als für den Sohn des lebendigen Gottes, dann darf seine Gemeinde auch anderen menschlichen Organisationen gleichgestellt werden, so dass sie nichts weiter ist als eine Glaubensgemeinschaft, wie man sie auch bei anderen Religionen finden kann. Doch ist Jesus Christus der lebendige Gottessohn, so steht seine Gemeinde auch zugleich über allen anderen Vereinigungen oder Einrichtungen, welcher Art diese auch sein mögen.

Die Menschwerdung Gottes machte das Werden der Gemeinde überhaupt erst möglich. Außerdem muss Jesus nicht nur als Sohn des lebendigen Gottes verstanden werden, sondern auch als Christus. Das bedeutet: Als der von Gott Gesalbte führt er Gottes Heilswerk hier auf Erden aus. In dieser Aufgabe hat Christus nicht versagt. Er rief auf Golgatha aus: *„Es ist vollbracht!"* Somit hat er nicht nur den Feind überwunden und die Sünde gesühnt, sondern auch etwas Neues ins Dasein gebracht, das in der Gemeinde Jesu Christi hier auf Erden erlebt werden kann und das vor der Welt veranschaulicht werden soll.

Die Einschätzung der Gemeinde Jesu Christi steht oder fällt mit unserer Überzeugung, dass Jesus Christus der Sohn des lebendigen Gottes ist. Wer sich nicht so zu ihm bekennt, kann die Wirklichkeit seiner Gemeinde nie erfahren und auch nicht verstehen. Es ist weiter zu unterstreichen, dass diese Überzeugung in Bezug auf Jesus Christus uns nie durch Fleisch und Blut kommen kann, sondern uns ausschließlich durch die Offenbarung des Vaters im Himmel zuteil wird. Das bedeutet, dass alle menschlichen Meinungen hier nicht ausschlaggebend sind und, dass die von Gott geschenkte Intelligenz des Menschen diese Wahrheit nie durch eigene Errungenschaft fassen kann. Es erfordert eine Bereitschaft, eine Offenbarung des Vaters in Bezug auf seinen Sohn, ihn aufzunehmen und anzunehmen.

Jesus, der Eigentümer der Gemeinde

Jesus sagt: *„Ich will bauen meine Gemeinde."* Von keiner anderen menschlichen Einrichtung hat Jesus das gesagt, obwohl wir wissen: *„in ihm ist alles geschaffen, was im Himmel und auf Erden ist, das Sichtbare und das Unsichtbare, es seien Throne oder Herrschaften oder Mächte oder Gewalten; es ist alles durch ihn und zu ihm geschaffen"* (Kol. 1,16). So zeigt Jesus hier doch eine besondere Beziehung zu seiner Gemeinde. Er nennt sie ausschließlich *„meine Gemeinde"*.

Zu oft wird die Gemeinde nur vom geschichtlichen Standpunkt aus betrachtet. Man staunt, wie die Gemeinde sich auch immer wieder in schweren Zeiten durchgesetzt hat und als Siegerin hervorgegangen ist. Man spricht von Ausnahmebeiträgen, die gewisse Männer in der Geschichte der Gemeinde geleistet haben, und heute stöhnen wir über den Beitrag, der scheinbar von uns zur Erhaltung der Gemeinde gefordert wird. Diener der Gemeinde und ihre Glieder sprechen oft von „meiner" oder „unserer" Gemeinde, und so wird das Bewusstsein, dass die Gemeinde allein Jesus Christus gehört, immer wieder verdrängt. Hier können wir in besonderer Weise den Liedvers gelten lassen: „Die Sach´ ist dein, Herr Jesus Christ, die Sach´, an der wir stehn, und weil es deine Sache ist, kann sie nicht untergehn." Wir werden später noch darauf kommen und sehen, dass niemand die Gemeinde antasten kann, um sie zu fördern oder ihr zu schaden, ohne dass man zugleich Jesus selbst antastet. Denn die Gemeinde Jesu Christi ist sein Leib (Eph. 1,23).

Hierin liegt die Sonderstellung der Gemeinde begründet. Das Wort „Gemeinde" (griechisch *ekklesia*) hatte keine besondere Bedeutung. Es wurde auch für eine Volksversammlung oder Versammlung der Bürger einer Stadt gebraucht (Apg. 19,39-40). Das Besondere an „Gemeinde" in diesem Zusammenhang ist, dass Jesus sie ausdrücklich „meine Gemeinde" nennt. Die persönliche Beziehung Jesu zur Gemeinde kann sonst keiner anderen Einrichtung hier auf Erden zugesprochen werden. Jesus ist nicht einfach Partner irgendeiner anderen Macht oder von Dienern innerhalb einer Gemeinde. Die Gemeinde gehört ausschließlich Jesus Christus selbst.

Es gibt auch nichts auf Erden oder im Himmel, was Jesus sich so teuer erkauft hätte wie dieses sein Eigentum. Eph. 5,25-26 sagt aus: *„Ihr Männer, liebt eure Frauen, wie auch Christus die Gemeinde geliebt hat und hat sich selbst für sie dahingegeben, um sie zu heiligen. Er hat sie gereinigt durch das Wasserbad im Wort."* Den unbezahlbaren Preis seines eigenen Lebens hat Jesus selbst gegeben, um die Gläubigen zu seiner Gemeinde zu machen. Weder Gott im Himmel noch Jesus selbst, dort zur Rechten des Vaters sitzend, hat für etwas anderes so viel investiert wie für die Gemeinde. Sie ist sein eigen für Zeit und Ewigkeit.

Jesu Anschauungsunterricht für die Mächte und Gewalten im Himmel

Man spricht allgemein von der Weisheit Gottes in der Natur. Immer wieder hört man von Gemeindegliedern, Wissenschaftlern und anderen Personen, dass man, um die Weisheit Gottes zu genießen, in die Natur gehen müsse. Dass darin tatsächlich viel von Gottes Weisheit zu erkennen ist, kann niemand ernsthaft bestreiten. Doch die Worte von Paulus in Eph. 3,8-10 haben uns hier viel zu sagen: *„Mir, dem Allergeringsten unter allen Heiligen, ist die Gnade gegeben worden, den Heiden zu verkündigen den unausforschlichen Reichtum Christi und für alle ans Licht zu bringen, wie Gott seinen geheimen Ratschluss ausführt, der von Ewigkeit her verborgen war in ihm, der alles geschaffen hat; damit jetzt kund werde die mannigfaltige Weisheit Gottes den Mächten und Gewalten im Himmel durch die Gemeinde."*

Den Höhepunkt göttlicher Weisheit findet man nicht zuerst in der Natur. Gott zeigt den Mächten und Gewalten im Himmel seine mannigfaltige Weisheit anhand der Gemeinde. Wir auf Erden schauen auf und bestaunen den Himmel und jauchzen über die Weisheit, die uns dort entgegenstrahlt. Doch die himmlischen Heerscharen schauen hier auf die Erde, und zwar nicht zuerst auf die schöne Natur oder auf die Werke der Menschen, sondern auf die mannigfaltige Weisheit Gottes in der Gemeinde.

Wie ganz anders wird die Gemeinde von Menschen eingeschätzt, wenn sie meinen, am Sonntagmorgen in die Natur gehen zu müssen, um die Weisheit Gottes zu sehen, weil sie diese in der Gemeinde nicht finden. Dort klagt man über Eintönigkeit und Langeweile und wartet sehnsüchtig auf das Ende des Gottesdienstes. Diese Menschen haben Augen und sehen nicht, was Gott den himmlischen Heerscharen mit der Gemeinde zeigt. Sie haben Augen und sehen nicht, sie haben Ohren und hören nichts von dem Reichtum, den Gott in die Gemeinde hineingelegt hat. Diese Menschen lassen sich von vielem ablenken, dabei von manchen Nebensächlichkeiten, und verpassen die größte Darstellung der vielfältigen Weisheit Gottes in der Gemeinde. Sogar für manche Diener in der Gemeinde hat die Gemeinde ihren Reiz verloren. Es scheint, als könnten die himmlischen Heerscharen die menschliche Gleichgültigkeit der Gemeinde gegenüber gar nicht verstehen.

In der Gemeinde darf man erfahren, wie ein gerechter Gott die Gottlosen selig machen kann. Hier hebt Gott die Niedergeschlagenen auf, hier heilt er die Verwundeten, hier richtet er die Gefallenen auf, hier stärkt er die Schwachen, hier gibt er den Hoffnungslosen eine Zusage. In Röm. 11,33 erkennt Paulus: *„O welch eine Tiefe des Reichtums, beides, der Weisheit und der Erkenntnis Gottes! Wie unbegreiflich sind seine Gerichte und unerforschlich seine Wege!"*

Jesus als Baumeister der Gemeinde

Diese Verantwortung gibt der Herr keinem Engel und auch keinem Menschen: Jesus selbst stellt sich vor als der Baumeister der Gemeinde. Beachten wir dabei, dass wir es mit einem Zukunftswerk Jesu zu tun haben. Er sagt nicht: „Ich bin dabei, sie zu bauen", sondern: „Ich will die Gemeinde bauen." Christus allein ist unser Erlöser, aber es genügt ihm nicht, uns die Sünden zu vergeben und Heilsgewissheit zu schenken. Er will uns weiter zum Wachstum führen, damit wir *„zum vollen Maß der Fülle Christi"* (Eph. 4,13) reifen. Paulus hatte in diesem Zusammenhang einen ermutigenden Zuspruch für die Philipper bereit, indem er schreibt: *„Ich bin darin guter Zuversicht, dass der in euch angefangen hat das gute Werk, der wird's auch vollenden bis an den Tag Christi Jesu"* (Phil. 1,6).

Das Ziel, das Gott sich mit den Seinen gesetzt hat, ist ja, *„dass sie gleich sein sollten dem Bild seines Sohnes, damit dieser der Erstgeborene sei unter vielen Brüdern"* (Röm. 8,29).

Das Ziel, das er sich selbst mit der Gemeinde gesetzt hat, lautet: *„... damit er sie vor sich stelle als eine Gemeinde, die herrlich sei und keinen Flecken oder Runzel oder etwas dergleichen habe, sondern die heilig und untadelig sei"* (Eph. 5,27).

Wenn wir auf uns selbst schauen und auch auf die Gemeinde heute, dann scheint uns dieses Ziel kaum denkbar. Aber Jesus ist mit der Bauarbeit beschäftigt, und dieser Baumeister fängt nicht nur an, er beendigt die Arbeit auch. Uns fällt auf, dass Jesus die Gemeinde eigentlich als einen Bauplatz auffasst, wo der Bau ständig fortgesetzt wird. Die Gemeinde ist heute also noch nicht fertig – Jesus ist im Begriff, sie zu bauen.

Von Beruf und Begabung her kann ich persönlich zu einem Bau fast nichts beitragen. Nur eines habe ich beobachtet: Wenn ich einmal einen Bauplatz besucht habe, dann war das Ziel des Baumeisters nicht von vornherein zu erkennen. Auf einem Bauplatz liegt vieles durcheinander, und alles sieht so halb fertig aus. Überall sieht man nur, dass noch manches fehlt. Man muss sogar aufpassen, wo man hintritt, denn überall liegt etwas herum, was meiner Meinung nach aufzuräumen wäre. Es ist schon vorgekommen, dass ich beim Verlassen eines Bauplatzes gedacht habe: „Das wird bestimmt nichts!" Aber wenn ich dann einige Monate später kam und den fertigen Bau sah, habe ich mir sogar sagen müssen: „Komm jetzt nur nicht auf die Idee, dir in dem wunderschönen Bau eine Wohnung zu nehmen."

In der Gemeinde mag heute auch manches durcheinander sein. Sie ist weit von der Vollkommenheit entfernt. Aber der Herr ist an der Arbeit und er geht planmäßig auf sein Ziel zu. Wenn wir die Gemeinde heute sehen, werden manche mutlos und sagen auch:

„Das wird bestimmt nichts!" Aber warten wir doch einmal, bis der Herr erst fertig ist mit seiner Gemeinde. Dann wird man die Gemeinde, an der heute so vieles fehlt und wo es manchmal sogar verwirrend zugeht, kaum erkennen können. Denn er wird sie sich herrichten als eine herrliche Gemeinde, die weder Flecken noch Runzeln hat. Von keiner anderen Einrichtung auf Erden kann man sagen, dass der Herr selbst den Bau weiterführt und dieser seinem wunderbaren Ziel entgegengeht. Es ist eine interessante Sache in einer Gemeinde zu sein, in der manches zu wünschen übrig lässt, und doch beobachten zu dürfen, wie Gott langsam, aber sicher und zielbewusst vorwärts schreitet. Will unsere Geduld da versagen und wollen wir dem Baumeister nun Vorwürfe machen, dass es zu langsam geht?

Jesus und das Baumaterial

In Matth. 16,17-18 gebraucht der Herr zwei verschiedene Anreden für Petrus. In V. 17 sagt er: *„Selig bist du, Simon, Jonas Sohn, denn Fleisch und Blut haben dir das nicht offenbart."* Hier nennt er den Namen, den Petrus hatte, ehe er dem Herrn begegnete.

Doch bei der Begegnung in Joh. 1,42 gab Jesus ihm einen neuen Namen. Hier heißt es: *„Da ihn Jesus sah, sprach er: Du bist Simon, der Sohn des Johannes; du sollst Kephas heißen, das heißt übersetzt: Fels."* In Matth. 16,18 spricht der Herr ihn mit dem neuen Namen an, indem er sagt: *„Du bist Petrus."*

Petrus hatte eine Offenbarung von dem Vater im Himmel erleben dürfen. Durch die Begegnung mit Jesus war er zu einem neuen Menschen geworden. Petrus selbst sagt in 1. Petr. 2,5: *„Und auch ihr als lebendige Steine erbaut euch zum geistlichen Hause und zur heiligen Priesterschaft."* Es sind nicht mehr natürliche Steine, sondern Steine, die lebendig geworden sind, welche zu diesem Bau verwendet werden. Für einen Bau sucht man sich doch gewöhnlich das beste Baumaterial aus. Man würde also denken, dass Jesus an den verlorenen Menschen vorübergehen müsste, um sich besseres Material zu suchen. Doch nein: Er ist gekommen, zu suchen und selig zu machen, was verloren ist. Sein Baumaterial besteht aus solchen, die einst tot waren durch Übertretungen und Sünden und die nach der Art dieser Welt und nach den Begierden ihres Fleisches lebten (s. Eph. 2,1-3). Aber diejenigen, die tot waren in den Sünden, hat er mit Christus lebendig gemacht und hat uns mit auferweckt und mit eingesetzt im Himmel in Christus Jesus (Eph. 2,5-6).

Was töricht vor der Welt ist, was schwach vor der Welt ist, was gering und verachtet vor der Welt ist (1. Kor. 1,26-28), hat Gott als Baumaterial für die Gemeinde erwählt, die herrlich sein soll. So kommt es nun, dass wir in der Gemeinde die göttliche Vollkommenheit nie allein sehen, sondern Gott hat in seiner Weisheit beschlossen, dass sich die göttliche Vollkommenheit durch die menschliche Mangelhaftigkeit offenbaren soll. Manche kommen in die Gemeinde und wollen dann nur das Göttliche ohne das Menschliche sehen. In der Gemeinde muss man ein Auge haben, das beides zugleich sieht, nämlich das Göttliche durch das Menschliche im Lichte der göttlichen Möglichkeiten.

Jesus als Haupt der Gemeinde

In Eph. 1,22 lesen wir, dass Gott *„alles unter seine Füße getan und hat ihn gesetzt der Gemeinde zum Haupt über alles, welche sein Leib ist, nämlich die Fülle dessen, der alles in allem erfüllt."* Ähnliches lesen wir auch in Eph. 5,23, sowie in Kol. 1,18. Jesus deutet dies bereits an, indem er in Matth. 16,19 zu Petrus sagt: *„Ich will dir den Schlüssel des Himmelreichs geben."* Dabei ist Jesus im persönlichen Gespräch mit Petrus und gebraucht deshalb die Einzahl, weil dieser hier der Vertreter der ganzen Gemeinde ist. Aber in Matth. 18,18 spricht Jesus in der Mehrzahl, wenn er sagt: *„Was ihr auf Erden binden werdet, soll auch im Himmel gebunden sein, und was ihr auf Erden lösen werdet, soll auch im Himmel gelöst sein."* Dabei spricht er zu der ganzen Gemeinde. Wir erkennen also, dass die Vollmacht dazu nie in der Gemeinde selbst begründet liegt. Jesus Christus bleibt der, der alle Gewalt hat, im Himmel und auf Erden, und er teilt der Gemeinde von seinem großen Reichtum mit, was ihr gebührt.

Also ist die Gemeinde keine Demokratie, auch keine Bürokratie, sondern eine Theokratie. Diese Bevollmächtigung schenkt der Herr der Gemeinde durch sein nie fehlendes Wort. Die Gemeinde soll in diesem Wort die Antwort für ihre Fragen suchen und finden. Die Autorität der Gemeinde muss immer in Übereinstimmung mit der Lehre der Bibel stehen. Die Gemeinde fragt also weder nach dem Willen der einzelnen Gemeindeglieder noch nach dem Willen der Bruderschaft, sondern die Gemeinde ist eine Bruderschaft, die in der Heiligen Schrift nach dem Willen Gottes sucht und sich von der Schrift führen und leiten lässt. Kein anderer als Jesus Christus allein bleibt das Haupt der Gemeinde.

Jesus als Fundament der Gemeinde

Manche wollen aus Matth. 16,18 die Schlussfolgerung ziehen, dass Jesus seine Gemeinde auf Petrus baut. Denn Jesus sagt hier: *„Du bist Petrus, und auf diesen Felsen will ich meine Gemeinde bauen, und die Pforten der Hölle sollen sie nicht überwältigen."* Beim oberflächlichen Lesen könnte man solch eine Schlussfolgerung ziehen. Aber wir sollten doch das hermeneutische Prinzip bewahren, dass ein Vers so ausgelegt werden muss, dass die Auslegung mit allen anderen Worten der Heiligen Schrift übereinstimmt. Dann müssen wir auf Eph. 2,19-20 Acht geben: *„So seid ihr nun nicht mehr Gäste und Fremdlinge, sondern Mitbürger der Heiligen und Gottes Hausgenossen, erbaut auf den Grund der Apostel und Propheten, da Jesus Christus der Eckstein ist."*

Ganz deutlich wird hier nicht ein Apostel genannt, sondern die Mehrzahl gebraucht, so dass alle Apostel gemeint sind. Wir lesen auch in Off. 21,14, dass die Mauer der neuen Stadt Jerusalem zwölf Grundsteine hat *„und auf ihnen die zwölf Namen der zwölf Apostel des Lammes"* stehen. Johannes sah nicht den Namen eines Apostels auf allen Grundsteinen, sondern es waren die Namen aller Apostel. Wir lesen auch von der Urgemeinde: *„Sie blieben aber beständig in der Lehre der Apostel und in der Gemeinschaft und im Brotbrechen und im Gebet"* (Apg. 2,42). Da gilt es, besonders die Stelle in Eph. 2,20 zu unterstreichen, wo es heißt, dass die Gemeinde gebaut wird *„auf den Grund der Apostel und Propheten, da Jesus Christus der Eckstein ist."* Also merken wir aus der Betonung der Heiligen Schrift als Ganzes, dass das Fundament der Gemeinde nicht aus einem Apostel besteht, sondern aus allen Aposteln jener Zeit, und alle Apostel bauen auf Jesus Christus als den Eckstein. So muss Matth. 16,18 auch in Ergänzung zu diesen anderen Bibelworten verstanden werden.

Manche wollen dies anders sehen, indem sie darauf aufmerksam machen, dass Jesus zwei unterschiedliche griechische Worte gebrauchte, nämlich: *„Du bist Petrus (Petros), und auf diesen Felsen (Petra) will ich meine Gemeinde bauen."*

Petros, ein Wort männlichen Geschlechts, hat eher die Bedeutung eines Steins, aber *Petra*, ein Wort weiblichen Geschlechts, bedeutet Fels. Also ist der Felsen, auf den Jesus die Gemeinde baut, nicht *Petros*, sondern *Petra*. Dieser Auslegung könnte man noch hinzufügen, dass Jesus mit *Petras* wohl Bezug nimmt auf das Bekenntnis, das Petrus gegeben hat: *„Du bist Christus, des lebendigen Gottes Sohn"*, und sich dabei selbst als das Fundament der Gemeinde darstellt. Wenn Jesus wirklich mit dem Wort *Petra*, den Petrus gemeint hätte, dann erstaunt uns doch, dass dieser Petrus, der in V. 18 so herausgehoben wird, im selben Kapitel (Matth. 16,23) mit „Satan" angesprochen wird. Jesus wollte seine Gemeinde durch sein Leiden und Sterben auf Golgatha bauen, wobei Petrus einen Einwand machte mit den Worten: *„Gott bewahre dich, Herr! Das widerfahre dir nur nicht!"* Daraufhin wandte sich Jesus um und sprach zu Petrus: *„Geh weg von mir, Satan! Du bist mir ein Ärgernis; denn du meinst nicht, was göttlich, sondern was menschlich ist."*

Das Fundament der Gemeinde muss menschliche Mangelhaftigkeit ausschließen, und wir dürfen wirklich Jesus Christus als dem Eckstein der Gemeinde fest vertrauen, dass er nie wankt und sein Werk siegreich zu Ende führen wird. Wir stimmen den Worten des Apostels Paulus zu: *„Einen andern Grund kann niemand legen als den, der gelegt ist, welcher ist Jesus Christus"* (1. Kor. 3,11).

Jesu Interesse an der Gemeinde

Das persönliche Interesse Jesu an der Gemeinde kommt besonders in der Offenbarung in den ersten drei Kapiteln zum Ausdruck. Dazu müssten wir wenigstens Offb. 1,10 bis 2,1 lesen: *„Ich wurde vom Geist ergriffen am Tag des Herrn und hörte hinter mir eine große Stimme wie von einer Posaune, die sprach: Was du siehst, das schreibe in ein Buch und sende es an die sieben Gemeinden: nach Ephesus und nach Smyrna und nach Pergamon und nach Thyatira und nach Sardes und nach Philadelphia und nach Laodizea. Und ich wandte mich um, zu sehen nach der Stimme, die mit mir redete. Und als ich mich umwandte, sah ich sieben goldene Leuchter und mitten unter den Leuchtern einen,* *der war einem Menschensohn gleich, angetan mit einem langen Gewand und gegürtet um die Brust mit einem goldenen Gürtel. Sein Haupt aber und sein Haar war weiß wie weiße Wolle, wie der Schnee, und seine Augen wie eine Feuerflamme und seine Füße wie Golderz, das im Ofen glüht, und seine Stimme wie großes Wasserrauschen; und er hatte sieben Sterne in seiner rechten Hand, und aus seinem Munde ging ein scharfes, zweischneidiges Schwert, und sein Angesicht leuchtete, wie die Sonne scheint in ihrer Macht. Und als ich ihn sah, fiel ich zu seinen Füßen wie tot; und er legte seine rechte Hand auf mich und sprach zu mir: Fürchte dich nicht! Ich bin der Erste und der Letzte und der Lebendige. Ich war tot, und siehe, ich bin lebendig von Ewigkeit zu Ewigkeit und habe die Schlüssel des Todes und der Hölle. Schreibe, was du gesehen hast und was ist und was geschehen soll danach. Das Geheimnis der sieben Sterne, die du gesehen hast in meiner rechten Hand, und der sieben goldenen Leuchter ist dies: Die sieben Sterne sind Engel der sieben Gemeinden, und die sieben Leuchter sind sieben Gemeinden. Dem Engel der Gemeinde in Ephesus schreibe: Das sagt, der da hält die sieben Sterne in seiner Rechten, der da wandelt mitten unter den sieben goldenen Leuchtern."*

Um diesen Abschnitt zu verstehen, müssen wir zuerst den Unterschied zwischen Universalgemeinde und Ortsgemeinde festhalten. Zur Universalgemeinde gehören alle wirklich gläubigen Christen aller Orte. Als solche wird die Universalgemeinde in der Bibel immer wieder als Leib Christi bezeichnet (Röm. 12,5; 1. Kor. 12,27; Eph. 1,23; Kol. 1,18 u.a.m.). Dieser Begriff der Universalgemeinde wurde uns auch schon von Jesus in Matth. 16,18 vorgeführt. Doch hier in Offenbarung 1 finden wir den, der einem Menschensohn gleich ist, nämlich den erhöhten Christus, mitten unter den sieben Leuchtern (V. 13), und diese sieben Leuchter sind die sieben Ortsgemeinden (V. 20), die uns in V. 11 alle genannt werden. Wir haben auch oben gesehen, wie Jesus in Matth. 18,17 von der Ortsgemeinde spricht. Diesen Unterschied zwischen der Ortsgemeinde und der Universalgemeinde wollen wir später noch eingehend besprechen. Doch hier soll betont werden, dass sich Jesus nicht nur um die Universalgemeinde, seinen Leib, kümmert, sondern auch ein persönliches Interesse an den Ortsgemeinden hat.

Es gibt Christen, die sich für die unsichtbare Wirklichkeit der Universalgemeinde begeistern, weil man an ihr keine Mängel sehen kann und sie uns in der Heiligen Schrift immer wieder in ihrer Vollkommenheit geschildert wird. Doch in der Ortsgemeinde sieht man so oft das Menschliche ohne das Göttliche. Da trägt man schwer an dem Versagen verschiedener Glieder und meint, einige seien sogar ein Hindernis bei der Förderung der Ortsgemeinde anstatt eine Hilfe.

Auch das Programm in einer Ortsgemeinde lässt oft zu wünschen übrig. Der Gesang ist nicht ganz nach Wunsch, der Prediger ist auch nur ein Mensch und so fort. Manche Christen haben es wirklich schwer, eine Ortsgemeinde zu finden, die „würdig" wäre, sie als Glieder zu haben. Die Universalgemeinde finden wir wunderbar, aber über die Ortsgemeinde werden wir gleichgültig oder entziehen uns ihr ganz und gar.

Doch wo sehen wir den erhöhten Christus? In Offenbarung 1 sehen wir ihn in seiner persönlichen Beziehung zur Ortsgemeinde. Hier waren es sieben, und bei den meisten gab es viel auszusetzen: In Ephesus fehlte die Liebe, in Smyrna musste man so viel leiden, in Pergamus war die Lehre nicht klar, und in Thyatira trieb die Isebel mit ihrer Hurerei ihr Wesen. Sardes hatte den Namen, dass sie lebte, und war tot. Philadelphia hatte nur wenig Kraft, und Laodizea war lauwarm. Wo sollte da eine Begeisterung für die Ortsgemeinde aufkommen?

Die Unentbehrlichkeit der Ortsgemeinde für das Programm Jesu hier auf Erden wollen wir später noch besonders unterstreichen. Hier wollen wir nur festhalten, dass trotz der Fehler in den Gemeinden der erhöhte Christus mitten unter den sieben Ortsgemeinden war. Wie groß auch die Mängel waren – er war keiner Gemeinde fern.

Auffällig ist auch die Haltung, die Jesus unter diesen Gemeinden bewahrt. Wenn wir den erhöhten Christus im Verhältnis zu seinen Feinden, die auch Feinde der Gemeinde sind, sehen, so lesen wir in Hebr. 10,12-13: *„Dieser aber hat ein Opfer für die Sünden dargebracht, sitzt nun für immer zur Rechten Gottes und wartet hinfort, bis seine Feinde zum Schemel seiner Füße gemacht werden."* Seine Feinde und die Feinde der Gemeinde machen dem auferstandenen Herrn keine Sorgen. Trotz ihres Wütens und Tobens steht er nicht einmal auf. Es sind ja besiegte Feinde! Als Jesus auf Golgatha ausrief: *„Es ist vollbracht!"*, waren alle diese Feinde in seinen Triumph mit eingeschlossen. Wir schauen ängstlich und furchtsam auf die Feinde Jesu Christi – Jesus sitzt nur und wartet, bis sie zum Schemel seiner Füße gemacht werden.

Anders ist die Haltung, wenn wir den erhöhten Christus im

Verhältnis zu seinen Kindern sehen, die Leiden erfahren. Als man Stephanus steinigen wollte, heißt es: *„Er aber, voll Heiligen Geistes, sah auf zum Himmel und sah die Herrlichkeit Gottes und Jesus stehen zur Rechten Gottes und sprach: Siehe, ich sehe den Himmel offen und den Menschensohn zur Rechten Gottes stehen"* (Apg. 7,55-56). Hier sitzt Jesus nicht. Er steht! Das zeigt seine Besorgnis für sein Kind, das in leidenden Kämpfen steht. Er ist der große Hohepriester, der doch Mitleid haben kann mit unseren Schwachheiten (s. Hebr. 4,15-16), und kein Haar fällt von unserem Haupt, ohne dass er es zulässt (s. Apg. 27,34). Jesu Herz brennt für seine Kinder, die in Kämpfen und Leiden stehen.

Doch in Offb. 1 sehen wir den erhöhten Christus in seinem persönlichen Interesse an der Ortsgemeinde, und das ist so groß, dass er weder sitzt noch steht: Er wandelt mitten unter den sieben Gemeinden (Offb. 2,1). Wir kommen manchmal auf den Gedanken, dass unser erhöhter Christus so sehr mit den großen politischen Ereignissen der Welt beschäftigt ist, die auch unter seiner Herrschaft stehen, dass er für unsere Gemeinde am Ort, wo sich tatsächlich der Kampf zwischen Licht und Finsternis abspielt, kein persönliches Interesse und „keine Zeit" hat. Wie intensiv sich der Herr Jesus für das Wohlergehen der Ortsgemeinde hingibt, erkennen wir auch daraus, dass er die sieben Sterne in seiner rechten Hand hält (V. 16), und diese sieben Sterne sind die sieben Engel der sieben Gemeinden (V. 20).

Was ist mit dem Begriff „Engel" gemeint? In Matth. 11,10 ist der Engel, den der Herr vor sich herschickt, Johannes der Täufer. Auch in Maleachi 3,1 wird Johannes der Täufer als Engel bezeichnet. Und in Maleachi 2,7 heißt es: *„Denn des Priesters Lippen sollen die Lehre bewahren, dass man aus seinem Munde Weisung suche, denn er ist ein Bote (Engel) des Herrn Zebaoth."*

In Haggai 1,13 lesen wir: *„Da sprach Haggai, der Bote (Engel) des Herrn, der beauftragt war mit der Botschaft des Herrn an das Volk: Ich bin mit euch, spricht der Herr."*

Als Gott jemanden brauchte, um Israel von der ägyptischen Gefangenschaft zu befreien, heißt es: *„Siehe, ich sende einen Engel vor dir her, der dich behüte auf dem Wege und bringe dich an den Ort, den ich bestimmt habe"* (2. Mose 23,20).

Haben wir hierunter nicht Mose zu verstehen? Haben wir damit nicht genügend Hinweise in der Schrift, dass der Engel der Gemeinde tatsächlich der von Gott gesandte Diener der Gemeinde ist? Und diese Diener hat der erhöhte Christus in seiner rechten Hand.

Hier dürfen wir beispielsweise an den Trauring denken, den Ehepaare am Finger tragen, um sich ständig an ihren Ehepartner zu erinnern. Bildlich sind also die Diener der Ortsgemeinden in der rechten Hand des erhöhten Christus. Dies will uns sagen, dass Jesus in seinem Wirken nichts unternimmt, ohne an das Wohl seiner Gemeinde und ihrer Diener zu denken.

Wie ganz anders ist das Interesse vieler Gläubigen heute! In Scharen gehen sie an der Ortsgemeinde vorüber. Während der ganzen Woche widmen sie ihrer Gemeinde kaum einen Gedanken. Sollte die Ortsgemeinde dann noch ihre Zeit und ihren Dienst beanspruchen, stöhnen sie, weil sie es ohne Freude und unter Druck tun. Sähe man nicht den erhöhten Christus in seinem Interesse an der Gemeinde, hätten wir wohl alle Ursache, mutlos zu sein und unseren Dienst zu kündigen. Doch aufgrund des großen Interesses Jesu an der Ortsgemeinde bleibt die Frage: Wer will dann fern bleiben? Das Interesse Jesu gilt weder den menschlichen Königreichen noch den großen wirtschaftlichen Konzernen, auch nicht den erstaunlichen Errungenschaften der menschlichen Wissenschaft. Die erste Liebe und das Interesse Jesu gilt seiner Gemeinde für Zeit und Ewigkeit!

Jesu Garantie für den endgültigen Sieg seiner Gemeinde

Jesus sagt in Matth. 16,18: *„Und die Pforten der Hölle sollen sie nicht überwältigen."* Solch ein Zuspruch ist noch keiner Vereinigung oder Einrichtung gegeben worden. Schon daraus müssen wir erkennen, dass alle Mächte der Unterwelt in der Gemeinde ihren größten Feind sehen. Deshalb die furchtbaren Angriffe des wütenden Feindes: Angriffe auf die Gemeinde als ganze und Angriffe auf die Gemeinde am Ort, wie auch Anläufe besonders an solche Glieder und Diener der Gemeinde, die sich für die Gemeinde besonders einsetzen. Der Feind wird keine Gelegenheit versäumen, keine Mittel ungebraucht lassen und keine Mühe scheuen, um die Gemeinde und ihre Diener zu Fall zu bringen.

Im Feuer dieses Kampfes haben manche vollzeitigen Diener die Waffen niedergelegt und sind davongegangen. Es gibt viele andere Berufe in der Welt, wo man den Angriffen des Feindes nicht so sehr ausgesetzt ist. Dort hat man nur gewisse Stunden zu arbeiten. Man erhält seinen guten Lohn, hat mehr freie Zeit und kann sorgenfrei sein Leben genießen. Wer würde sich da noch einem Dienst hingeben wie dem, in dem Paulus stand und dessen Kämpfe er uns in 2. Kor. 11,23-30 schildert? Unter anderem sagt er dort: *"... und außer all dem noch das, was täglich auf mich einstürmt, und die Sorge für alle Gemeinden"* (V. 28).

Doch diesen Angriffen steht die Garantie Jesu gegenüber: *"Die Pforten der Hölle sollen sie nicht überwältigen."* Diese Gewissheit des endgültigen Sieges gilt niemandem sonst als der Gemeinde und den Dienern der Gemeinde. Wer wollte sich da nicht aufrichten und mit dem Liederdichter singen: „Solang mein Jesus lebt und seine Kraft mich hebt, muss Furcht und Sorge von mir fliehn, mein Herz in Lieb [für Jesus und seine Gemeinde] erglühn."

Kapitel 2
Die Sonderstellung der Gemeinde

Im Denken vieler herrscht noch Verwirrung bezüglich der Frage: „Was versteht man eigentlich unter dem Reich Gottes, und in welchem Verhältnis steht die Gemeinde zum Reich Gottes?"

Für viele entsteht die Verwirrung dadurch, dass man so manche Stimmen hört, die von einem Wirken Gottes in der Vergangenheit ausgehen. Andere sprechen vom Reich Gottes heute, und wieder andere warten auf das Kommen des Reiches Gottes. Zudem scheint das Wirken Gottes in der Vergangenheit so ganz anders gewesen zu sein, als wir es heute beobachten können und wie es für die Zukunft geschildert wird. Also ist eine erneute Überprüfung der biblischen Sicht für das Reich Gottes notwendig.

Voraussetzungen für ein richtiges Verständnis vom Reich Gottes

Jesus sagt zu Nikodemus, einem Schriftgelehrten im Neuen Testament: *„Es sei denn, dass jemand von neuem geboren werde, so kann er das Reich Gottes nicht sehen"* (Joh. 3,3). Jesus fuhr dann fort, dies für Nikodemus zu unterstreichen: *„Wahrlich, wahrlich, ich sage dir: Es sei denn, dass jemand geboren werde aus Wasser und Geist, so kann er nicht in das Reich Gottes kommen"* (Joh. 3,5).

Also ist die Heilserfahrung, die hier als Wiedergeburt dargestellt wird, Vorbedingung zu beidem: um in das Reich Gottes zu kommen, aber auch, um das Reich Gottes zu sehen oder zu verstehen. Menschliche Intelligenz ohne die Wirkung des Geistes versagt dabei völlig. Paulus schreibt: *„Der natürliche Mensch aber vernimmt nichts vom Geist Gottes; es ist ihm eine Torheit, und er kann es nicht erkennen; denn es muss geistlich beurteilt werden"* (1. Kor. 2,14).

Der Reich-Gottes-Begriff

Der Begriff „Himmelreich" bei Matthäus

Die beiden Ausdrücke „Reich Gottes" und „Himmelreich", die von manchen Theologen unterschiedlich ausgelegt werden, haben eigentlich doch dieselbe Bedeutung. In Matth. 13,33 lesen wir: *„Ein anderes Gleichnis sagte er ihnen: Das Himmelreich gleicht einem Sauerteig, den eine Frau nahm und unter einen halben Zentner Mehl mengte, bis es ganz durchsäuert war."* Und Lukas schreibt in Kap. 13,20-21: *„Und wiederum sprach er: Womit soll ich das Reich Gottes vergleichen? Es gleicht einem Sauerteig, den eine Frau nahm und unter einen halben Zentner Mehl mengte, bis es ganz durchsäuert war."*

Der Vergleich dieser beiden Stellen lässt eigentlich wenig Raum für unterschiedliche Meinungen. Es ist zwar bekannt, dass manche Ausleger dem Begriff „Himmelreich" eine umfassendere Bedeutung zusprechen, nach der das echte Christentum und das Namenschristentum miteingeschlossen sind. Das Reich Gottes bezieht sich laut dieser Aussage mehr auf das echte und wahrhaftige Christentum, das christozentrisch und bibeltreu ist. Doch der Vergleich der beiden Bibelstellen lässt uns solch einen Unterschied nicht annehmen. Man stellt eher fest, dass die beiden Ausdrücke vielmehr dem unterschiedlichen Wortgebrauch von zwei verschiedenen Schreibern entstammen. Nur Matthäus gebraucht meistens den Ausdruck „Himmelreich" (man achte allein auf Kapitel 13) und spricht wohl nur vier Mal vom „Reich Gottes" (Matth. 6,33; 12,28; 19,24 und 21,43). Die anderen Schreiber des Neuen Testaments sprechen nur vom Reich Gottes.

Die Souveränität Gottes und sein Reich

Gott ist der souveräne Herrscher über die ganze Welt. Alles steht unter der Gesetzmäßigkeit des Herrn. Das schließt sowohl die Gläubigen als auch die Ungläubigen mit ein. Dem gottlosen König Nebukadnezar wurde beispielsweise gesagt: *„Dies ist im Rat der Wächter beschlossen und ist Gebot der Heiligen, damit die Lebenden erkennen, dass der Höchste Gewalt hat über die Königreiche der Menschen und sie geben kann, wem er will, und einen Niedrigen darüber setzen"* (Dan. 4,14). Daniel sagt in seiner Deutung dem König mehrere Male: *„... bis du erkennst, dass der Höchste Gewalt hat über die Königreiche der Menschen und sie gibt, wem er will"* (Dan. 4,22.29).

Der Prophet Jeremia kündigt Israel an, dass Gott sein Land in die Hand *„seines Knechts Nebukadnezar, des Königs von Babel"* geben wird (Jer. 27,6). In Habakuk 1,6ff finden wir eine ergreifende Schilderung, wie Gott Babylon gebraucht, um sein Volk Israel zu züchtigen. Es heißt: *„Denn siehe, ich will die Chaldäer erwecken, ein grimmiges und schnelles Volk, das hinziehen wird, so weit die Erde ist, um Wohnstätten einzunehmen, die ihm nicht gehören"* (Hab. 1,6).

Als sich Pilatus vor Jesus brüstet und spricht: *„Redest du nicht mit mir? Weißt du nicht, dass ich Macht habe, dich loszugeben, und Macht habe, dich zu kreuzigen?"* (Joh. 19,10), erschüttert dies Jesus nicht. Er scheint ganz ruhig gewesen zu sein, als er antwortete: *„Du hättest keine Macht über mich, wenn es dir nicht von oben her gegeben wäre"* (Joh. 19,11).

In Offb. 17,12 lesen wir: *„Und die zehn Hörner, die du gesehen hast, das sind zehn Könige, die ihr Reich noch nicht empfangen haben; aber wie Könige werden sie für eine Stunde Macht empfangen zusammen mit dem Tier."* Hier handelt es sich um eine politische Vereinigung von zehn gottlosen Wesen und von der Macht, die ihr Tun eigentlich bestimmt. In den Versen 16 und 17 heißt es weiter: *„Und die zehn Hörner, die du gesehen hast, und das Tier, die werden die Hure hassen und werden sie ausplündern und entblößen und werden ihr Fleisch essen und werden sie mit Feuer verbrennen. Denn Gott hat's ihnen in ihr Herz gegeben, nach seinem Sinn zu handeln und eines Sinnes zu werden und ihr Reich dem Tier zu geben, bis vollendet werden die Worte Gottes."*

Ihre böse, hartherzige Art steht dennoch unter der Kontrolle des Herrn. Die Macht, die sie haben, wie wir es in V. 16 gelesen haben, ist eine geliehene Macht und nicht etwas, das sie selbst errungen hätten. Gott ist souverän. Das war so, ist so und bleibt so!

Das Reich Gottes schließt auch die Souveränität Jesu Christi ein. Er selbst sagt: *„Mir ist gegeben alle Gewalt im Himmel und auf Erden"* (Matth. 28,18). Von Jesus sagt Petrus am Pfingsttag zu dem jüdischen Volk: *„So wisse nun das ganze Haus Israel gewiss, dass Gott diesen Jesus, den ihr gekreuzigt habt, zum Herrn und Christus gemacht hat"* (Apg. 2,36). In Eph. 1,20-22 lesen wir von der großen Auferstehungskraft Gottes, *„mit der er in Christus gewirkt hat. Durch sie hat er ihn von den Toten auferweckt und eingesetzt zu seiner Rechten im Himmel über alle Reiche, Gewalt, Macht, Herrschaft und alles, was sonst einen Namen hat, nicht allein in dieser Welt, sondern auch in der zukünftigen. Und alles hat er unter seine Füße getan und hat ihn gesetzt der Gemeinde zum Haupt über alles."*

In Hebr. 2,7-8 heißt es von Jesus: *„Du hast ihn eine kleine Zeit* *niedriger sein lassen als die Engel; mit Preis und Ehre hast du ihn gekrönt; alles hast du unter seine Füße getan. Wenn er ihm alles unter die Füße getan hat, hat er nichts ausgenommen, was ihm nicht untertan wäre. Jetzt aber sehen wir noch nicht, dass ihm alles untertan ist."*

In Offb. 1,5 wird Jesus Christus *„Herr über die Könige auf Erden"* genannt. In Offb. 17,14 wird das Lamm gepriesen, *„denn es ist der Herr aller Herren und der König aller Könige."* Als souveräner Herr sitzt Jesus jetzt zur Rechten des Vaters und wartet, bis seine Feinde zum Schemel seiner Füße gemacht werden (Hebr. 10,12-13).

Die Souveränität Gottes und der Mensch

Gott lässt in seiner Souveränität Raum für den freien Willen des Menschen. Immer wieder hört man die Klage über das scheinbare Paradox: Warum lässt der gerechte Gott der Liebe im Himmel in seiner Souveränität soviel Böses und soviel Ungerechtigkeit hier auf Erden zu? Dazu müssen wir sagen, dass Gott, indem er den Menschen einen freien Willen gab, auch einräumte, dass man sich entweder für das Gute oder das Böse entscheiden kann. Der Mensch sollte wirklich die Möglichkeit haben Entscheidungen zu treffen. Indem er dem Menschen einen Willen zugestand, musste Gott seinen eigenen Willen so begrenzen, dass der Mensch seinen Willen nun auch frei ausüben konnte. Gott war und ist nie der Ursprung des Bösen. Aber er machte Raum für die Möglichkeit des Bösen.

Als sich der Mensch beim Sündenfall für das Böse entschied, hätte Gott eingreifen und dem gleich ein Ende machen können. Doch anstatt dem gefallenen Menschen sofort mit Gericht zu begegnen, hat er seine Liebe eingesetzt, die er schließlich durch die Hingabe seines Sohnes den Menschen offenbarte und ihnen durch die Wirkung des Heiligen Geistes anbot, sich doch für Gott und das Gute zu entscheiden und sich freiwillig vom Bösen abzuwenden.

Als Gott den Menschen geschaffen hatte, setzte er ihn ein als Herrscher auf dieser Erde. Er sagte zu dem ersten Menschenpaar: „Macht euch die Erde untertan und herrscht über sie." Das bedeutet, dass hier auf dieser Erde der Wille des Menschen seine Auswirkungen zeigen darf – bis zu einem Grad, den Gott feststellen kann und der Mensch selbst wissen wird, dass er seinen Willen hier auf Erden ausgeübt hat. Weil den Menschen diese Möglichkeit gegeben ist, müssen wir nun auch all das Übel, das Böse, die

Ungerechtigkeit auf der Welt nie als einen Ausdruck des Willens Gottes sehen, sondern als einen Ausdruck des rebellischen Willens des Menschen. Gottes Großzügigkeit und Geduld dem Menschen gegenüber in dieser Beziehung ist wirklich unbegreiflich! Wäre es in unserer Macht gewesen zu entscheiden, wir hätten den Menschen wohl nicht soviel Freiheit gegeben. Das erklärt nun den bedeutenden Zusatz zu Hebr. 2,8: *„Alles hast du (Vater) unter seine Füße getan."* Wenn er ihm alles unter die Füße getan hat, so hat er nichts ausgenommen, was ihm nicht untertan wäre. Jetzt aber sehen wir noch nicht, dass ihm alles untertan ist.

Gottes Souveränität steht fest. Aber in der Weltgeschichte und auch in unseren eigenen, persönlichen Erfahrungen mag es uns schon so vorkommen, als habe Gott seine Souveränität abgegeben. Paulus gebietet aber seinem geistlichen Sohn Timotheus: *„...dass du das Gebot unbefleckt, untadelig haltest bis zur Erscheinung unseres Herrn Jesus Christus, welche uns zeigen wird zu seiner Zeit der Selige und allein Gewaltige, der König aller Könige und Herr aller Herren"* (1. Tim. 6,14-15). Ja, es kommt die Zeit, wo es eine sichtbare Wirklichkeit geben wird davon, was wir in Offb. 11,15 lesen: *„Es sind die Reiche der Welt unseres Herrn und seines Christus geworden, und er wird regieren von Ewigkeit zu Ewigkeit."*

Also kommt noch eine Zeit für diese fluchbeladene Welt, wenn der Herr nicht nur im Himmel sichtbar herrschen wird, sondern wenn auch die Reiche der Welt sichtbar unter seiner Gebotsmäßigkeit stehen. Der Herr, der einst auf dieser Erde gelitten hat und gestorben ist, wird auch einmal hier auf Erden Herr aller Herren und König aller Könige sein.

Satan hat einmal dem Gottessohn zur Erreichung dieses Zieles einen Kurzschluss vorgeschlagen. Er nahm Jesus mit auf einen Berg und zeigte ihm alle Reiche der Welt und ihre Herrlichkeit und sprach zu ihm: *„Das alles will ich dir geben, wenn du niederfällst und mich anbetest"* (Matth. 4,9). Damals lehnte Jesus diese Möglichkeit entschieden ab. In keinem Fall wollte er Satans Weg zu diesem Ziel betreten, sondern nur Gottes Weg, und der führte über Golgatha und schloss die Gnadenzeit ein, in der wir heute leben.

Anstatt den Menschen durch Gericht ein Ende zu machen, setzt Gott eine Gnadenzeit ein und ruft ihnen durch seinen Geist zu: *„Siehe, jetzt ist die Zeit der Gnade, jetzt ist der Tag des Heils!"* (2. Kor. 6,2). Noch immer will Gott den Menschen gewinnen, anstatt ihn zu richten. Deshalb heißt es immer wieder in der Bibel: *„Wer da* *will, der komme! – Und der Geist und die Braut sprechen: Komm! Und wer es hört, der spreche: Komm! Und wen dürstet, der komme; und wer da will, der nehme das Wasser des Lebens umsonst"* (Offb. 22,17).

Also dürfen wir mit Gewissheit sagen, dass auch zu unserer Zeit der Herr souverän ist, obwohl wir noch nicht sehen, „dass ihm alles untertan ist". Seine Souveränität ist heute eine unsichtbare Wirklichkeit, die wir jedoch durch unsere Erfahrungen und Beobachtungen immer wieder erkennen dürfen. Mit innerer Zuversicht stimmen wir dem Psalmisten zu: *„Der Herr hat seinen Thron im Himmel errichtet, und sein Reich herrscht über alles"* (Ps. 103,19). Ja, *„dein Reich ist ein ewiges Reich, und deine Herrschaft währet für und für"* (Ps. 145,13). Die Stunde ist nahe, wo sich Offb. 1,7 erfüllen wird: *„Siehe, er kommt mit den Wolken, und es werden ihn sehen alle Augen und alle, die ihn durchbohrt haben, und es werden wehklagen um seinetwillen alle Geschlechter auf Erden. Ja, Amen."*

Dann wird seine Souveränität sichtbar werden, denn er *„trägt einen Namen geschrieben auf seinem Gewand und auf seiner Hüfte: König aller Könige und Herr aller Herren"* (Offb. 19,16).

Das Reich Gottes heute

Der Herr Jesus hat uns gelehrt zu beten: *„Unser Vater im Himmel! Dein Name werde geheiligt. Dein Reich komme. Dein Wille geschehe wie im Himmel so auf Erden"* (Matth. 6,9-10).

Die Worte „Dein Reich komme" werden durch den folgenden Satz erklärt, wie das Reich nun eigentlich kommen soll. Man könnte nämlich sagen: Das Reich Gottes ist da, wo der Wille Gottes hier auf Erden zum Ausdruck kommt. Johannes der Täufer rief aus: *„Tut Buße, denn das Himmelreich ist nahe herbeigekommen"* (Matth. 3,2). In Matth. 4,17 heißt es: *„Seit der Zeit fing Jesus an zu predigen: Tut Buße, denn das Himmelreich ist nahe herbeigekommen!"* Was will uns diese herrliche Botschaft sagen? Wie können wir diese Worte verstehen? Jesus Christus, der ewige Sohn Gottes, war in ihre Mitte getreten: eine Person, in dessen Leben es nur um den Willen Gottes hier auf Erden ging. Konnte er da nicht von sich selbst sagen: *„Siehe, das Reich Gottes ist mitten unter euch"*? Das war nämlich die Antwort Jesu, die er den Pharisäern auf ihre Frage: *„Wann kommt das Reich Gottes?"* gab. Sie lautete: *„Das Reich Gottes kommt nicht so, dass man's beobachten kann; man wird auch nicht sagen: Siehe, hier ist es! oder: Da ist es! Denn siehe, das Reich Gottes ist mitten unter euch"* (Luk. 17,20-21).

Das Reich Gottes ist also da, wo der Wille Gottes zum Ausdruck kommt.

Das Reich Gottes heute ist weder geographisch zu suchen noch in einer organisatorischen Form zu finden. Es drückt sich durch ein christusähnliches Wesen aus, das wir im Herzen gläubiger Menschen zu suchen haben und das wir in den zwischenmenschlichen Beziehungen der Liebe und Wahrhaftigkeit erkennen dürfen. Paulus sagt einfach: *„Denn das Reich Gottes ist nicht Essen und Trinken, sondern Gerechtigkeit und Friede und Freude in dem heiligen Geist. Wer darin Christus dient, der ist Gott wohlgefällig und bei den Menschen geachtet"* (Röm. 14,17-18).

In der gegenseitigen Liebe zueinander, wie Christus uns geliebt hat, wird jeder erkennen, dass wir Jünger Jesu sind (Joh. 13,34-35). Schauen wir in das Leben derer, bei denen Früchte des Geistes zu spüren sind: Liebe, Freude, Friede, Geduld, Freundlichkeit, Güte, Treue, Sanftmut, Keuschheit (Gal. 5,22), so begegnen wir Menschen, in deren Leben der Wille Gottes verwirklicht wird. Wenn wir in Kol. 1,13 lesen: *„Er hat uns errettet von der Macht der Finsternis und hat uns versetzt in das Reich seines lieben Sohnes"*, so bedeutet das ja offensichtlich nicht, dass er uns an einen neuen Ort gestellt oder in eine besondere Organisation eingeordnet hat. Wir sind vielmehr in den Bereich seiner Herrschaft eingeführt worden, indem er den Thron in unserem Herzen eingenommen hat; nun darf es auch in unserem Leben um den Willen Gottes gehen.

Die Ausbreitung des Reiches Gottes heute besteht darin, dass mehr und mehr Herzen für Christus gewonnen werden, die sich dann unter seine Herrschaft stellen und seinen Willen durch ihr Leben zum Ausdruck bringen. Auf diese Weise geht das Gebet, das Jesus uns gelehrt hat: *„Dein Reich komme. Dein Wille geschehe wie im Himmel so auf Erden"*, mehr und mehr in Erfüllung. Mit diesen Worten sagt der Herr nicht etwa, dass der Wille Gottes nicht heute schon hier auf Erden geschieht. Er steht am Ruder, und der weitere Lauf der Weltgeschichte ruht in seinen Händen, obwohl er als souveräner Herrscher dem Willen des Menschen noch immer viel Raum gibt und das Böse sich noch immer behaupten will. Ja, der Wille Gottes geschieht schon hier auf Erden, aber nicht so, wie er im Himmel geschieht. Dort geschieht er in der vollen Übereinstimmung aller Himmelsbewohner, während sich auf der Erde die große Masse der Menschen dem Willen Gottes widersetzt – in so vielen Fällen trotz besseren Wissens. Da dürfen wir von Neuem anfangen zu beten: Dein Wille geschehe in meinem Leben! Dein Wille geschehe im Leben meiner Mitmenschen! Möge der Herr seinen Willen für viele unserer Mitmenschen geltend machen.

Dieses Gebet Jesu beinhaltet die Hauptaufgabe aller Gläubigen und somit der Gemeinde, wie wir später noch sehen werden.

Die Darstellung von Gottes Reich vor der Welt

Schon seit Anfang der Menschheitsgeschichte hat Gott zu verschiedenen Zeiten und in verschiedener Weise nicht nur versucht, den Menschen zu zeigen, dass er herrscht, sondern auch, wie er herrscht. Manche Bibelausleger haben Gottes Wirken zu verschiedenen Zeiten unterschiedlich dargestellt:

Vor dem Sündenfall galt die persönliche Beziehung Gottes zum Menschen; nach dem Sündenfall hat sich Gott besonders an das Gewissen des Menschen gewandt, um seine Herrschaft zu bekunden. Dies endete jedoch mit der Sintflut, denn die Menschen wollten sich von seinem Geist nicht mehr strafen lassen, musste Gott feststellen. Dann pflegte er unterschiedliche Beziehungen zu den Söhnen Noahs; doch die Menschen schlossen sich zusammen, um den Turm von Babel zu bauen, um ohne Gott wieder eine Einheit der Menschheit zu schaffen.

Darauf wählte Gott die Patriarchen und fing mit Abraham an, dem er sich besonders offenbarte; durch ihn sollte die ganze Menschheit vom Wirken des Allerhöchsten erfahren (1. Mose 12,3; 26,4; 28,14). Das ging so bis zur Zeit Moses, als Gott einen besonderen Bund mit Israel machte und dieses Volk unter sein Gesetz stellte. An Israel sollte die ganze Menschheit sehen, wie es aussieht, wenn man dem Wirken Gottes im Leben einer Nation Raum gibt (Jes. 49,6). Doch Israel versagte und stieß auch den ewigen Sohn Gottes hinaus, indem es ihn kreuzigte.

Danach fing die Zeit der Gnade an, und mit Pfingsten wurde die Gemeinde geboren, durch die Gott der Welt sein Wesen und Wirken kundtun wollte. Manche meinen, in Offb. 4-19 eine Zeit erkennen zu können, in der sich Gott der Welt durch Zorngerichte zeigen wird. Danach wird er ein Friedensreich einsetzen – nach Offb. 20,3.7 auch Tausendjähriges Reich genannt – worauf schließlich die Vollendung folgen soll. Ob wir dieser Auslegung auch zustimmen, ist für unseren Zweck hier nicht ausschlaggebend. Doch eines wird schon erkennbar, nämlich, dass Gott zu verschiedenen Zeiten verschiedene Methoden gebraucht hat, um der Welt seine Herrschaft nicht nur zu bezeugen, sondern auch zu veranschaulichen.

Heute will Gott sein Wirken besonders durch die Offenbarung seiner Gnade zeigen. Da reden manche viel von einem zukünftigen Reich und merken nicht, dass wir auch heute das Reich Gottes zu erkennen haben, denn Gott hat uns bereits durch Christus von der Macht der Finsternis errettet und *„versetzt in das Reich seines lieben Sohnes"* (Kol. 1,13). Nach seiner Auferstehung sprach Jesus mit seinen Jüngern über das Reich Gottes (Apg. 1,3). Philippus predigte in Samarien das Reich Gottes, und viele glaubten seinen Predigten und ließen sich taufen, Männer und Frauen (Apg. 8,12). Paulus und Barnabas reisten in verschiedenen Orten umher und *„stärkten die Seelen der Jünger und ermahnten sie, im Glauben zu bleiben, und sagten: Wir müssen durch viele Bedrängnisse in das Reich Gottes eingehen"* (Apg. 14,22). In Ephesus ging Paulus in die Synagoge *„und predigte frei und offen drei Monate lang, lehrte und überzeugte sie von dem Reich Gottes"* (Apg. 19,8). Und er verabschiedete sich von den Ältesten der Gemeinde in Ephesus mit den Worten: *„Ich weiß, dass ihr mein Angesicht nicht mehr sehen werdet, ihr alle, zu denen ich hingekommen bin und das Reich gepredigt habe"* (Apg. 20,25). Und als Paulus als Gefangener nach Rom kam, *„kamen viele zu ihm in die Herberge. Da erklärte und bezeugte er ihnen das Reich Gottes"* (Apg. 28,23). Die Apostelgeschichte endet mit den Worten: *„Paulus aber blieb zwei volle Jahre in seiner eigenen Wohnung und nahm alle auf, die zu ihm kamen, predigte das Reich Gottes und lehrte von dem Herrn Jesus Christus mit allem Freimut ungehindert"* (Apg. 28,30-31).

Ähnliche Stellen finden wir auch wiederholt in den Briefen (1. Kor. 4,20; 6,9; Kol. 4,11; 1. Thess. 2,12; 2. Thess. 1,5; Jak. 2,5; Offb. 1,9).

Das Reich Gottes ist heute eine Wirklichkeit, und obwohl es sich heute anders zeigt als zu anderen Zeiten, so ist doch das Wesen des Reiches Gottes zu allen Zeiten dasselbe: *„Gerechtigkeit und Friede und Freude in dem heiligen Geist"* (Röm. 14,17). Dieses herrliche Wesen des Reiches Gottes will Gott heute der Welt kundtun. Wo findet Gott seine Werkzeuge und wo ist das Instrument, durch welches Gott dies tun kann? Wohin soll die Welt einmal schauen, um sehen zu können, wie herrlich es einmal auf der Erde sein wird, wenn sein Wille hier wie im Himmel geschieht? Da stoßen wir unwillkürlich auf eine der Hauptaufgaben der Gemeinde Jesu Christi. Gott hat sie mitten in die Welt hineingestellt, damit er durch sie die Herrlichkeit seines Reiches veranschaulichen kann. Die Gemeinde ist Gottes Schaufenster, in das die Welt hineinschauen und einmal sehen kann, was ihr geschieht, wenn Jesus im Leben des Einzelnen wie auch in der Gesellschaft Herr sein darf. Diese Herrschaft Jesu wird der Welt nicht aufgezwungen, sondern vielmehr werden die Menschen durch die Gemeinde, die die Herrlichkeit der Herrschaft Jesu veranschaulicht, eingeladen, auch mit ihrem Herzen und Mund zu bekennen, dass Jesus Christus der Herr sei (s. Phil. 2,11).

Die Sonderstellung der Gemeinde für heute

Kein Heilsunterschied in Gottes Plan

Manche Verkündiger erlauben es sich, die neutestamentliche Gemeinde auf eine höhere Heilsstufe zu stellen als die Gläubigen des vorpfingstlichen Zeitalters. Da erscheint es dringend notwendig, dass wir den Heilsunterschied und den Stellungsunterschied der Gläubigen deutlich auseinanderhalten.

Die Gläubigen des Alten Bundes

Die Bibel lehrt, dass die alttestamentlichen Gläubigen genau dasselbe Heil und dieses auf demselben Weg erfahren wie die neutestamentlichen Erlösten. Der Nachkomme Evas, der dem Feind den Kopf zertreten wird (1. Mose 3,15), sollte der Erlöser für die Gläubigen aller Zeiten sein. Die alttestamentlichen Gläubigen wurden nicht durch die Opfer jener Zeit vollkommen gemacht (Hebr. 10,1). *„Denn es ist unmöglich, durch das Blut von Stieren und Böcken Sünden wegzunehmen"* (Hebr. 10,4). Aber durch den Glauben wurde die Sünde dessen, der im Glauben opferte, unter die göttliche Geduld gestellt, bis Christus kommen sollte. *„Den hat Gott für den Glauben hingestellt als Sühne in seinem Blut zum Erweis seiner Gerechtigkeit, indem er die Sünden vergibt, die früher begangen wurden in der Zeit seiner Geduld"* (Röm. 3,25).

Das alttestamentliche Opfer hat die Sünde nicht weggenommen, sondern nur zugedeckt, bis Jesus kam, von dem es heißt: *„So ist auch Christus einmal geopfert worden, die Sünden vieler wegzunehmen"* (Hebr. 9,28). Das bedeutet aber nicht, dass die alttestamentlichen Gläubigen eine minderwertige Vergebung erfahren mussten. Nein, denn *„Abram glaubte dem Herrn, und das rechnete er ihm zur Gerechtigkeit"* (1. Mose 15,6). Wir lesen in Röm. 4,16: *„Deshalb muss* *die Gerechtigkeit durch den Glauben kommen, damit sie aus Gnaden sei und die Verheißung fest bleibe für alle Nachkommen, nicht allein für die, die unter dem Gesetz sind, sondern auch für die, die wie Abraham aus dem Glauben leben. Der ist unser aller Vater."*

Die alttestamentlichen Gläubigen wurden nicht selig durch das Opfer, welches sie auf den Altar legten, sondern durch den Glauben an den, auf den das Opfer hinwies: den Heiland der Welt, der kommen sollte. Während sie durch den Glauben an einen kommenden Heiland erlöst wurden, werden auch wir in der heutigen Zeit erlöst durch den Glauben an einen Heiland, der schon gekommen ist und der auf Golgatha ausrief: „Es ist vollbracht!" Die alttestamentlichen Gläubigen durften dieselbe Vergebung und dieselbe Heilsgewissheit erfahren wie wir.

Die Gläubigen des Neuen Bundes

Das Neue Testament lehrt, dass die neutestamentlichen Gläubigen wie die alttestamentlichen errettet werden. Zum Teil haben wir dies schon mit Röm. 4,16 beleuchtet. Der auferstandene Herr musste seine Jünger auf den Erlöser der Welt hinweisen, wie er im Alten Testament geschildert wurde. Jesus fing mit Mose und den Propheten an und deckte ihnen alle Schrift auf, die von ihm berichtete (Luk. 24,27), womit er zeigte, dass die neutestamentliche Erlösung nur durch den Erretter geschehen konnte, auf den die alttestamentlichen Gläubigen hofften. Der im Alten Testament verheißene Erretter war der Stein, der zwar von den Bauleuten verworfen war, den gerade Gott jedoch zu einem Eckstein gemacht hat für das Heil der Gläubigen aller Zeit. *„Und in keinem andern ist das Heil, auch ist kein andrer Name unter dem Himmel den Menschen gegeben, durch den wir sollen selig werden"* (Apg. 4,12).

Bei Gott gibt es keine Heilsunterschiede! Alle Erlösten haben einen Heiland und sind allein durch sein Blut rein geworden. Die Vergebung, die die alttestamentlichen Gläubigen in ihrem Glauben an den kommenden Heiland erfuhren, war nicht weniger vollkommen als die Vergebung, die uns heute durch den Glauben an den Heiland, der schon gekommen ist, zuteil wird.

Vielfacher Stellungsunterschied in Gottes Plan

Sonderstellungen im Alten Bund

Das Alte Testament lehrt einen Unterschied bezüglich der Stellung in vielfacher Weise. Gleich nach dem Sündenfall wurde zum Beispiel dem Mann eine bestimmte Stellung zugewiesen und der Frau eine andere (1. Mose 3,16). Doch das bedeutet nicht etwa einen Heilsunterschied, denn Petrus ermahnt: *„Desgleichen ihr Männer, wohnt vernünftig mit ihnen zusammen und gebt dem weiblichen Geschlecht als dem schwächeren seine Ehre. Denn auch die Frauen sind Miterben der Gnade des Lebens, und euer gemeinsames Gebet soll nicht behindert werden"* (1. Petr. 3,7).

Gott in seiner Souveränität erwählte Jakob zum Heilsträger und schaltete Esau von diesem Vorrecht aus. Doch das bedeutete nicht einen Unterschied bezüglich des Heils, denn Paulus macht deutlich, dass Gott zu Rebekka sagte: *„Der Ältere soll dienstbar werden dem Jüngeren"* (Röm. 9,12). Röm 9,13 muss nun richtig verstanden werden: *„Jakob habe ich geliebt, aber Esau habe ich gehasst."* Hier wird die Heilsangelegenheit nicht in Frage gestellt, doch Gott hatte Jakob als Heilsträger geliebt oder vorgezogen und Esau gehasst oder, in heutigem Sprachgebrauch, an die zweite Stelle gesetzt. Genauso müssen wir auch das Wort „hassen" in Luk. 14,26 verstehen: *„Wenn jemand zu mir kommt und hasst nicht seinen Vater, Mutter, Frau, Kinder, Brüder, Schwestern und dazu sich selbst, der kann nicht mein Jünger sein."* Damit meint Jesus nicht, dass wir diese alle hassen sollen, wie wir das Wort heute gebrauchen, sondern sie sollen an zweiter Stelle stehen, während Jesus den Vorrang hat.

Obwohl in Römer 9-11 beide, die Heilsgelegenheit und die Dienstgelegenheit, zur Sprache kommen, müssen wir doch zu erkennen versuchen, wovon ein bestimmter Vers eigentlich spricht. Nach 2. Mose 33,19 bat Mose um ein Vorrecht, die Herrlichkeit Gottes zu sehen. Also ging es nicht um eine Heilsgelegenheit, sondern um ein Vorrecht, das Mose für sich beanspruchen wollte. Darauf antwortete ihm Gott, wie es auch in Röm. 9,15 zitiert wird: *„Wem ich gnädig bin, dem bin ich gnädig; und wessen ich mich erbarme, dessen erbarme ich mich."*

Beim Gelegenheitsvorrecht und Stellungsvorrecht lässt sich Gott nichts vorsagen. Wenn Gott uns eine bevorzugte Stellung schenkt, so ist das ein unverdientes Gnadengeschenk. Das war es für Paulus laut Eph. 3,7-8, das war es für Maria laut Luk. 1,30 sowie in allen anderen Fällen.

Sonderstellungen im Neuen Bund
Im Neuen Testament finden wir erneut, dass Gott in der Zuweisung

von Sonderstellungen souverän ist. Bei der Bekehrung des Saulus sagt der Herr zu Ananias in Apg. 9,15: *„Geh nur hin; denn dieser ist mein auserwähltes Werkzeug, dass er meinen Namen trage vor Heiden und vor Könige und vor das Volk Israel."*

Entsprechend sollen auch die Sonderstellungen in der Gemeinde Jesu Christi gesehen werden. Paulus sagt zu den Ältesten der Gemeinde zu Ephesus: *„So habt nun Acht auf euch selbst und auf die ganze Herde, in der euch der heilige Geist eingesetzt hat zu Bischöfen, zu weiden die Gemeinde Gottes, die er durch sein eigenes Blut erworben hat"* (Apg. 20,28). In 1. Kor. 12,28 lesen wir: *„Und Gott hat in der Gemeinde eingesetzt erstens Apostel, zweitens Propheten, drittens Lehrer, dann Wundertäter, dann Gaben, gesund zu machen, zu helfen, zu leiten und mancherlei Zungenrede."*

Ziehen wir noch Eph. 4,11 hinzu: *„Und er hat einige als Apostel eingesetzt, einige als Propheten, einige als Evangelisten, einige als Hirten und Lehrer."* Alle diese Sonderstellungen müssen als ein unverdientes, vom Herrn geschenktes Vorrecht angesehen werden. Aber alle, die solche Vorrechte genießen, stehen in der Heilserfahrung nicht höher als alle anderen Gläubigen. Ein Vorrecht wird einem stets nur aus Gnaden zuteil (s. Eph. 2,8-10).

Sonderstellung der Gemeinde Jesu

Bezüglich des Heils steht die Gemeinde Jesu von heute mit den Gläubigen aller anderen Zeiten auf einer Stufe. Wir brauchen dazu nur die Worte des Herrn zu vergleichen und beginnen mit Israel. In 2. Mose 19,5-6 heißt es: *„Werdet ihr nun meiner Stimme gehorchen und meinen Bund halten, so sollt ihr mein Eigentum sein vor allen Völkern; denn die ganze Erde ist mein. Und ihr sollt mir ein Königreich von Priestern und ein heiliges Volk sein."*

Diese Worte vergleichen wir mit denen, die der Herr in 1. Petr. 2,9 zur Gemeinde spricht: *„Ihr aber seid das auserwählte Geschlecht, die königliche Priesterschaft, das heilige Volk, das Volk des Eigentums, dass ihr verkündigen sollt die Wohltaten dessen, der euch berufen hat von der Finsternis zu seinem wunderbaren Licht."*

Auffallende Ähnlichkeit finden wir hier bei der Bezeichnung Gottes für Israel und für die heutige Gemeinde. Ja, sogar bei dem Auftrag, den Gott für beide hat, gibt es eine große Ähnlichkeit. In 1. Petr. 2,9 haben wir gelesen: *„.... dass ihr verkündigen sollt die Wohltaten dessen, der euch berufen hat von der Finsternis zu seinem wunderbaren Licht."* Das war der Auftrag an die Gemeinde. An Israel lautete er ähnlich – wir lesen ihn nach der Elberfelder Übersetzung aus Jes. 49,6: *"Es ist zu gering, dass du mein Knecht bist, die Stämme Jakobs aufzurichten und die Bewahrten Israels wiederzubringen; sondern ich habe dich auch zum Licht der Heiden gemacht, dass du seist mein Heil bis an der Welt Ende."*

Da scheint es wenig Raum für Vorrechte des einen gegenüber dem anderen zu geben.

Doch Paulus stellt die Gemeinde als etwas ganz Besonderes dar. Dies kommt besonders im Epheserbrief zum Ausdruck: *"Durch Offenbarung ist mir das Geheimnis kundgemacht geworden, wie ich eben aufs kürzeste geschrieben habe. Daran könnt ihr, wenn ihr's lest, meine Einsicht in das Geheimnis Christi erkennen. Dies war in früheren Zeiten den Menschenkindern nicht kundgemacht, wie es jetzt offenbart ist seinen heiligen Aposteln und Propheten durch den Geist; nämlich, dass die Heiden Miterben sind und mit zu seinem Leib gehören und Mitgenossen der Verheißung in Christus Jesus sind durch das Evangelium, dessen Diener ich geworden bin durch die Gabe der Gnade Gottes, die mir nach seiner mächtigen Kraft gegeben ist. Mir, dem allergeringsten unter allen Heiligen, ist die Gnade gegeben worden, den Heiden zu verkündigen den unausforschlichen Reichtum Christi und für alle ans Licht zu bringen, wie Gott seinen geheimen Ratschluss ausführt, der von Ewigkeit her verborgen war in ihm, der alles geschaffen hat; damit jetzt kund würde die mannigfaltige Weisheit Gottes den Mächten und Gewalten im Himmel durch die Gemeinde. Diesen ewigen Vorsatz hat Gott ausgeführt in Christus Jesus, unserem Herrn, durch den wir Freimut und Zugang haben in aller Zuversicht durch den Glauben an ihn"* (Eph. 3,3-12).

Die Sonderfaktoren, die hier zu erkennen sind, wollen wir uns kurz merken:

Einschluss der Heiden in Gottes Plan

Es ist eine weitere fortschrittliche Offenbarung des göttlichen Programms, *"... nämlich, dass die Heiden Miterben sind und mit zu seinem Leib gehören und Mitgenossen der Verheißung in Christus Jesus sind durch das Evangelium"* (V. 6).

Im Alten Testament war Israel als einzige Nation auserwählt, die Herrlichkeit des Reiches Gottes vor anderen Nationen zu veranschaulichen. Nun hat Gott die nationalen Grenzen gesprengt und Vertreter aller Nationen ohne Ansehen der Person dürfen nun eingegliedert werden und an den Verheißungen für Gottes Volk teilhaben. Dies ist bestimmt eine Sondervorkehrung Gottes.

Im Alten Testament hat sich Gott hauptsächlich bei einer Nation mit viel Geduld bemüht, sein Ziel zu erreichen. Spüren wir die Aufregung schon am Pfingsttag: *„Sie entsetzten sich aber, verwunderten sich und sprachen: Siehe, sind nicht diese alle, die da reden, aus Galiläa? Wie hören wir denn jeder seine eigene Muttersprache?"* (Apg. 2,7-8). Petrus erklärt das Geheimnis in V. 17 (auch Joel 3,1): *„Und es soll geschehen in den letzten Tagen, spricht Gott, da will ich ausgießen von meinem Geist auf alles Fleisch."*

Den ersten Christen fiel es wirklich schwer, hier mit Gott mitzukommen. Als Philippus in Samarien das Evangelium verkündigte und viele daran glaubten, lesen wir: *„Als aber die Apostel in Jerusalem hörten, dass Samarien das Wort Gottes angenommen hatte, sandten sie zu ihnen Petrus und Johannes. Die kamen hinab und beteten für sie, dass sie den heiligen Geist empfingen"* (Apg. 8,14-15).

Der Gemeinde zu Jerusalem wollte dieser erweiterte Kreis göttlichen Wirkens einfach nicht richtig erscheinen. Zwei Apostel wurden zu einer Untersuchungskommission ernannt, und nur in ihrer Gegenwart und durch ihre Hand empfingen die Gläubigen den Heiligen Geist (V. 17). Daraufhin waren die Apostel davon überzeugt, dass auch die Samariter zum Volk Gottes gehörten. Auffällig ist, dass wir nichts darüber lesen, dass die beiden auf der Hinreise nach Samarien das Evangelium verkündigten, doch von ihrer Rückreise lesen wir: *„Als sie nun das Wort des Herrn bezeugt und geredet hatten, kehrten sie wieder um nach Jerusalem und predigten das Evangelium in vielen Dörfern der Samariter* (V. 25).

Als Petrus dann später den Auftrag hat, zu Cornelius, einem römischen Hauptmann, zu gehen und ihm das Evangelium zu verkünden, weigert er sich. Er war nicht davon überzeugt, dass Gott den Rahmen der israelitischen Nation gesprengt und das Heilstor für alle geöffnet hatte. Doch als Petrus hinging, sagte er: *„Nun erfahre ich in Wahrheit, dass Gott die Person nicht ansieht; sondern in jedem Volk, wer ihn fürchtet und recht tut, der ist ihm angenehm"* (Apg. 10,34-35). Auch heißt es in V. 44: *„Während Petrus noch diese Worte redete, fiel der heilige Geist auf alle, die dem Wort zuhörten. Und die gläubig gewordenen Juden, die mit Petrus gekommen waren, entsetzten sich, weil auch auf die Heiden die Gabe des heiligen Geistes ausgegossen wurde"* (Apg. 10,44-45).

Die Gemeinde in Jerusalem konnte diesen neuen Durchbruch göttlichen Wirkens nicht fassen, und Petrus wurde gerufen, um sich vor ihnen zu verantworten. Was überzeugte sie? Petrus erklärte ihnen: *„Als ich aber anfing zu reden, fiel der heilige Geist auf sie ebenso wie am Anfang auf uns. Da dachte ich an das Wort des Herrn, als er sagte: Johannes hat mit Wasser getauft; ihr aber sollt mit dem heiligen Geist getauft werden. Wenn nun Gott ihnen die gleiche Gabe gegeben hat wie auch uns, die wir zum Glauben gekommen sind an den Herrn Jesus Christus: Wer war ich, dass ich Gott wehren konnte? – Als sie das hörten, schwiegen sie still und lobten Gott und sprachen: So hat Gott auch den Heiden die Umkehr gegeben, die zum Leben führt!"* (Apg. 11,15-18).

Dem Bericht ist abzuspüren, dass die Juden, die Petrus begleiteten, es kaum fassen konnten, dass die Heiden jetzt auch Christen sein sollten. Aber die Erfahrung, die diese Heidenchristen mit dem Heiligen Geist gemacht hatten, überzeugte sie wie auch die ganze Gemeinde in Jerusalem, nachdem Petrus von diesem Wirken des Heiligen Geistes an den gläubig gewordenen Heiden erzählt hatte. Wir sollten hier auch auf Apg. 19,1-6 achten, als Paulus nach Ephesus kam, wo Apollos das Evangelium gepredigt hatte und Menschen zum Glauben an Gott gekommen waren. Doch den Heiligen Geist hatten sie noch nicht erfahren. Nachdem Paulus diesen neu gläubig Gewordenen die Lehre über den Heiligen Geist klar gemacht hatte, heißt es: *„Als sie das hörten, ließen sie sich taufen auf den Namen des Herrn Jesus. Und als Paulus die Hände auf sie legte, kam der heilige Geist auf sie, und sie redeten in Zungen und weissagten"* (Verse 5-6).

In zwei der angeführten Begebenheiten, nämlich in Samarien und Ephesus, kam der Heilige Geist nicht in dem Moment auf die Neubekehrten, als sie anfingen zu glauben. Bei Kornelius wiederum kam der Heilige Geist auf sie, während Petrus noch predigte. Deshalb können wir schlussfolgern, dass uns diese drei Begebenheiten nicht eine bestimmte Lehre vermitteln wollen, so als ob die Erfüllung mit dem Heiligen Geist eine zweite Erfahrung wäre, die sie nach der Wiedergeburt hatten. Vielmehr ging es hier um die Bereitschaft der Judenchristen in Jerusalem, sowohl die gläubig gewordenen Samariter als auch den Kornelius und dann zuletzt auch die Epheser voll und ganz anzuerkennen als die nun ganz in den Leib Jesu Christi Eingegliederten (1. Kor. 12,13).

Bedeutend ist hier, dass auf jeden Fall ein Apostel dabei sein musste, damit die Gemeinde in Jerusalem es begreifen konnte: *„Wenn nun Gott ihnen die gleiche Gabe gegeben hat wie auch uns, die wir zum Glauben gekommen sind an den Herrn Jesus Christus: Wer war ich, dass ich Gott wehren konnte?"* (Apg. 11,17).

So neu war also die Zusammenstellung des neutestamentlichen Volkes Gottes. Die Heiden sollten nun als Miterben und Mitgenossen der Verheißung in Jesus Christus gelten (Eph. 3,6).

Darstellung von Gemeinschaft

Eine weitere Besonderheit der Gemeinde erkennen wir aus Eph. 3,9: Sie soll die Gemeinschaft aller Gläubigen veranschaulichen. In der damaligen Zeit war es noch undenkbarer als heute, dass Vertreter aus verschiedenen Nationen zu einer Einheit gelangen konnten, die wir ruhig mit „ein Herz und eine Seele" beschreiben dürfen. Die Gemeinde sollte Gottes Schaufenster sein, mit der er der Welt diese Art der Gemeinschaft zeigen konnte. In Epheser 2 zeigt der Apostel Paulus, dass solch eine Einheit nur durch Jesus Christus kommen kann. Im ersten Teil des Kapitels redet er von „euch" und „ihr" (V. 1) gegenüber „wir" und „unser" im weiteren Verlauf (V. 3). Von den Heiden spricht er als „ihr" und von den Juden als „wir". In Vers 13 ff. beschreibt er das Wunder weiter: *„Jetzt aber in Christus Jesus seid ihr, die ihr einst ferne wart, nahe geworden durch das Blut Christi. Denn er ist unser Friede, der aus beiden eines gemacht hat und den Zaun abgebrochen hat, der dazwischen war, nämlich die Feindschaft. Durch das Opfer seines Leibes hat er abgetan das Gesetz mit seinen Geboten und Satzungen, damit er in sich selber aus den zweien einen neuen Menschen schaffe und Frieden mache und die beiden versöhne mit Gott in einem Leib durch das Kreuz, indem er die Feindschaft tötete durch sich selbst"* (Eph. 2,13-16).

So etwas war noch nie zuvor in der Weltgeschichte geschehen, und nun sollte die Welt diese Wirklichkeit durch das Leben der Gemeinde beobachten können.

Welch ein Vorrecht war es für mich, einmal in einer Gemeinde arbeiten zu dürfen, in der es viele Bundesdeutsche gab, aber auch eine ganze Anzahl aus Jugoslawien; andere hatten in Südamerika gewohnt und dortige kulturelle Eigenarten übernommen, und ein guter Teil waren Gläubige aus Russland, die als Heimkehrer in die Bundesrepublik Deutschland gekommen waren. Es gab zwar große Unterschiede, doch mit der Zeit wurden sie alle mehr und mehr eine Einheit in Christus.

Darstellung der Weisheit Gottes

Die dritte Sonderstellung der Gemeinde haben wir schon vorher in Eph. 3,10 gefunden, nämlich: *„damit jetzt kund werde die* *mannigfaltige Weisheit Gottes den Mächten und Gewalten im Himmel durch die Gemeinde."*

Die Sonderstellung der Gemeinde bedeutete nicht nur, dass in ihr jeder das Geheimnis der Gemeinschaft erkennen kann, das Gott zu schaffen vermag, sondern sie sollte Gottes Schaufenster für die Mächte und Gewalten im Himmel sein, in dem man seine mannigfaltige Weisheit in Aktion beobachten kann.

„Nach dieser Seligkeit haben gesucht und geforscht die Propheten, die von der Gnade geweissagt haben, die für euch bestimmt ist, und haben geforscht, auf welche und was für eine Zeit der Geist Christi deutete, der in ihnen war und zuvor bezeugt hat die Leiden, die über Christus kommen sollten, und die Herrlichkeit danach. Ihnen ist offenbart worden, dass sie nicht sich selbst, sondern euch dienen sollten mit dem, was euch nun verkündigt ist durch die, die euch das Evangelium verkündigt haben durch den heiligen Geist, der vom Himmel gesandt ist – was auch die Engel begehren zu schauen" (1. Petr. 1,10-12).

Das größte Wunder, das Gott je getan hat, ist hier auf Erden geschehen, nicht im Himmel. Und dieses Wunder erkennt man nicht zuerst in der Natur oder in manchen großen Weltereignissen, sondern dadurch, wie Gott die verlorenen Menschen durch seine Gnade gerecht macht und sie zu einem Leib in Christus verbindet. Wohin soll die Gemeinde blicken, um zu lernen, was wahre Gemeinschaft ist, und wohin sollen die himmlischen Fürstentümer schauen, um die vielfältige Weisheit Gottes zu erkennen? Beides darf man in der Sonderstellung der Gemeinde Jesu Christi sehen.

Eine Sonderethik für das Reich Gottes

Die Prinzipien von Jesu Sonderethik für die Gemeinde werden in der Bergpredigt deutlich gelehrt. Weitere Prinzipien auf diesem Gebiet finden wir in dem Beispiel von Jesu Leben verkörpert. Durch das Leben der apostolischen Gemeinde kommen diese ethischen Prinzipien nach den Berichten der Apostelgeschichte zur Anwendung. Außerdem werden uns die Prinzipien des Reiches Gottes in den Briefen des Neuen Testaments genannt und erklärt.

Man kann den Glauben, durch den wir selig werden, nicht von dem Wandel des neuen Lebens trennen (Röm. 6,4). Es ist nicht ein Wandel im Fleisch, sondern im Geist (Röm. 8,9). Ja, als Gläubige leben wir in der Gnade Gottes (2. Kor. 1,2), und das im Glauben

(2. Kor. 5,7). Es ist ein Lebenswandel in guten Werken (Eph. 2,10); dazu ein Wandel, der *„der Berufung würdig"* ist (Eph. 4,1) und des Evangeliums (Phil. 1,27) und natürlich des Herrn (Kol. 1,10). Ein solches Leben steht offensichtlich im Kontrast zu dem, was man in der Welt findet, wo das Fleisch und die Selbstsucht herrschen (Eph. 2,1-3). Die Prinzipien, die uns als Richtschnur für solch einen Lebenswandel gegeben wurden, sind umfassend und völlig ausreichend für den, der sie befolgen will.

Der Mensch kann nicht aus sich selbst heraus so leben. Er braucht dazu eine neue Kraft, die wir dadurch bekommen, dass der heilige Geist in uns wohnt, denn wir lesen: *„Lebt im Geist, so werdet ihr die Begierden des Fleisches nicht vollbringen"* (Gal. 5,16). Der natürliche Mensch kann es aus eigener Kraft nie schaffen, diese geistlichen Prinzipien in seinem Leben zu verwirklichen. Das erfordert schon die übernatürliche Kraft und Ausrüstung des Heiligen Geistes. Aus diesem Grund sind auch Versuche zu bedauern, die Prinzipien der Bergpredigt auf eine weltliche Gesellschaft zu übertragen; man kann sie nicht einfach den Beamten einer säkularen Regierung aufdrängen. Wir vergessen dabei, dass tote Menschen nicht wandeln können – sie müssen erst durch Jesus Christus lebendig gemacht werden. Diese Prinzipien gelten allein für das Reich Gottes.

Hiermit erhalten wir eine weitere Sonderstellung der Gemeinde, in der diese ethischen Prinzipien des Reiches Gottes veranschaulicht werden. Also gelten die Prinzipien der Bergpredigt heute für die Gemeinde und sind für die Welt völlig unerreichbar. Wenn solch eine Ethik, wie sie von Jesus und den Aposteln gelehrt wird, in der Gemeinde zum Ausdruck kommt, dann wird die Welt auch immer wieder erkennen können, dass wir seine Jünger sind (s. Joh. 13,34-35).

Das Reich Gottes und die Gemeinde

Erst nach den vorherigen Abschnitten können wir das Verhältnis der Gemeinde zum Reich Gottes klar erkennen. Das Reich Gottes umfasst also viel mehr als nur die Gemeinde: *„Denn Gott ist König über die ganze Erde; lobsingt ihm mit Psalmen! Gott ist König über die Völker, Gott sitzt auf seinem heiligen Thron"* (Ps. 47,89).

Doch die heutige Gemeinde ist Gottes Einrichtung, wodurch er das Wesen des Reiches Gottes vor der Welt veranschaulichen will.

Hier darf die Welt sehen und erkennen, wie herrlich es sein würde, wenn Gottes Wille auf Erden geschähe, wie er im Himmel geschieht. Hier dürfen die Ungläubigen sehen, wie anders es zugeht, wenn Jesus Christus der Herr ist. Hier sollen die Ungläubigen einen Anschauungsunterricht erhalten, der dazu führt, dass Sacharja 8,23 verwirklicht werden kann: *„So spricht der Herr Zebaoth: Zu der Zeit werden zehn Männer aus allen Sprachen der Heiden einen jüdischen Mann beim Zipfel seines Gewandes ergreifen und sagen: Wir wollen mit euch gehen, denn wir hören, dass Gott mit euch ist."* Möge die Gemeinde auch solch einen Eindruck auf ihre Umwelt machen!

Kapitel 3
Die Herrlichkeit der Gemeinde

Das Thema dieses Kapitels steht vielleicht im Widerspruch zu dem Eindruck, den viele von der Gemeinde Jesu Christi haben. Man spricht mehr von der Herrlichkeit der Natur und von manchen anderen Erfahrungen, die man außerhalb der christlichen Gemeinde macht. Doch die Gemeinde selbst erleben manche als langweilig und monoton. „Wie es da heute zugeht, war es doch schon vor Jahrzehnten", sagen sie. Nur wenige erwarten in der Gemeinde etwas Neues. Viele besuchen die Gottesdienste, weil sie meinen, das wäre notwendig, um in den Himmel zu kommen. Doch für das Heute und für dieses Leben hat die Gemeinde ihrer Meinung nach wenig zu bieten.

Doch ist das der Eindruck, den uns Jesus gibt, wenn er von der Gemeinde spricht? Wir wollen uns einmal von ihm belehren lassen, indem wir Joh. 17,20-26 lesen: *„Ich bitte aber nicht allein für sie, sondern auch für die, die durch ihr Wort an mich glauben werden, damit sie alle eins seien. Wie du, Vater, in mir bist und ich in dir, so sollen auch sie in uns sein, damit die Welt glaube, dass du mich gesandt hast. Und ich habe ihnen die Herrlichkeit gegeben, die du mir gegeben hast, damit sie eins seien, wie wir eins sind, ich in ihnen und du in mir, damit sie vollkommen eins seien und die Welt erkenne, dass du mich gesandt hast und sie liebst, wie du mich liebst. Vater, ich will, dass, wo ich bin, auch die bei mir seien, die du mir gegeben hast, damit sie meine Herrlichkeit sehen, die du mir gegeben hast; denn du hast mich geliebt, ehe der Grund der Welt gelegt war. Gerechter Vater, die Welt kennt dich nicht; ich aber kenne dich, und diese haben erkannt, dass du mich gesandt hast. Und ich habe ihnen deinen Namen kundgetan und werde ihn kundtun, damit die Liebe, mit der du mich liebst, in ihnen sei und ich in ihnen."*

Mehrere Male spricht Jesus von einer Herrlichkeit, die er den Seinen – wir können auch sagen: seiner Gemeinde – gegeben hat. Wir merken dabei, dass er nicht von einer Herrlichkeit spricht, die er ihnen einmal geben wird, sondern davon, dass er sie ihnen schon gegeben hat. Diese Herrlichkeit wird heute nur von wenigen erkannt.

Manche meinen, wenn es in der Gemeinde eine Herrlichkeit gäbe, so wäre diese am ehesten an dem Gebäude zu sehen, in dem die Gottesdienste stattfinden. Es ist schon wahr, dass manche Kathedralen und andere Gebäude, die als Kirche oder als Gemeindezentrum bezeichnet werden, eine wunderbare Architektur aufweisen. Ja, in vielen Fällen ist die Herrlichkeit einer Gemeinde der Vergangenheit in der noch stehenden und kunstvoll errichteten Kathedrale zu sehen. Andere mögen vielleicht an beruhigende Orgelmusik darin denken oder an erhebenden Chorgesang. Man könnte vielleicht auch die wertvollen Predigten aufführen, die man dort hören kann. Doch unser Text sieht die Herrlichkeit der Gemeinde in etwas völlig anderem.

Die Herrlichkeit der Gemeinde entdeckt

Während meiner vielen Reisen bin ich in sehr verschiedenen Häusern und Wohnungen aufgenommen worden. Nur zwei von diesen möchte ich ganz kurz schildern. Als ich zu dem ersten gebracht wurde, bemerkte ich, dass es ein fast neues Haus war, umgeben von auserlesenen Bäumen und Sträuchern, die geschmackvoll angeordnet waren. Der sattgrüne Rasen war umsäumt mit einer Blumenpracht, die eigentlich gar nicht zu beschreiben ist. Die Bewohner des Hauses nahmen mich freundlich auf, und die Schönheit der Wohnung war der Schönheit des Geländes draußen ebenbürtig. Man war mit den schönsten Teppichen, ausgesuchten und gemütlichen Möbeln sowie gediegenen Tapeten und Gardinen aufs Beste eingerichtet. In mir entstand der Eindruck: „Dies müssen wohlhabende und glückliche Leute sein."

Doch nach kurzer Zeit fiel mir auf, dass Mann und Frau nur selten miteinander sprachen, und wenn es geschah, wurde nur das Nötigste besprochen, und zwar in einem Ton, der deutlich verriet, dass hier etwas fehlte. Das Verhältnis zwischen Eltern und Kindern war ebenfalls gespannt. Und wenn es etwas zu sagen gab, dann verrieten die kühlen Stimmen, dass die Menschen, die hier wohnten, sich gegenseitig fremd waren und sich gerne aus dem Wege gingen. Eine unheimliche Stille machte sich breit, so dass ich mich ganz gern in das mir zugewiesene Zimmer zurückzog.

Die zweite Wohnung, die mir nun einfällt, bestand aus ein paar Dachstübchen. Die Wohnung war sauber, die Möbel nicht neu, aber in Ordnung. Man spürte eine Zärtlichkeit zwischen Mann und Frau, wie man sie heute nur selten antrifft. Das Verhältnis zwischen Eltern und Kindern war offen und freundlich, und man konnte ein lebendiges Interesse aneinander feststellen. Als dann meiner Frau und mir ein Zimmer zugewiesen wurde, in dem wir schlafen sollten, war es so klein, dass wir kaum zugleich eintreten oder uns umdrehen konnten. Zuerst musste der eine sich auskleiden, seine Füße unter die niedrigen Dachsparren schieben und sich sehr vorsichtig auf das Bett legen, um nicht mit dem Kopf an die Dachsparren zu stoßen. Danach durfte der zweite diesen Vorgang wiederholen. Als wir am Morgen aufwachten, hörten wir schon durch die Tür, dass die Familie in der Wohnung fröhlich beisammen war, und ehe die Kinder zur Schule eilen mussten, gab es einen sehr herzlichen Abschied.

Wo fanden wir in diesen beiden verschiedenen Häusern die größere Herrlichkeit? Es war nicht in den geräumigen Zimmern des ersten, wo uns der Wohlstand aus allen Ecken anstrahlte, wo aber die spannungsgeladene Atmosphäre erstickend auf uns wirkte. In der Dachwohnung, die zwar zu eng zu sein schien, wo man jedoch Liebe zueinander hatte, die sich in allgemeiner Dienstbereitschaft, in herzlichem Interesse aneinander und in den gegenseitig aufbauenden Bemerkungen äußerte, fanden wir die wirkliche Herrlichkeit.

Wir leben in einer Welt voller Spannungen: Spannungen zwischen der Pflanzenwelt und der Tierwelt, Spannungen zwischen Tier und Tier und Spannungen zwischen Tier und Mensch. Da gibt es Spannungen zwischen Mensch und Mensch auf politischem Gebiet, in wirtschaftlichen Verhandlungen, in den Familien und sogar in manchen christlichen Gemeinden. Das Herrlichste auf dieser Welt wäre sicher, einmal einen Ort zu finden, wo Spannungen durch den Geist der Einheit und Liebe verdrängt werden. Leider gibt es viele Gemeinden, wo die Spannungen der Welt auch dauernd zu spüren sind. Da ist keine Herrlichkeit der Gemeinde zu sehen, da fehlt sie, selbst wenn die Gottesdienste im schönsten Gebäude stattfinden, der melodische Gesang nicht zu übertreffen ist und die Predigt einen ergreift. Dann wiederum kommt man vielleicht zu einer Baracke, die einem von außen wenig verspricht und in deren Innerem harte Holzbänke – womöglich noch ohne

Lehne – stehen, in welcher aber Liebe, gegenseitiges Verständnis und Wohlwollen herrschen; dann erfährt man eine Herrlichkeit, wie sie der Herr seiner Gemeinde zuspricht.

Die Herrlichkeit der Gemeinde zeigt sich im Geist der Einheit, getragen von einer offensichtlichen Liebe der Glieder zueinander.

Eine von Gott geschenkte Herrlichkeit

Jesus sagt: *„Ich habe ihnen die Herrlichkeit gegeben, die du mir gegeben hast, damit sie eins seien, wie wir eins sind"* (Joh. 17,22). Das Wesen dieser Herrlichkeit geht aus dem Verhältnis zwischen Gott dem Vater und Gott dem Sohn zueinander hervor. Wenn wir dieses Verhältnis, wie es uns die Heilige Schrift schildert, einmal studieren, suchen wir umsonst nach Momenten der Spannung. Vielmehr werden wir überwältigt, wenn wir mehrere Male im Leben Jesu die Stimme vom Himmel hören, die spricht: *„Dies ist mein lieber Sohn, an dem ich Wohlgefallen habe"* (Matth. 3,17 und Matth. 17,5). In Johannes 17 betet Jesus, dass die Seinen bei ihm sein mögen, *„damit sie meine Herrlichkeit sehen, die du mir gegeben hast; denn du hast mich geliebt, ehe der Grund der Welt gelegt war"* (V.24).

Wie war die ergebene Einstellung Jesu seinem Vater gegenüber so fest! Er sagte: *„Wie ich höre, so richte ich, und mein Gericht ist gerecht; denn ich suche nicht meinen Willen, sondern den Willen dessen, der mich gesandt hat"* (Joh. 5,30). Ebenso: *„Denn ich bin vom Himmel gekommen, nicht damit ich meinen Willen tue, sondern den Willen dessen, der mich gesandt hat"* (Joh. 6,38). Und zum dritten Mal: *„Vater, willst du, so nimm diesen Kelch von mir. Doch nicht mein, sondern dein Wille geschehe"* (Luk. 22,42). Das Verhältnis der Liebe zwischen Vater und Sohn, in dem es keinen Raum für Spannungen gibt, geht weit über das menschliche Verständnis hinaus. Hier haben wir ein Ideal, hier haben wir eine Herrlichkeit ohne jeden Mangel; hier haben wir unser Vorbild für die gegenseitigen Beziehungen der Glieder in der Gemeinde.

Doch unser Text hier belehrt uns, dass Jesus diese Herrlichkeit nicht für sich behalten hat. Es heißt nämlich: *„Und ich habe ihnen die Herrlichkeit gegeben, die du mir gegeben hast, damit sie eins seien, wie wir eins sind."* Das ist nicht das Resultat menschlicher Bemühungen. Es ist ein unverdientes Geschenk unseres Herrn für die Seinen. Einheit und Liebe sind sozusagen siamesische Zwillinge, die man schwer erfolgreich voneinander trennen kann. Man kann diese

Einheit nicht ohne Liebe haben, und wo Liebe wohnt, da geht es nicht ohne Einheit. Doch besteht hier keine Aufforderung an die Gemeinde, sich mehr anzustrengen, um die gegenseitige Liebe zu verwirklichen. Nein, Jesus sagt: *„damit die Liebe, mit der du mich liebst, in ihnen sei und ich in ihnen"* (Joh. 17,26). Diese göttliche Liebe in den Herzen der Seinen müssen wir nun etwas näher beschreiben.

Gottes Liebe in uns
Während meiner langjährigen Gemeindearbeit wurde mir ein Diakon an die Seite gestellt, der die Berufung zu haben schien, mir meinen Weg schwer zu machen. Seine Einstellung mir gegenüber war sehr negativ. Ich kämpfte lange, um ihn trotzdem zu lieben. Doch meine Liebe schaffte es nicht. Ich kam in solch eine innere Not, dass ich zu Gott schrie: „Herr, wenn du hier nicht eine Änderung schaffst, entweder bei dem Diakon oder bei mir, dann kann ich nicht weiter dein Diener sein."

In meinem inbrünstigen Gebet wurde ich auf Römer 5,5 gelenkt: *„Denn die Liebe Gottes ist ausgegossen in unsre Herzen durch den heiligen Geist, der uns gegeben ist."* Da erkannte ich, dass ich den Diakon gar nicht mit meiner eigenen Liebe zu lieben brauchte. Wäre das der Fall, müsste man viele Anstrengungen machen, um aus einem Herzen Liebe zu pumpen, wo eigentlich gar keine Liebe ist, besonders wenn noch ein bisschen menschliche Liebe vorhanden ist, die versagt. Röm. 5,5 sagte mir, dass Gott seine Liebe, die für den Diakon galt, in mein Herz ausgegossen hatte. Gott hatte den Diakon nicht aus seiner Liebe ausgeschlossen, aber Gott wollte seine Liebe durch mich auf den Diakon wirken lassen. Ich musste nur darauf achten, dass diese Liebe, die schon in meinem Herzen war, nicht durch innere Eingenommenheit oder andere nichtbiblische Gründe verhindert würde. Liebe ist da! Wir brauchen nur den Kanal von allen Hindernissen zu reinigen, damit die Liebe auch fließen kann. Das ist dann eine Liebe, die nie aufhört (1. Kor. 13,8).

Wenn wir unsere Aufgabe von dieser Dimension sehen, dann wird das Unmögliche möglich. Dann braucht man nicht ein äußerlich freundliches Gesicht zu haben und doch ein kaltes Herz in der Brust. Das Lieben geschieht nicht durch Eigenleistung, sondern vielmehr durch mein Verhältnis zu Christus. Ich brauche mich nicht anzustrengen, nur alles loslassen, was der Liebe den

Weg versperren könnte. Es stimmt eigentlich nicht, wenn wir sagen, wir hätten keine Liebe für diesen oder jenen. Gottes Liebe ist schon ausgegossen in unsre Herzen, und sie schließt auch den Menschen ein, bei dem meine Liebe versagen würde. Wenn nun diese Agape (selbstlose Liebe) in uns ist, dann braucht sich der andere Mensch unsere Liebe auch nicht zu verdienen.

Darin liegt der Unterschied zwischen der Liebe eines Menschen und der göttlichen Liebe. Menschliche Liebe hängt zum großen Teil von der Einstellung und dem Verhalten des Mitmenschen ab. Benimmt er sich wunschgemäß, liebt man ihn. Verhält er sich aber anders, dann wendet man sich von ihm ab. Die Schuld meines Nichtliebens ist in solch einem Fall nicht bei mir zu suchen, sondern bei dem Mitmenschen: Ich liebe ihn nicht, weil er nicht liebenswert ist. Doch Gottes Liebe braucht nicht verdient zu werden, denn Gott *„erweist seine Liebe zu uns darin, dass Christus für uns gestorben ist, als wir noch Sünder waren"* (Röm. 5,8).

Wenn es um diese Liebe geht, dann bestimmt nicht die Einstellung und das Benehmen des Nächsten meine Liebe zu ihm, sondern mein Verhältnis zu Jesus Christus, der die Menschen durch mich lieben will. Das gerade ist die Herrlichkeit der Gemeinde Jesu Christi, dass man Liebe findet, die man sich nicht zu verdienen braucht. Wo sonst könnte man diese köstliche Wahrheit erfahren? Sie ist nur in einer Gemeinde zu finden, wo die Liebe Gottes die Herzen der Glieder erfüllt und diese die Liebe weitergeben.

Das will uns auch 1. Joh. 4,12 sagen: *„Wenn wir uns untereinander lieben, so bleibt Gott in uns, und seine Liebe ist in uns vollkommen."* Gottes Liebe wurde uns nicht gegeben, damit wir sie selbstsüchtig in unseren Herzen festhalten, denn dann erstickt sie. Doch die Liebe wird vollkommen, wenn sie ihr Ziel erreichen darf, und das heißt, dass sie nicht nur in meinem Herzen wohnen soll, sondern durch mich zu meinen Mitmenschen fließt. Nur wenn wir diese göttliche Liebe, die in uns ist, weitergeben, wird sie in uns vollkommen, d.h. sie erreicht ihren Zweck und ihr Ziel.

Das Maß der Nächstenliebe

Manche berufen sich hier auf das alttestamentliche Prinzip: *„Du sollst deinen Nächsten lieben wie dich selbst"* (3. Mose 19,18), ein Gebot, das auch im Neuen Testament zitiert wird (Jak. 2,8). Wenn ich den Nächsten nur so lieben soll wie mich selbst, dürfte das doch eigentlich gar nicht so schwer sein. Denn wenn ich mich selbst im Spiegel betrachte, dann bin ich gar nicht immer zufrieden mit mir selbst, oder wenn ich abends, ehe ich einschlafe, über all mein Reden und Handeln im Laufe des Tages nachdenke, mache ich immer wieder die Erfahrung, dass ich höchst unzufrieden bin und mich verachte oder schäme, weil ich mich nicht richtig verhalten oder etwas Gutes gesagt habe. Wenn ich mich dann nicht selbst lieben kann, brauche ich meinen Nächsten ja auch nicht zu lieben...

Der Herr Jesus gibt uns aber ein anderes Prinzip: *„Ein neues Gebot gebe ich euch, dass ihr euch untereinander liebt, wie ich euch geliebt habe, damit auch ihr einander lieb habt"* (Joh. 13,34). In der Gemeinde liebt man den anderen nicht nur, wie man sich selbst liebt, sondern wie Jesus Christus uns geliebt hat. Dieses Prinzip wiederholt Jesus in Joh. 15,12: *„Das ist mein Gebot, dass ihr euch untereinander liebt, wie ich euch liebe."* Hier ist viel Raum für Wachstum. Wenn ich die Liebe Jesu für mich erkenne und sie dann mit der Liebe vergleiche, die ich für meinen Mitmenschen habe, dann fehlt noch viel. Aber die Herrlichkeit der Gemeinde besteht darin, dass die gegenseitige Liebe der Glieder zueinander ständig wächst, so dass wir dem Prinzip, andere zu lieben, wie Christus uns geliebt hat, immer näher kommen. Nirgendwo auf der Welt, in keiner anderen Einrichtung, findet man eine solche Herrlichkeit.

Die Dauer der Liebe

Wir haben schon auf 1. Kor. 13,8 hingewiesen, wo es heißt: *„Die Liebe hört niemals auf."* Das deckt sich so schön mit dem, was wir in Joh. 13,1 lesen: *„und wie er die Seinen geliebt hatte, die in der Welt waren, so liebte er sie bis ans Ende."* Dass die Liebe für meine Mitmenschen von mir aus nicht versagt, ist nur denkbar, wenn es tatsächlich die Liebe Gottes ist und nicht etwas, das ich mit Mühe und Not auf die Beine stellen muss und dabei scheitere. Die Welt reagierte auf die Liebe Jesu mit Hohn, Spott und Lästerungen, aber seine Liebe hörte nie auf. Ähnlich soll es in der Gemeinde sein, denn Jesus sagt: *„Ihr habt gehört, dass gesagt ist: Du sollst deinen Nächsten lieben und deinen Feind hassen. Ich aber sage euch: Liebt eure Feinde und bittet für die, die euch verfolgen, damit ihr Kinder seid eures Vaters im Himmel. Denn er lässt seine Sonne aufgehen über Böse und Gute und lässt regnen über Gerechte und Ungerechte. Denn wenn ihr liebt, die euch lieben, was werdet ihr für Lohn haben? Tun nicht dasselbe auch die Zöllner? Und wenn ihr nur zu euren Brüdern freundlich seid, was tut ihr Besonderes?*

Tun nicht dasselbe auch die Heiden? Darum sollt ihr vollkommen sein, wie euer Vater im Himmel vollkommen ist" (Matth. 5,43-48).

Keine Feindseligkeit des andern oder Schimpfworte, die er über uns äußern könnte, dürfen diese Liebe beeinträchtigen. Diese Liebe fragt nicht, welchen Nutzen ich aus der Beziehung zu meinem Mitmenschen ziehen kann, was in unserer Gesellschaft so oft der Fall ist. Sie fragt auch nicht: Was kann mein Mitmensch noch für mich leisten? Wie kann er zur Förderung meiner Sache beitragen? Der Ursprung meiner Liebe liegt nicht in meinem Mitmenschen oder in dem, was er tut, sondern in meinem Verhältnis zu Jesus Christus, von dem eine Liebe quillt, die nie versagt!

Das Liebesgebot

Viele meinen, die Liebe wäre ein Gefühlsausdruck; und wenn die richtigen Gefühle nicht da sind, kann man auch nicht lieben. Ich erinnere mich nicht, jemals jemanden gehört zu haben, der sagte, man könne befehlen zu lieben, noch habe ich dies irgendwo gelesen. Bei den meisten sind erst die richtigen Gefühle die Voraussetzung zur Liebe. Kann man denn wirklich nicht befehlen zu lieben? Trotz des Neins vieler müssen wir doch darauf hinweisen, dass Jesus Christus uns ein neues Gebot gegeben hat: *„dass ihr euch untereinander liebt, wie ich euch geliebt habe."*

Auf ein Gebot reagiert man nicht nach Gefühlen. Das hat mir meine Mutter deutlich gemacht, wenn sie mir ein Gebot erteilte, dies oder jenes zu tun. Da habe ich versucht, mich zu wehren mit den Worten: „Mutti, ich habe keine Lust." Aber sie hatte für diese Ausrede eine sehr einfache Lösung. Sie entgegnete nur: „Dann tu es ohne Lustgefühle, aber tu es!" Es ist wirklich auffallend, wie oft die Aufforderung zur gegenseitigen Liebe in der Bibel in der Befehlsform steht.

Dies ist auch bei der ehelichen Liebe der Fall. Dreimal sagt Paulus in Epheser 5 in der Befehlsform: *„Ihr Männer, liebt eure Frauen, wie auch Christus die Gemeinde geliebt hat und hat sich selbst für sie dahingegeben"* (V. 25.28.33).

In manchen Ehen wird die Liebe durch die Gefühle bestimmt. In diesem Fall wird die Liebe mehr instinktiv geübt. Doch das soll bei den Menschen nicht der Fall sein. Gott befiehlt, dass die Männer ihre Frauen lieben sollen. Dieser Aufgabe können sich die Männer nicht entziehen, nur weil sie sich nicht danach fühlen.

Das dürfen wir auch auf die Gemeinde übertragen. Hier soll

die Liebe nicht vom Gefühl abhängig sein. Sie quillt zuerst aus der Liebe Gottes, die in unser Herz ausgegossen ist. Und somit ist und bleibt es unsere Aufgabe, uns untereinander zu lieben, wie auch Christus uns geliebt hat. Dabei funkelt uns die Herrlichkeit der Gemeinde immer klarer entgegen.

Liebe, die zuerst liebt

Johannes sagt: „Lasst uns lieben, denn er hat uns zuerst geliebt" (1. Joh. 4,19). Johannes unterstreicht diese Tatsache noch weiter mit den Worten: *„Darin besteht die Liebe: nicht, dass wir Gott geliebt haben, sondern dass er uns geliebt hat und gesandt seinen Sohn zur Versöhnung für unsere Sünden"* (1. Joh. 4,10).

Immer wieder hören wir die Klage, dass es in der Gemeinde lieblos zugehe. Manche gehen enttäuscht weg und sagen: „Niemand liebt mich!" Ich habe sogar ganze Gemeinden klagen hören, dass die Gesellschaft, in die Gott sie hineingestellt hat, die Gemeinde überhaupt nicht liebt. Was ist nun eigentlich wichtiger: wie viele mich lieben oder wie viele ich liebe? Was ist wichtiger: wie sehr die Gesellschaft die Gemeinde liebt oder wie sehr die Gemeinde die Gesellschaft liebt?

Manche sitzen und warten, dass jemand doch mal damit anfängt, sie zu lieben. Und wenn das nicht nach Wunsch geschieht, sind sie enttäuscht. Ich erinnere mich, wie meine Mutter, die eine Vereinbarung zwischen ihren Söhnen herstellen wollte, um der zwischen ihnen entstandenen Entzweiung ein Ende zu machen, zuerst zu meinem Bruder ging und ihn bat, zu mir zu gehen, um die Sache zu schlichten. Doch seine Antwort lautete: „Wenn er kommt, dann bin ich auch bereit." Sie kam darauf zu mir und bat mich, zu meinem Bruder zu gehen, um die Sache gutzumachen. Doch ich sagte das Gleiche: „Wenn mein Bruder kommt, dann bin ich gleich bereit." Merken wir: Beide waren bereit, doch es ging nur um die Frage, wer den Anfang machte.

Ich dachte, das wäre ein Kinderspiel – bis ich in die Gemeindearbeit eintrat. Wie oft bin ich, wenn ein Streit entstanden war, zu dem einen hingegangen und habe mit ihm gesprochen. Er sagte: „Ja, ich bin bereit, es gutzumachen, sobald der andere kommt." Darauf ging ich zu dem zweiten, und er sagte das gleiche. Die entscheidende Frage war: „Wer geht zuerst?" Und wo ein Liebesverhältnis getrübt ist oder gar nicht mehr existiert, wie soll das wieder aufgebaut werden? Einer muss anfangen! Es braucht nur einen, der zuerst liebt. Wer könnte das sein? Derjenige, in dessen Herz Gottes Liebe ausgegossen ist, denn Gottes Liebe liebt zuerst. Sie wartet nicht, bis der andere anfängt.

Denken wir uns einmal eine Reihe von Menschen, von denen wir wissen, dass sie uns nicht so sehr mögen. Wie soll das Verhältnis zu ihnen anders werden? Wer soll damit anfangen? Die Liebe Gottes wartet nicht, sie stellt auch keine Forderungen, ehe sie anfängt. Sie beginnt einfach den anderen zu lieben. Daraus ergibt sich die brennende Frage: Wie viele Menschen liebe ich, die mich nicht lieben? Warum fange ich nicht an und lasse Gottes Liebe einmal auf sie fließen – ganz abgesehen davon, wie sie dazu stehen, abgesehen von ihrer oder von meiner Schuld. Gottes Liebe will den Anfang machen.

Dasselbe muss man auch auf die Gemeinde beziehen. Anstatt dass die Gemeinde klagt, die Gesellschaft liebe sie nicht, sollte sie ungeachtet dessen, wie die Einstellung der Gesellschaft zu ihr sein mag, einmal anfangen zu lieben. Das bedeutet, Liebe zu erzeigen bei allen Gelegenheiten, in denen man beginnt das Gute zu sehen, das in der Gesellschaft vorhanden ist, und es zu loben. Die Gemeinde, die zuerst liebt, wird bald auch geliebt werden. Und zwar wird es nach dem Wort Jesu gehen: *"Daran wird jedermann erkennen, dass ihr meine Jünger seid, wenn ihr Liebe untereinander habt"* (Joh. 13,35). Wo nämlich Liebe bei den Gemeindegliedern zu finden ist, springen auch immer wieder Funken in die Welt über, und die Gemeinde zieht andere an.

Die Gemeinde darf ruhig auch anfangen, Leuten in der Umgebung ihre Liebe zu beweisen. In einem Fall wohnte eine sehr arme Familie in der Nachbarschaft einer Gemeinde. Der Frauenverein der Gemeinde überlegte: Wie können wir der Familie Liebe erweisen? Sie fanden das Geburtsdatum der Frau heraus und bereiteten für diesen Tag einen Kuchen für sie, einen Blumenstrauß sowie entsprechende Geschenke. Damit besuchten sie als Gruppe die Frau in ihrer Wohnung, sangen ihr ein Lied, gratulierten ihr zum Geburtstag und sagten ihr, dass sie es schätzten, sie in ihrer Nachbarschaft zu haben. Als die Frauen gegangen waren, setzte sich die arme Frau einfach auf einen Stuhl und fragte sich, was das wohl wäre. So etwas hatte sie noch nie erlebt. Nachdenklich griff sie zum Telefon und wählte eine Nummer, die sie noch nie gewählt hatte. Sie rief die Gemeinde an, von der die Frauen gekommen waren. Als sich der Pastor meldete, sagte die Frau zu ihm: „Herr Pastor, heute ist mir etwas passiert, was ich noch nie erlebt habe. Heute ist mein Geburtstag, und nicht einmal mein Mann hat daran gedacht. Aber auf einmal kamen die Frauen von Ihrer Gemeinde und brachten mir so schöne Geschenke. Außerdem sagten sie mir, dass sie mich lieb hätten!" Ist es da verwunderlich, dass diese Frau bald auch zur Gemeinde kam und Christus als ihren Erlöser fand? Ja, die Gemeinde, die zuerst liebt, wird auch geliebt werden. Und wenn nicht, so hört diese Liebe doch niemals auf.

Charakterzüge dieser Liebe

Die Charakterzüge dieser Liebe sind uns durch Paulus unvergesslich geschildert worden: *„Die Liebe ist langmütig und freundlich, die Liebe eifert nicht, die Liebe treibt nicht Mutwillen, sie bläht sich nicht auf, sie verhält sich nicht ungehörig, sie sucht nicht das Ihre, sie lässt sich nicht erbittern, sie rechnet das Böse nicht zu, sie freut sich nicht über die Ungerechtigkeit, sie freut sich aber an der Wahrheit; sie erträgt alles, sie glaubt alles, sie hofft alles, sie duldet alles. Die Liebe hört niemals auf"* (1. Kor. 13,4-8a). Diese Merkmale der Liebe sind hier wie ein Blumenstrauß zusammengestellt. Wer ihn sieht, kann sich kaum satt sehen. Man muss stehen bleiben und die Herrlichkeit bestaunen.

Diese Charakterzüge der Liebe übertragen sich auf die Persönlichkeit des Menschen, in dessen Herz die Liebe Gottes ausgegossen ist. Die Beschreibung der Merkmale dient uns als Spiegel, in dem wir uns immer überprüfen können, um festzustellen, was uns noch fehlt. Eine Liebestat kann, wenn die Merkmale der Liebe fehlen, ganz schief gehen. Versagt man in diesen Charakterzügen und versucht dennoch, eine Liebestat zu verrichten, kommt die Liebe beim Anderen selten an. Liebe und Ungeduld schließen sich gegenseitig aus. Liebe, die von Selbstlob (von Aufblähen) begleitet wird, ist schwer zu erkennen. Die Welt kann von Liebe sprechen und dabei selbstsüchtig sein. Aber Gottes Liebe sucht nicht das Ihre, sucht keine Gegenliebe. Wenn sich jemand erbittern lässt und viel Kritik übt, über andere schimpft und ihnen viele Ratschläge gibt, lässt er seine Liebe, wenn er überhaupt welche hat, nicht erkennen. Liebe zeichnet sich dadurch aus, dass man geduldig tragen kann und dem anderen doch, ohne zu murren, Vertrauen schenkt (sie glaubt alles).

Von dem Gottesmann Spurgeon wurde mir erzählt, dass er

einen Mann in seiner Gemeinde hatte, der ihm viel zusetzte und ihn ständig kritisierte. Als die Gemeinde nun für die Führung der Kasse eine Vertrauensperson brauchte, soll Spurgeon diesen Mann vorgeschlagen haben. Und die Gemeinde wählte ihn. Als der Mann hierdurch das Vertrauen seines Pfarrers spürte, schrieb er einen Zettel, der in etwa lautete: „Das Vertrauen meines Pastors zu mir ist so groß. Solche Liebe kann ich nicht ertragen." Nachdem er diesen Zettel geschrieben hatte, soll er seinem Leben ein Ende gesetzt haben.

Ist diese Art Liebe nicht auch in Jesus zu erkennen? Als Judas mit den Kriegsknechten kam, die Jesus gefangen nehmen wollten, und ihn küsste, sprach Jesus ihn mit den Worten an: *„Mein Freund, dazu bist du gekommen?"* (Matth. 26,50). War es wohl diese bedingungslose Liebe, die Judas dazu brachte, dass er hinging und sich selbst erhängte (Matth. 27,5)?

Eine Gemeinde ohne Gottes Herrlichkeit

Eine Gemeinde ohne Gottes Herrlichkeit kann es tatsächlich geben. Diese Möglichkeit wird uns auch von Paulus beschrieben: *„Wenn ich mit Menschen- und mit Engelzungen redete und hätte die Liebe nicht, so wäre ich ein tönendes Erz oder eine klingende Schelle"* (1. Kor. 13,1). Gewaltige Reden, rührende Ansprachen und großartige Erklärungen – ohne Liebe sind sie nur leerer Schall oder ein tönendes Erz, als würde eine leere Stahltonne einen steilen Abhang hinunterrollen: Viel Getöse, das mit einem Krach endet und niemandem eine Hilfe ist. *„Und wenn ich prophetisch reden könnte und wüsste alle Geheimnisse und alle Erkenntnis und hätte allen Glauben, so dass ich Berge versetzen könnte, und hätte die Liebe nicht, so wäre ich nichts"* (1. Kor. 13,2).

Denken wir an die Gnadengaben, die hier erwähnt werden! Die Gabe der Weissagung ist ziemlich gefragt und die Erkenntnis, die der Mensch heute auf vielen Gebieten gewonnen hat, ist schon erstaunlich. Selbst der Glaube, den manche aufbringen, lässt uns fast atemlos werden. Wer würde solche Menschen nicht als Glieder in die Gemeinde aufnehmen wollen? Doch ohne die Liebe sind sie nichts wert. Immer wieder trifft man Menschen, die von ihren Gnadengaben sprechen, dabei aber wenig Liebe zeigen. *„Und wenn ich alle meine Habe den Armen gäbe und ließe meinen Leib verbrennen, und hätte die Liebe nicht, so wäre mir's nichts nütze"* (1. Kor. 13,3).

Hier merken wir, dass es tatsächlich möglich ist, sich selbst aufzuopfern, ohne Liebe zu haben. Das Motiv muss in solchen Fällen in Frage gestellt werden. Bringt jemand solche Opfer, um gesehen zu werden oder sein Gewissen zu beruhigen, weil er vielleicht unehrlichen Gewinn gemacht hat? Oder treibt einen die eigene Selbstgerechtigkeit in derartige Verzweiflung, dass man meint, sich durch selbst zugefügte Leiden etwas verdienen zu können? Dies alles ist Selbstsucht und nicht etwa Liebe. Es ist nicht das innere Bedürfnis, sich selbst für andere aufzuopfern, und es ist nichts nütze.

In Offb. 2,1-7 schildert der Herr eine Gemeinde, die alles hat, der nur die Liebe fehlt: Ephesus hatte Werke des Glaubens vorzuzeigen und war fleißig. Es hatte die Bösen ausgeschieden und konnte Heuchelei erkennen, und man setzte sich sehr für den Namen Jesu ein. Es gab ein Gemeindeprogramm, über das man nur staunen konnte. Jeden Abend brannten die Lichter im Gemeindezentrum, es war viel los. Doch Jesus klagte: *„Aber ich habe gegen dich, dass du die erste Liebe verlässt"* (Offb. 2,4). Wie traurig dieser Zustand ist, können wir vielleicht nachvollziehen, wenn wir ihn mit einer Ehe vergleichen, in der ein Partner alles tut, was ihm an Gutem für den anderen Ehepartner einfällt, wo er zuweilen sogar in großer Selbstaufopferung handelt. Doch wenn die Liebe fehlt, so ist das alles nichts nütze.

Schauen wir einmal in die Gemeinden heute hinein. In den meisten ist viel los. Es gibt viele verschiedene Veranstaltungen. Es wird viel geopfert. Die meisten Dienste werden ehrenamtlich verrichtet. Doch die Zahl derer, die sich in den Gemeinden einsam fühlen und keine Liebe erfahren, nimmt zu und nicht ab. Mir sagte einmal ein Mann, der nahe bei einem Gemeindezentrum wohnte, auf die Frage, welchen Eindruck er von der Gemeinde hätte: „Die haben immer Hochbetrieb. Sie wollen alle in den Himmel, aber sie sehen kaum die Menschen um sich herum. In ihrer Seligkeit vergessen sie die Nachbarn ganz." Dann ist sie wirklich „ein tönendes Erz oder eine klingende Schelle".

Ein Baptistenprediger soll einmal den inzwischen verstorbenen Politiker Tito in Jugoslawien besucht und ihm erzählt haben, wie wunderbar es wäre, wenn Jesus herrschen würde. Dann wäre die Selbstsucht ausgeschaltet und die Liebe würde herrschen. Nachdem Tito ein Weilchen zugehört hatte, fragte er den Prediger: „Wo kann ich denn hingehen, um das, was Sie mir erzählen, einmal zu sehen?"

Der Prediger teilte mit, er habe es nicht gewagt, Marschall Tito in seine Gemeinde einzuladen; so weit sei seine Gemeinde von dem entfernt, was eine Gemeinde sein sollte. Hätte man Tito zu deiner Gemeinde weisen dürfen, damit er die Herrlichkeit der Gemeinde deutlicher hätte sehen können?

Die Gemeinde soll außerdem eine Bruderschaft sein, wo man vertrauensvoll seine Einstellung und Meinung äußern darf. Da kann es dann schon auch zu verschiedenen, zum Teil vielleicht großen Auseinandersetzungen kommen. Eine Reaktion auf solche Meinungsunterschiede kann sein, dass man die Andersdenkenden irgendwie zum Schweigen bringt. Doch dann hört die Gemeinde auf, eine Bruderschaft zu sein. Die Meinungen aller sollen geachtet werden. Paulus schreibt: *„Tut nichts aus Eigennutz oder um eitler Ehre willen, sondern in Demut achte einer den anderen höher als sich selbst"* (Phil. 2,3).

Deshalb soll eine Gemeinde möglichst einerlei Sinn oder Meinung anstreben.

Kapitel 4
Die Universalgemeinde und die Gemeinde am Ort

Das Neue Testament spricht wiederholt von der Universalgemeinde Jesu Christi, aber auch von der Gemeinde Jesu Christi an einem bestimmten Ort. Diese zweifache Darstellung der Gemeinde Jesu gibt uns schon der Herr Jesus selbst, wie bereits im ersten Kapitel dieses Buches erwähnt. Wenn er in Matth. 16,18 von „meiner" Gemeinde spricht, müssen wir darunter die Universalgemeinde verstehen. Doch in Matth. 18,17 spricht er von der Gemeinde an einem Ort, die das letzte Wort in Bezug auf Gemeindezucht zu sagen hat. Zum apostolischen Konzil kam laut Apg. 15 eine Delegation von der Gemeinde in Antiochien, die von der Gemeinde in Jerusalem empfangen wurde (Apg. 15,3-4). Paulus schrieb die beiden Korintherbriefe speziell an die „Gemeinde Gottes in Korinth" (1. Kor. 1,2 und 2. Kor. 1,1). Aber in den Briefen selbst schildert er die Universalgemeinde mit den Worten: *„Denn wie der Leib einer ist und doch viele Glieder hat, alle Glieder des Leibes aber, obwohl sie viele sind, doch ein Leib sind: so auch Christus"* (1. Kor. 12,12).

Auch schreibt er zwei Briefe speziell an die Gemeinde in Thessalonich (1. Thess. 1,1 und 2. Thess. 1,1). Um wirklich das ganze Bild der Gemeinde Jesu Christi zu verstehen, müssen wir nun beide Begriffe, die Universalgemeinde wie auch die Gemeinde am Ort, verstehen lernen und merken, wie sie zueinander passen.

Die Universalgemeinde

Ihre Darstellung in der Schrift
Für manche geistliche Begriffe ist der menschliche Wortschatz zu arm, um uns eine Wahrheit zu verdeutlichen. Die Bibel

gebraucht darum immer wieder Bilder, durch die wir wenigstens teilweise verstehen können, was gemeint ist. So ist es auch mit der Universalgemeinde. Einige dieser Bilder möchte ich hier nun kurz anführen:

Volk Gottes

„*Ihr aber seid das auserwählte Geschlecht, die königliche Priesterschaft, das heilige Volk, das Volk des Eigentums, dass ihr verkündigen sollt die Wohltaten dessen, der euch berufen hat von der Finsternis zu seinem wunderbaren Licht; die ihr einst nicht ein Volk wart, nun aber Gottes Volk seid, und einst nicht in Gnaden wart, nun aber in Gnaden seid*" (1. Petr. 2,9-10).

Wie schon früher angedeutet, ist diese Darstellung der Universalgemeinde dem Bilde Israels im Alten Testament sehr ähnlich (2. Mose 19,6). Paulus erinnert die Römer daran, dass diese Tatsache dem Volk Israel im Alten Testament verkündet wurde. Er sagt: „*Wie er denn auch durch Hosea spricht: Ich will das mein Volk nennen, das nicht mein Volk war, und meine Geliebte, die nicht meine Geliebte war*" (Röm. 9,25).

Im Alten Testament meinte Israel, dass das Heil für es allein galt, und glaubte nicht, dass die Heiden Miterben seien, mit eingegliedert und Mitgenossen seiner Verheißung in Christus durch das Evangelium sein sollten (Eph. 3,6). Aber in Christus wurden alle ethnischen Wände niedergerissen, damit er in sich selber aus den zweien einen neuen Menschen schaffe und Frieden mache und die beiden versöhne mit Gott in einem Leib durch das Kreuz, indem er die Feindschaft tötete durch sich selbst (Eph. 2,15-16).

Also hat er nicht für jede Nation ein separates Volk Gottes erwählt, sondern alle Gläubigen aus allen Nationen gehören zu einem Volk Gottes. Diese Denkweise war dem Volk des Alten Testaments neu. Doch Jesus hat dies gleich nach seiner Auferstehung betont, indem er sagte: „*Darum gehet hin und machet zu Jüngern alle Völker: Taufet sie auf den Namen des Vaters und des Sohnes und des heiligen Geistes und lehret sie halten alles, was ich euch befohlen habe*" (Matth. 28,19).

Wie schwierig die gläubigen Christen in Jerusalem diesen Begriff fanden, haben wir bereits bei unserem Studium von Apg. 8 gesehen, wo die Gläubigen aus Samarien schließlich durch die Apostel als Glieder der Gemeinde anerkannt wurden. Davon wird uns auch in Apg. 10 und 11, wo der heidnische Hauptmann Kornelius ebenfalls als Glied der Gemeinde angesehen wurde, sowie in Apg. 19 von den Gläubigen in Ephesus berichtet. Hätte Gott sich nicht so bemüht, so hätte es – menschlich gesprochen – womöglich drei verschiedene Völker Gottes gegeben: ein israelitisches Volk, ein samaritisches Volk und ein Volk aus den Heiden. Doch nun sind sie alle eins in Christus.

Leib Christi

Das Bild vom Leib ist wohl eines der ausdrucksstärksten für die Gemeinde im Neuen Testament, obwohl es nur von Paulus gebraucht wird und auch nur in vier seiner Bücher vorkommt (Röm. 12,4-5; 1. Kor. 10,16-17; 11,29; 11,12-27; Eph. 1,22-23; 4,15-16; Kol. 1,18-24). Der Leib ist wohl das einzige Bild der Gemeinde, das wir im Alten Testament nicht angedeutet finden. Auch hier wird die Zusammengehörigkeit aller Gläubigen betont und zugleich die Beziehung eines jeden Gliedes zum Haupt, welches Jesus Christus ist.

Betonen möchte ich, dass es nur *einen* Leib gibt und nicht mehrere: nicht etwa einen Leib für Europa, einen anderen für Nordamerika, einen für Südamerika und einen weiteren für Afrika, dann noch je einen für Asien und Australien. Nein, alle Gläubigen, wo immer sie auf der Welt sein mögen, bilden zusammen den Leib, dessen Haupt Jesus Christus ist.

Wenn wir die Gemeinde nur als Volk sähen, so könnten wir vielleicht nur die horizontale Beziehung derer, die zum Volk gehören, erkennen. Doch das Bild des Leibes betont beide: die horizontale Beziehung, weil wir alle zu einem Leib gehören, sowie die vertikale, weil alle Glieder in Beziehung zum Haupt Jesus Christus stehen. Dieses Bild von der Gemeinde unterstreicht aber auch die Abhängigkeit der Gläubigen voneinander, denn wir lesen: *„Lasst uns aber wahrhaftig sein in der Liebe und wachsen in allen Stücken zu dem hin, der das Haupt ist, Christus, von dem aus der ganze Leib zusammengefügt ist und ein Glied am andern hängt durch alle Gelenke, wodurch jedes Glied das andere unterstützt nach dem Maß seiner Kraft und macht, dass der Leib wächst und sich selbst aufbaut in der Liebe"* (Eph. 4,15-16).

Also betont der Leib unsere Abhängigkeit von dem Herrn Jesus Christus, zugleich aber auch unsere Abhängigkeit untereinander.

Dieses Bild betont außerdem die vielfältige Funktion der Glieder am Leib, wie wir sie später noch beim Studium der Gnadengaben sehen werden. Es stellt dabei den Individualismus, der im Westen so stark vertreten ist, entschieden zurück. Nicht, dass die Persönlichkeit des Einzelnen erstickt oder erschlagen wird; nein, die Persönlichkeit wird vielmehr veredelt und transformiert, so dass sie in einem harmonischen Verhältnis zu den anderen Gläubigen stehen kann. Der Einzelne geht nicht im Ganzen auf, aber er weiß sich unentbehrlich, denn *„wenn ein Glied leidet, so leiden alle Glieder mit, und wenn ein Glied geehrt wird, so freuen sich alle Glieder mit"* (1. Kor. 12,26).

Dem Einzelnen wird nicht das Wertgefühl genommen, sondern er erfährt eine wunderbare Erfüllung dessen, was er sein soll. Die Persönlichkeit selbst bleibt also, nur die selbstsüchtige Einstellung wird gegen eine selbstlose Haltung eingetauscht. Hier erfährt sie tatsächlich: *„Denn wer sein Leben erhalten will, der wird's verlieren; wer aber sein Leben verliert um meinetwillen, der wird's finden"* (Matth. 16,25). Doch mehr darüber später.

Gottes Hausgenossen

„So seid ihr nun nicht mehr Gäste und Fremdlinge, sondern Mitbürger der Heiligen und Gottes Hausgenossen" (Eph. 2,19). Kommt jemand in die Gemeinde, so kommt er aus der Fremde in ein Zuhause. Ja, die Gemeinde ist eine Antwort auf die Not der menschlichen Einsamkeit. Einsamkeit haben wohl schon alle erfahren, aber keinem ist es bisher gelungen, allein etwas dagegen zu unternehmen. Er braucht eine Basis mit anderen zusammen, wo er das Bewusstsein bekommt: Ich bin zu Hause.

In meinem langjährigen Reisedienst habe ich das immer wieder erfahren dürfen. Wie oft bin ich zu einer ganz neuen Stelle gekommen, wo ich niemanden kannte. Unter den vielen Menschen, denen ich auf der Reise oder bei der Ankunft auf dem Bahnhof oder Flughafen begegnete, fühlte ich mich allein. Doch immer wieder traf ich Christen, die mich zu sich einluden. Ich hatte sie nie zuvor persönlich getroffen. Es spielte dabei keine Rolle, ob sie alt oder jung, reich oder arm waren. Auch ob es in Westeuropa, Asien, Afrika, Südamerika oder Nordamerika war, ob die Leute eine gelbe, rote, weiße oder schwarze Hautfarbe hatten, machte nichts aus. Merkte ich allerdings, dass der Geist Jesu Christi in ihren Herzen war, dann hatten sie auf mich eine bestimmte Ausstrahlungskraft, und der gleiche Geist, der auch in mir war, antwortete, so dass ich mich in weniger als drei Minuten in der Gemeinschaft dieser Gläubigen wohlfühlte.

Der Begriff „Gemeinschaft" tritt hier in den Vordergrund. In unserer industriellen und automatisierten Kultur nimmt die Einsamkeit leider nicht ab. Immer wieder wird der Mensch als Nummer statt als Persönlichkeit betrachtet. Das Bedürfnis nach Gemeinschaft ist aber universal, denn Gott hat einmal gesagt:

„*Es ist nicht gut, dass der Mensch allein sei*" (1. Mose 2,18). Ein gesundes Familienleben kann hier schon viel bewirken. Doch wir leben in einer Zeit, in der das Familienverhältnis oft zerstört ist und der Mensch allein steht. Der Mensch braucht eine Hausgenossenschaft, und das soll für ihn die Gemeinde sein. Manchmal meint man, dass die Gemeinde nicht mehr aktuell sei. Doch wenn echte Gemeinschaft zu spüren ist, wächst das Bedürfnis für die Erfahrung von Gemeinde heute mehr als je zuvor.

Behausung Gottes

„*So seid ihr nun nicht mehr Gäste und Fremdlinge, sondern Mitbürger der Heiligen und Gottes Hausgenossen, erbaut auf den Grund der Apostel und Propheten, da Jesus Christus der Eckstein ist, auf welchem der ganze Bau ineinandergefügt wächst zu einem heiligen Tempel in dem Herrn. Durch ihn werdet auch ihr miterbaut zu einer Wohnung Gottes im Geist*" (Eph. 2,19-22).

Dieselbe Wahrheit wird auch von Petrus betont: „*Zu ihm kommt als zu dem lebendigen Stein, der von den Menschen verworfen ist, aber bei Gott auserwählt und kostbar. Und auch ihr als lebendige Steine erbaut euch zum geistlichen Hause und zur heiligen Priesterschaft, zu opfern geistliche Opfer, die Gott wohlgefällig sind durch Jesus Christus*" (1. Petr. 2,4-5).

Von Anfang an wollte Gott gern bei den Menschen wohnen. Nachdem er den Menschen geschaffen hatte, ging er in den Garten, um mit ihm Gemeinschaft zu pflegen. Die Sünde störte dann das gute Verhältnis, aber Gott suchte einen Weg, um den Kontakt wieder herzustellen. Er machte einen herrlichen Bund mit Noah und mit Abraham, und als er sein Volk Israel aus Ägypten führte, sagte er zu Mose, das Volk solle „*mir ein Heiligtum machen, dass ich unter ihnen wohne*" (2. Mose 25,8). Welch einen Höhepunkt diesbezüglich erreichte der Herr, von dem wir lesen: „*Und das Wort ward Fleisch und wohnte unter uns, und wir sahen seine Herrlichkeit, eine*

Herrlichkeit als des eingeborenen Sohnes vom Vater, voller Gnade und Wahrheit" (1. Joh. 1,14).

In der Welt findet Gott schwerlich ein Zuhause. Er wird überall verdrängt. Wo Spannung, Zank, Bitterkeit, Ärger, Hass, Neid, Krieg und Selbstsucht herrschen, zieht sich Gott zurück. Heute will Gott seine Wohnung in der Gemeinde suchen, wo es *„fein und lieblich ist..., wenn Brüder einträchtig beieinander wohnen"* (Ps. 133). In der Welt ist er souveräner Herrscher und in der Gemeinde ebenfalls. Hier ist er jedoch auch Vater und hat ein Zuhause. Das Endziel alles göttlichen Wirkens wird erreicht sein, wenn dies zutrifft: *„Siehe da, die Hütte Gottes bei den Menschen! Und er wird bei ihnen wohnen, und sie werden sein Volk sein, und er selbst, Gott mit ihnen, wird ihr Gott sein"* (Offb. 21,3).

Die Sehnsucht Gottes findet in seiner Wohnung bei den Menschen ihre Erfüllung. Deshalb brauchen wir nicht nur in die Zukunft zu schauen, sondern wir dürfen uns jetzt schon freuen, dass Gott in und mit der Gemeinde diesem Ziele zustrebt. Dieses Ziel ist nur noch nicht erreicht, denn es heißt: *„Durch ihn werdet auch ihr miterbaut zu einer Wohnung Gottes im Geist."* Gott ist bei der Arbeit, dieses Ziel in der Gemeinde zu erreichen, und er fordert uns als Gemeindeglieder auf: *„Auch ihr als lebendige Steine erbaut euch zum geistlichen Hause und zur heiligen Priesterschaft"* (1. Petr. 2,5). Dann ist also die Gemeinde für Gott und die Menschen ein Vorgeschmack des Himmels und der Vollendung. Etwas Schöneres gibt es demnach nirgends auf der Welt.

Braut des Lammes

Auch dieses Bild aus der Offenbarung möchte ich mit hineinnehmen, obwohl ich mir bewusst bin, dass die Meinungen der Ausleger in der Identität der Braut oft auseinandergehen. Manche meinen, dass die Braut eher Israel darstellt, andere glauben, dass es sich mehr auf die Gemeinde bezieht. Es sollen nun keine dogmatischen Behauptungen aufgestellt werden, doch ich gehe davon aus, dass die Worte des Paulus in 2. Kor. 11,2: *„... denn ich habe euch verlobt mit einem einzigen Mann, damit ich Christus eine reine Jungfrau zuführte"* es uns erlauben, das Bild auch in diesem Zusammenhang zu verwenden. Aus Eph. 5,25-27 könnte man gleichfalls darauf schließen, dass die Gemeinde die Braut Jesu Christi ist: *„Ihr Männer, liebt eure Frauen, wie auch Christus die Gemeinde geliebt hat und hat sich selbst für sie dahingegeben, um sie zu* *heiligen. Er hat sie gereinigt durch das Wasserbad im Wort, damit er sie vor sich stelle als eine Gemeinde, die herrlich sei und keinen Flecken oder Runzel oder etwas dergleichen habe, sondern die heilig und untadelig sei."* Somit steht die Gemeinde im innigsten Liebesverhältnis zu Jesus, das man sich nur denken kann. Die Gemeinde ist der Gegenstand all seiner Liebe und der Juwel seines Herzens. Hier erreicht die Herrlichkeit der Gemeinde ihren Höhepunkt, indem *„... die Liebe, mit der du mich liebst, in ihnen sei und ich in ihnen"* (Joh. 17,26).

Wir haben schon in Kapitel 3 erarbeitet, dass man in der Gemeinde einen Vorgeschmack dieses herrlichen Verhältnisses zwischen Mensch und Gott sowie untereinander bekommt.

Reben am Weinstock

Mit diesem Bild sind offensichtlich die Worte Jesu in Joh. 15,1-5 gemeint: *„Ich bin der wahre Weinstock, und mein Vater der Weingärtner. Eine jede Rebe an mir, die keine Frucht bringt, wird er wegnehmen; und eine jede, die Frucht bringt, wird er reinigen, dass sie mehr Frucht bringe. Ihr seid schon rein um des Wortes willen, das ich zu euch geredet habe. Bleibt in mir und ich in euch. Wie die Rebe keine Frucht bringen kann aus sich selbst, wenn sie nicht am Weinstock bleibt, so auch ihr nicht, wenn ihr nicht in mir bleibt. Ich bin der Weinstock, ihr seid die Reben. Wer in mir bleibt und ich in ihm, der bringt viel Frucht; denn ohne mich könnt ihr nichts tun."* Auch hier drängen sich uns mehrere Wahrheiten auf. Zuerst einmal fällt auf, dass der Weinstock in der Einzahl steht, die Reben aber viele sind. Das unterstreicht die direkte Verbindung zwischen all den verschiedenen Reben zu dem einen Herrn Jesus Christus. Weiter merken wir: Wenn es in der Gemeinde Wachstum und Früchte gibt, dann ist es allein dem Wirken Jesu Christi zuzuschreiben. Ohne ihn erreichen wir nichts. Andererseits müssen wir aber auch feststellen, dass der Weinstock keine Früchte ohne die Reben bringen will. In dem Programm Gottes sind die Reben unentbehrlich für den Fortschritt des Wirkens Gottes.

In Apostelgeschichte 10 kam ein Engel zu dem betenden römischen Hauptmann Kornelius. Doch der Engel brachte ihm nicht das Evangelium, sondern nur die Nachricht, wo er jemanden finden könne, der ihm das Evangelium verkündigen würde. Deshalb sandte Kornelius jemand nach Joppe, um Petrus zu holen. Als dieser dann zu ihm und seinem Hause sprach, fiel der Heilige Geist auf sie. Oft meint man, Gott könnte bessere Fortschritte machen, wenn er all seine menschlichen Diener und selbst die Gemeinde aus dem Weg schieben und andere Werkzeuge, z.B. Engel, dazu bestimmen und sie dafür ausrüsten würde. Doch das ist nicht der Wille Gottes.

Gott will Frucht auf dieser Erde haben. Der Feigenbaum, zu dem der Herr Jesus drei Jahre lang gekommen war, um nach Frucht zu suchen, war fehl am Platz. *„So hau ihn ab! Was nimmt er dem Boden die Kraft?"* befahl er (Luk. 13,7). Denn als Jesus nach Jerusalem ging, sah er einen Feigenbaum an dem Wege, ging hin und fand nichts daran als Blätter und sprach zu ihm: *„Nun wachse auf dir niemals mehr Frucht! Und der Feigenbaum verdorrte sogleich"* (Matth. 21,19).

Der Knecht, der einen Zentner empfangen hatte und, wie er sagte, ihn aus Furcht vor dem Herrn in der Erde verbarg und dann seinem Herrn nur zurückgab, was dieser ihm einmal gegeben hatte – er stand also ohne Frucht vor ihm – musste folgendes Urteil hören: *„Und den unnützen Knecht werft in die Finsternis hinaus; da wird sein Heulen und Zähneklappern"* (Matth. 25,30).

In Johannes 15 ist das Fruchtbringen eine Vorbedingung zu dem Vorrecht, in Christus bleiben zu dürfen (Vers 2). Wird der Herr mit den unfruchtbaren Gläubigen und selbst mit einer unfruchtbaren Gemeinde anders handeln? Die Gemeinde sollte sich unbedingt von Christus gebrauchen lassen, um Frucht zu bringen.

Ausschließliche Gemeindebezogenheit der Darstellungen

Das Wesen der Gemeinde ist so vielseitig, dass kein einzelnes Bild uns alle Seiten zeigen kann. Es wären bestimmt auch noch andere Bilder in der Heiligen Schrift zu finden, die sich auf das Wesen der Universalgemeinde beziehen. Aber lassen wir es einmal mit den oben angeführten bewenden, um zu zeigen, wie vielseitig sich das Wesen der Gemeinde darstellt und wie wichtig es ist, dass man die sich daraus ergebenden Charakterzüge der Gemeinde bewusst beachtet, um sie in der Gemeinde zu verwirklichen. Außerdem betonen alle Bilder die notwendige direkte Verbindung der Gemeinde mit dem Herrn Jesus Christus. Das gilt für den einzelnen Gläubigen wie auch für die Gemeinde als ganze.

Es wird deutlich, dass diese Bilder eigentlich nicht auf den einzelnen Gläubigen anzuwenden sind, sondern es immer nur um die Zusammengehörigkeit der Gläubigen in ihrem Verhältnis zu

Jesus geht. Ein jeder soll und darf das Heil persönlich erfahren. Jedoch ist es weder im natürlichen noch im geistlichen Leben Gottes Wille, dass jemand in die Einsamkeit hinein geboren wird, sondern immer in eine Familie. Ein neugeborenes Kind, das allein gelassen wird, geht ein. Es kann seine Bedürfnisse nicht allein decken und deshalb nicht wachsen und vorankommen. Auffällig ist, dass in der Bibel die Benennung für die Erlösten hauptsächlich in der Mehrzahl steht. Das Wort „Heilige" finden wir fast ausschließlich im Plural. Entsprechend heißt es meist „Brüder", „Kinder", „Stamm", „Volk" und so weiter.

Ein Christ wird als Persönlichkeit geboren und darf eine Persönlichkeit bleiben. Aber der Individualismus kann sich nur zum Schaden dessen, der daran festhält, behaupten. Man kann eigentlich das Wesen der Gemeinde gar nicht allein ausleben. Um Liebe zu üben und zu empfangen, braucht man Brüder und Schwestern. Gemeinschaft kann man nie allein pflegen. Deshalb muss der Grundsatz der Zusammengehörigkeit aller Gläubigen so stark betont werden. Die Universalgemeinde, zu der alle wirklich Gläubigen gehören, ist und bleibt eine unsichtbare Wirklichkeit Gottes hier auf Erden. Später wollen wir noch näher sehen, wie das Wesen der Universalgemeinde hier auf Erden sichtbar wird.

Mitgliedschaft in der Universalgemeinde
Hier sprechen die Worte des Apostels Paulus eine deutliche Sprache: *„Denn wie der Leib einer ist und doch viele Glieder hat, alle Glieder des Leibes aber, obwohl sie viele sind, doch ein Leib sind: so auch Christus. Denn wir sind durch einen Geist alle zu einem Leibe getauft, wir seien Juden oder Griechen, Sklaven oder Freie, und sind alle mit einem Geist getränkt"* (1. Kor. 12,12-13).

Also ist die Eingliederung des Einzelnen in den Leib Jesu nie das Werk des Menschen. Alle, die Glieder am Leibe Jesu Christi sind, sind durch den Geist Gottes hineingetauft worden. Über die Geistestaufe gibt es verschiedene Meinungen, und wir tun gut daran, uns genau an die Heilige Schrift zu halten, wenn wir sie nun näher beleuchten wollen.

Die Geistestaufe
Die Taufe durch den Heiligen Geist hat erst am Pfingsttag angefangen. Alle Schriftstellen, die vor Pfingsten von der Taufe des Geistes sprechen, erwähnen diese Erfahrung als eine

Zukunftserfahrung: *"Der wird euch mit dem heiligen Geist und mit Feuer taufen"* (Matth. 3,11), *"Ich taufe euch mit Wasser, aber er wird euch mit dem heiligen Geist taufen"* (Mark. 1,8) und *"der wird euch mit dem heiligen Geist und mit Feuer taufen"* (Luk. 3,16).

"Aber über das Haus David und über die Bürger Jerusalems will ich ausgießen den Geist der Gnade und des Gebets" (Sach. 12,10).

"Und ich kannte ihn nicht. Aber der mich sandte, zu taufen mit Wasser, der sprach zu mir: Auf wen du siehst den Geist herabfahren und auf ihm bleiben, der ist's, der mit dem heiligen Geist tauft" (Joh. 1,33).

Jesus sagte zu seinen Jüngern: *"Denn Johannes hat mit Wasser getauft. Ihr aber sollt mit dem heiligen Geist getauft werden nicht lange nach diesen Tagen"* (Apg. 1,5).

Wir lesen zwar, dass Menschen auch vor Pfingsten mit dem Heiligen Geist erfüllt wurden. Der Engel sprach zu Zacharias über seinen Sohn, Johannes den Täufer: *"Er wird schon von Mutterleib an erfüllt werden mit dem heiligen Geist"* (Luk. 1,15). Und von Elisabeth heißt es kurz darauf: *"Und Elisabeth wurde vom heiligen Geistes erfüllt"* (Luk. 1,41). Weiter lesen wir: *"Und sein Vater Zacharias wurde vom heiligen Geist erfüllt, weissagte und sprach..."* (Luk. 1,67). Hier haben wir also eine ganze Familie, die vor Pfingsten mit dem Heiligen Geist erfüllt wurde. Man könnte auch noch andere aufführen. Aber wir lesen von keinem, der vor Pfingsten mit dem Heiligen Geist getauft wurde.

Nach Pfingsten jedoch wird uns mitgeteilt, dass alle, die gläubig wurden, mit dem Heiligen Geist getauft wurden. Nachdem Petrus das Evangelium zu Kornelius gebracht und dort erfahren hatte, wie Gott auch den Heiden das Heil schenkte, wurde er von der Gemeinde in Jerusalem zur Verantwortung gezogen. Wie rechtfertigte er sein Vorgehen?

"Als ich aber anfing zu reden, fiel der heilige Geist auf sie ebenso wie am Anfang auf uns. Da dachte ich an das Wort des Herrn, als er sagte: Johannes hat mit Wasser getauft; ihr aber sollt mit dem heiligen Geist getauft werden. Wenn nun Gott ihnen die gleiche Gabe gegeben hat wie auch uns, die wir zum Glauben gekommen sind an den Herrn Jesus Christus: wer war ich, dass ich Gott wehren konnte? Als sie das hörten, schwiegen sie still und lobten Gott und sprachen: So hat Gott auch den Heiden die Umkehr gegeben, die zum Leben führt" (Apg. 11,15-18). Achten wir darauf, was Petrus sagt: *"... fiel der heilige Geist auf sie ebenso wie am Anfang auf uns."* Von welchem Anfang spricht er hier? Es muss zwischen Apg. 1,6, wo er noch nicht stattgefunden hatte, und diesem Schriftwort

in Apg. 11,15-18 geschehen sein. Dann kommt offensichtlich kein anderer Zeitpunkt in Frage als der wunderbare Pfingsttag in Apg. 2. Also überzeugte die Taufe des Geistes, die sich auch bei diesen Heidenchristen ereignete, die jüdische Gemeinde, dass die neuen Christen auch Glieder am Leibe Jesu waren, 1. Kor. 12,13 stellt die Taufe des Geistes für die Gläubigen nicht als ein Zukunftsereignis dar, um das sie ringen sollten, sondern als etwas, das nicht nur für einige Gläubige, sondern für alle geschehen war. Die Taufe des Geistes hat nämlich auch den Zweck, die Heidenchristen in den Leib Jesu Christi, oder in die Universalgemeinde, einzugliedern.

Geistestaufe als Teil der Heilserfahrung

Die Taufe durch den Heiligen Geist muss als ein Teil der Heilserfahrung verstanden werden. Wir haben oben gemerkt, dass Johannes der Täufer an zwei Stellen, an denen er von der Taufe des Geistes spricht (in Matthäus und Lukas) sagt: *"Der wird euch mit dem heiligen Geist und mit Feuer taufen"*, während er in Mark. 1,8, in Joh. 1,33 und Jesus in Apg. 1,5 nur von der Taufe des Geistes spricht und nicht vom Feuer.

Zunächst wollen wir beachten, dass Johannes der Täufer in Matthäus und auch in Lukas zu einer gemischten Versammlung spricht, zu Gläubigen und Ungläubigen. In beiden Fällen sagt er zu den Pharisäern und Sadduzäern: *"Ihr Schlangenbrut, wer hat denn euch gewiss gemacht, dass ihr dem künftigen Zorn entrinnen werdet?"* (Matth. 3,7 und Luk. 3,7).

In Markus 1 wird nichts von Ungläubigen berichtet. Wir lesen nur, die dort waren, *"ließen sich von ihm taufen im Jordan und bekannten ihre Sünden"* (Mark. 1,5). Hier haben wir ein Bild von Gläubigen. In Joh. 1,33 spricht Johannes der Täufer zu seinen Jüngern, die wir wohl als gläubig ansehen müssen, und in Apg. 1,5 spricht Jesus zu seinen Jüngern, die nun bestimmt zu den Gläubigen gehören. Also wird deutlich, dass die Taufe mit dem Geist und die Taufe mit Feuer nicht ein und dasselbe bedeuten können. Die Taufe mit dem Geist war für die Gläubigen, die Taufe mit Feuer für die Ungläubigen bestimmt. Das geht auch aus dem Zusammenhang dieser beiden Stellen hervor. Der Wortlaut der beiden Texte ist so ähnlich, dass es genügt, wenn wir nur einen zitieren. Nehmen wir Matth. 3,11-12 (man lese aber auch Luk. 3,16-17): *"Ich taufe euch mit Wasser zur Buße; der aber nach mir kommt, ist stärker als ich, und ich bin nicht wert, ihm die Schuhe zu tragen; der wird euch mit dem Heiligen*

Geist und mit Feuer taufen. Er hat seine Wortschaufel in der Hand; er wird seine Tenne fegen und seinen Weizen in die Scheune sammeln; aber die Spreu wird er verbrennen mit unauslöschlichem Feuer."

Wir können klar davon ausgehen, dass unter dem Weizen, den er in seine Scheune sammelt, die Gläubigen zu verstehen sind, und mit der Spreu, die er mit ewigem Feuer verbrennen wird, die Ungläubigen bezeichnet werden. Also dürfen wir sagen, dass in diesen Stellen das Feuer eigentlich eine Gerichtserfahrung bedeutet, die den Ungläubigen bevorsteht. Wenn nun die Taufe mit Feuer eine Gerichtserfahrung ist, dann muss die Taufe mit dem Geist ein Teil der Heilserfahrung sein. (Selbstverständlich bedeutet Feuer in der Heiligen Schrift nicht immer Gericht, denn Jesus sagt unter anderem ja, dass er gekommen sei, ein Feuer anzuzünden. An dieser Stelle aber kann es nicht anders als eine Gerichtserfahrung verstanden werden.) Die Geistestaufe stellt einen Teil der Heilserfahrung dar und bedeutet zugleich die Eingliederung des Gläubiggewordenen in den Leib Jesu. Das geht auch aus dem gelesenen Wort des Apostels Paulus hervor: *„Denn wir sind durch einen Geist alle zu einem Leib getauft."* Es waren nicht einige, sondern alle Gläubigen. Dies sagt er obendrein zu den Korinthern, bei denen doch manche Glieder als eindeutig fleischlich hingestellt wurden (1. Kor. 3,1-4).

Wie wird man also ein Glied der Universalgemeinde? Wenn wir durch die Wirkung des Heiligen Geistes unsere Sünden erkennen und Jesus Christus als unseren Herrn und Heiland annehmen, dann tauft uns der Geist in demselben Moment in den Leib Jesu Christi hinein. Also ist dies ausschließlich das Werk des Heiligen Geistes!

Die Echtheit der Universalgemeinde

Dies alles will uns sagen, dass nicht unbedingt das ganze Namenschristentum zum Leib Christi gehört. Das Christentum, wie es sich heute in der Welt zeigt, wirft immer wieder die Frage auf, wieviel davon echt und wieviel unecht ist. Bereits einer der zwölf Jünger Jesu war nicht echt und ging ins Verderben. Wir erfahren in der Bibel außerdem, dass der Glaube von fünf der zehn wartenden Jungfrauen nicht ausreichte, so dass sie draußen bleiben mussten (Matth. 25,1-13). Jesus selbst sagt: *„Es werden viele zu mir sagen an jenem Tage: Herr, Herr, haben wir nicht in deinem Namen geweissagt? Haben wir nicht in deinem Namen böse Geister ausgetrieben? Haben* *wir nicht in deinem Namen viele Wunder getan? Dann werde ich ihnen bekennen: Ich habe euch noch nie gekannt; weicht von mir, ihr Übeltäter!"* (Matth. 7,22-23).

Das Unechte am Christentum ist also von jeher eine erschreckende Wirklichkeit. Die Mitgliedschaft in der Universalgemeinde gilt nur denen, von denen Jesus sagt: *"Es sei denn, dass jemand von neuem geboren werde, so kann er das Reich Gottes nicht sehen"* Joh. 3,3). Weiter fügt Jesus hinzu: *"Wahrlich, wahrlich, ich sage dir: Es sei denn, dass jemand geboren werde aus Wasser und Geist, so kann er nicht in das Reich Gottes kommen"* (Joh. 3,5).

Die Universalgemeinde besteht nur aus Menschen, die wahrhaftig diese Heilserfahrung erlebt haben und durch den Heiligen Geist in den Leib Jesu Christi eingegliedert worden sind.

Die Gemeinde am Ort

Die Gemeinde am Ort wird von vielen als nebensächlich angesehen. Diese meinen, die Hauptsache sei, dass man zur Universalgemeinde gehöre. Das sei nämlich erforderlich, um selig zu werden; aber die Gemeinde am Ort brauche man letzten Endes ja nicht. Dann ist es unumgänglich, dass wir uns von der Heiligen Schrift her belehren lassen, welch eine große Rolle die Gemeinde am Ort in Gottes Programm eigentlich einnimmt.

Die Betonung der „Gemeinde am Ort" in der Bibel

Die konkrete Gemeinde am Ort haben wir bereits zum Teil betrachtet, als wir den erhöhten Christus in Offb. 1 im Verhältnis zu den Ortsgemeinden sahen. Er wandelt mitten unter ihnen und hat ihre Diener in seiner rechten Hand. Er ist ganz genau über den Zustand jeder Gemeinde informiert. Wo etwas Gutes ist, lobt er es; wo Mängel sind, tadelt er diese. Er als Herr der Gemeinde am Ort gibt Hinweise zu ihrer Vervollkommnung und droht auch mit Gericht, falls sein Rat nicht angenommen und danach gehandelt wird. In jedem Fall spricht der Herr auch Mut zu, selbst der mangelhaftesten Gemeinde am Ort, letztlich als Sieger hervorzugehen. Dies alles sagt uns, wie sehr Christus an der Ortsgemeinde gelegen ist und wie er sich bemüht, dass es ihr gut geht.

Wir haben auch schon angedeutet, dass die apostolischen Briefe im Neuen Testament hauptsächlich an die Heiligen von Gemeinden in verschiedenen Orten gerichtet worden sind. In keinem Fall wird die Gemeinde am Ort als minderwertig dargestellt, sondern es wird vielmehr deutlich, wie viel Mühe sich die Apostel gaben, damit auch alles in der angesprochenen Gemeinde in Ordnung sein möge.

Dabei waren die Apostel nicht nur besorgt, das Wesen der Gemeinde zu betonen, wie es sich auch bei der Universalgemeinde darstellt. Sie bemühten sich gleichzeitig darum, dass in jeder Gemeinde der entsprechende Lebensstil gelehrt und die richtige Struktur eingesetzt würde.

Paulus reiste mit Barnabas von Stadt zu Stadt, wo sie das Evangelium predigten und viele zu Jüngern machten: *„[Sie] stärkten die Seelen der Jünger und ermahnten sie, im Glauben zu bleiben, und sagten: Wir müssen durch viele Bedrängnisse in das Reich Gottes eingehen. Und sie setzten in jeder Gemeinde Älteste ein, beteten und fasteten und befahlen sie dem Herrn, an den sie gläubig geworden waren"* (Apg. 14,21-23).

Paulus und Barnabas ließen sich von einer Ortsgemeinde aussenden und hielten es für richtig, dass sie sich der aussendenden Gemeinde gegenüber verantworteten. Deshalb versammelten sie die Gemeinde und verkündeten, *„wie viel Gott durch sie getan und wie er den Heiden die Tür des Glaubens aufgetan hätte"* (Apg. 14,27).

Sie blieben dann einige Zeit in Antiochien. Doch dann sorgten sie sich um das Wohl ihrer Missionsgemeinden, und Paulus sagte zu Barnabas: *„Lass uns wieder aufbrechen und nach unsern Brüdern sehen in allen Städten, in denen wir das Wort des Herrn verkündigt haben, wie es um sie steht"* (Apg. 15,36).

Dadurch wird deutlich, dass die Gemeinde am Ort keinesfalls für minderwertig gehalten wird, denn für das Werk des Herrn hier auf Erden ist es eine absolute Notwendigkeit, dass die Gläubigen in Gemeinden zusammengefasst werden und dass jede Gemeinde am Ort ihren Dienst für den Herrn treu erfüllt.

Der Zweck der Gemeinde am Ort

Das Wesen der Universalgemeinde vor der Welt veranschaulichen

Die Universalgemeinde ist und bleibt eine unsichtbare Wirklichkeit, doch für Gott ist es wichtig, dass ihr Wesen mit all der Herrlichkeit, die darin liegt, vor der Welt veranschaulicht werden soll. Jesus betete: *„damit sie alle eins seien. Wie du, Vater, in mir bist und ich in dir, so sollen auch sie in uns sein, damit die Welt glaube, dass du mich gesandt hast"* (Joh. 17,21) und *„damit sie vollkommen eins seien* *und die Welt erkenne, dass du mich gesandt hast und sie liebst, wie du mich liebst"* (V. 23). Die Welt kann die Herrlichkeit des Einsseins ohne die Wiedergeburt nicht erfahren. Doch der Herr ist darum besorgt, dass die Herrlichkeit vor den Augen der Welt sichtbar würde und die Menschen durch das, was sie sehen, zum Glauben kommen und dann auch erkennen, dass Jesus Christus der von Gott gesandte Retter für sie ist. Die Welt soll nicht nur hören, sie soll auch sehen. Dieselbe Wahrheit kommt auch durch Joh. 13,34-35 zum Ausdruck: *„Ein neues Gebot gebe ich euch, dass ihr euch untereinander liebt, wie ich euch geliebt habe, damit auch ihr einander lieb habt. Daran wird jedermann erkennen, dass ihr meine Jünger seid, wenn ihr Liebe untereinander habt."*

Die Liebe ist ganz sicher ein Teil des Wesens der Universalgemeinde. Doch an der Universalgemeinde kann die Welt diese Liebe gar nicht sehen oder beobachten. Diese kann die Welt nur in der konkreten Gemeinde am Ort sehen. Auffällig ist auch, dass Christus nicht nur von der Liebe der Gläubigen gegenüber den Ungläubigen spricht, sondern die Betonung liegt darauf, *„dass ihr euch untereinander liebt."* Die Welt soll nicht nur die einzelnen Gläubigen sehen, sondern die herrliche zwischenmenschliche Beziehung, die bei den Gläubigen zu Hause ist, beobachten. Das kann kein gläubiger Christ alleine verwirklichen! Er muss irgendwo in eine Gemeinde hinein, um es der Welt zu zeigen.

Was uns in der Bibel von der Liebe gesagt wird, bezieht sich auch auf das Wesen der Universalgemeinde, das uns durch andere Bilder der Universalgemeinde dargestellt wird: die Zusammengehörigkeit, die Selbstlosigkeit, die Antwort auf Einsamkeit, die gegenseitige Ehrerbietung in der Gemeinde, in der man sich als in einer Wohnung Gottes um den Herrn scharen und miteinander die Freuden teilen kann. All das und mehr kann aber die Welt nicht in der Universalgemeinde sehen. Es muss in einer Ortsgemeinde Wirklichkeit für die Welt werden.

Die Persönlichkeit eines Menschen kann sich der Welt nicht ohne dessen Körper offenbaren. Doch durch die Mimik des Gesichts, durch den Tonfall der Stimme und so manches mehr wird die Persönlichkeit dieses Menschen veranschaulicht. Jesus meint etwas Ähnliches, wenn er sagt: *„So lasst euer Licht leuchten vor den Leuten, damit sie eure guten Werke sehen und euren Vater im Himmel preisen"* (Matth. 5,16).

Um es noch einmal zu sagen: Die Welt soll nicht nur hören, sie soll auch sehen! Und durch das Sehen unserer guten Werke und durch die wunderbaren zwischenmenschlichen Beziehungen in der Gemeinde sollen sie nicht die Christen preisen, sondern deren Vater im Himmel. Jesus sagte: *„Wer mich sieht, der sieht den Vater"* (Joh. 14,9). Nicht in demselben vollen Sinn, aber doch zu einem großen Teil soll die Welt, wenn sie die Herrlichkeit Gottes in der Ortsgemeinde sieht, erkennen können, was für eine Persönlichkeit Gott im Himmel ist. So wie der Mensch seine Persönlichkeit nur durch seinen Körper der Welt zeigen kann, so möchte Gott auch seine Herrlichkeit durch das Wesen der Gemeinde, das in der jeweiligen Gemeinde am Ort sichtbar wird, der Welt offenbaren.

Die Sache Gottes auf Erden fördern

Offensichtlich baut der Herr nicht die Gemeinde am Ort durch die Universalgemeinde, sondern er baut die Universalgemeinde durch die Ortsgemeinde. Die Bibel spricht vom Geist, der Seele und dem Leib des Menschen (1. Thess. 5,23). Da neigen manche zu dem Gedanken, dass sich das Christsein mehr auf den Geist und die Seele bezieht und dass der Leib hier eigentlich Nebensache sei. Viele wollen das Christentum vergeistlichen.

Da fällt mir jener Prediger ein, in dessen wöchentlicher Bibelstunde ein bestimmter Bruder fehlte. Als der Prediger diesen Bruder am nächsten Tag auf der Straße traf, sagte er ihm, dass er vermisst worden sei. Doch der Bruder schaute ihn freundlich an und erwiderte, dass er aber im Geist da gewesen sei. Der Prediger entgegnete darauf, dass er das nächste Mal doch seinem Geist sagen solle, auch den Leib mitzubringen...

Ein „geistliches" Christentum, das den Leib beiseite liegen lässt, taugt nichts. Nicht umsonst bittet der Herr durch Paulus: *„Ich ermahne euch nun, liebe Brüder, durch die Barmherzigkeit Gottes, dass ihr eure Leiber hingebt als ein Opfer, das lebendig, heilig und Gott wohlgefällig ist. Das sei euer vernünftiger Gottesdienst"* (Röm. 12,1).

Das Christentum im Herzen soll sich durch den Leib ausdrükken. Ebenso meint es Paulus: *„Wie ihr eure Glieder hingegeben hattet an den Dienst der Unreinheit und Ungerechtigkeit zu immer neuer Ungerechtigkeit, so gebt nun eure Glieder hin an den Dienst der Gerechtigkeit, dass sie heilig werden"* (Röm. 6,19).

Ein Christentum, das nur im Herzen sein will und sich nicht durch den Leib für andere Menschen entfaltet, erinnert uns an den Glauben ohne Werke, der ja tot ist. Man kann dem Herrn nicht dienen, ohne seinen Körper einzusetzen. Christsein erfordert den ganzen Menschen: Geist, Seele und Leib.

Genauso steht es auch mit der Universalgemeinde im Verhältnis zur Gemeinde am Ort. Die Ortsgemeinde ist der Leib, durch den sich die Herrlichkeit der Universalgemeinde vor den Menschen offenbart und der sich für des Herrn Sache auf der Erde einsetzt. Um den Missionsbefehl Jesu zu erfüllen, müssen wir gehen, und dazu brauchen wir unsere Füße; wir sollen lehren, und das geht nicht ohne die Zunge; und taufen, das geht nicht ohne die Hände. Der ganze Leib muss im Dienst des Meisters stehen! Die Universalgemeinde hat weder Füße noch Zunge noch Hände um der Welt nahezukommen. Paulus und Barnabas gingen, lehrten und tauften, was sie im Auftrag einer Ortsgemeinde taten, und zwar der Gemeinde in Antiochien (Apg. 13,1-3; 14,26-27).

Das griechische Wort apostolos bedeutet dasselbe wie das vom Lateinischen missio abgeleitete Wort Missionar, nämlich Gesandter. Für die ersten zwölf Apostel gab es noch keine Gemeinde am Ort, die sie hätte aussenden können. Sie wurden direkt von Jesus ausgesandt. Deswegen lesen wir immer von den Aposteln Jesu Christi. Sie waren direkt dem Herrn Jesus Christus gegenüber verantwortlich.

Doch die Mission endete nicht mit dem Tod der ersten Apostel. Nur – nach ihnen lesen wir nichts mehr von Aposteln Jesu Christi, sondern von den *Aposteln* (Luther übersetzt „Boten" oder „Abgesandte") *der Gemeinden* (2. Kor. 8,23). Wir merken, dass von der Gemeinde nicht im Singular gesprochen wird, womit man auf die Universalgemeinde schließen könnte, sondern dass es im Plural heißt: „Gemeinden". Es wird also die Mehrzahl verwendet, und somit nimmt das Wort Bezug auf die verschiedenen Ortsgemeinden.

Der Apostel Paulus bildet hier eine Ausnahme. Er war ein Apostel Jesu Christi, aber durch die Berufung in der Gemeinde Antiochien mit Barnabas zusammen betrachtete er sich auch als Apostel der Gemeinde (Apg. 14,14) und wusste sich der aussendenden Gemeinde gegenüber verpflichtet.

Es gibt heute manche Missionare und Verkündiger, die sich lieber nur direkt dem Herrn gegenüber verantwortlich fühlen und sich keiner Gemeinde unterstellen wollen. Man will die Gemeinde am Ort umgehen und nur als Vertreter der ganzen Universalgemeinde gelten. Doch das kann nicht der Sinn der Sache sein. Der Herr lobte die Gemeinde in Ephesus, dass sie diejenigen geprüft hat, *„die sagen, sie seien Apostel, und sind's nicht, und hast sie als Lügner befunden"* (Offb. 2,2). Ob das nicht auch heute notwendig wäre? Ich möchte nicht behaupten, dass es keine Ausnahmefälle gibt, doch in der Regel sollten die Boten des Evangeliums auch Vertreter einer Gemeinde sein, von der sie ausgesandt werden und der gegenüber sie sich verantwortlich wissen.

Im freien Westen hat der Individualismus in vielen Fällen Unordnung hervorgerufen. Deshalb ist eine erneute Überprüfung dieser Sache erforderlich. Wir kommen hier zu dem Hauptgedanken zurück, nämlich, dass Gott die Universalgemeinde durch die Ortsgemeinde baut. Wenn wir nun an der Förderung seines Werkes teilhaben wollen, dann sollten wir uns alle Mühe geben, es durch eine Ortsgemeinde zu tun. Unsere Zeit, unsere Talente und unsere Spenden sollten nicht nur ausschließlich dem eigenen Urteil unterstellt werden, sondern indem wir auch darauf sehen, *„dass es redlich zugehe nicht allein vor dem Herrn, sondern auch vor den Menschen"* (2. Kor. 8,21).

„Gemeinde am Ort" in der Bibel

Mehr als eine Gemeinschaft

Manche Christen berufen sich gerne auf Matth. 18,20, wo Jesus sagt: *„Denn wo zwei oder drei versammelt sind in meinem Namen, da bin ich mitten unter ihnen."* Mit diesem Wort behaupten sie, dass die Zusammenkunft von zwei oder drei Menschen eine Gelegenheit für die Entstehung einer Gemeinde sei. So sehr ich auch solch eine Gemeinschaftsgruppe befürworte und sie als dringende Notwendigkeit für die Gemeinschaft in einer Gemeinde ansehe, bin ich doch der Meinung, dass Gemeinde noch mehr ist.

Wir brauchen in Matth. 18 nur einige Verse zurückzugehen und lesen dort von einem Bruder, der sich verfehlt hatte. Zuerst ging einer zu ihm und versuchte, ihn zurückzugewinnen. Er hatte aber keinen Erfolg. Daraufhin sagt Jesus: *„Hört er nicht auf dich, so nimm noch einen oder zwei zu dir, damit jede Sache durch den Mund von zwei oder drei Zeugen bestätigt werde"* (Matth. 18,16).

Hier haben wir eine kleine Gruppe und nehmen einmal an, dass diese zwei oder drei schon vorher zusammen darum gebetet haben, dass der Herr sie begleite, was er sicher auch tat. Aber bildeten sie deswegen schon eine Gemeinde oder nur eine Gruppe aus der Gemeinde? Die Antwort steht bereits im nächsten Vers, in dem es heißt: *„Hört er auf die nicht, so sage es der Gemeinde. Hört er auch auf die Gemeinde nicht, so sei er für dich wie ein Heide und Zöllner"* (Matth. 18,17).

Die zwei oder drei waren wohl eine Gruppe, aber keine Gemeinde. Diese Gruppe hatte dann das Vorrecht, ihr Anliegen mit dem irrenden Bruder der Gemeinde zu sagen, und die Gemeinde entschied dann darüber.

Paulus bewegte auf seiner Rückreise nach Jerusalem so manches, was er der Gemeinde in Ephesus mitteilen wollte. Durch gewisse Umstände konnte er aber nicht selbst dorthin fahren. So hielt er in Milet an, schickte jemanden nach Ephesus *„und ließ die Ältesten der Gemeinde rufen"* (Apg. 20,17). Als die Ältesten kamen, erzählte er ihnen, was ihn bewegte. Für uns entsteht nun die Frage: War die Gemeinde denn in Milet oder in Ephesus? In Milet war sicher eine Gruppe, in der Christus auch verherrlicht wurde. Diese vertrat die Gemeinde aber nur, während die Gemeinde selbst noch immer in Ephesus war. Also sind Vertreter der Gemeinde nicht der Gemeinde selbst gleichzustellen.

Mehr als eine Gruppe

Gemeinde ist nicht von der Anzahl der Mitglieder abhängig. Eine Gruppe muss also nicht groß sein, um eine Gemeinde zu bilden. Der Grad der Verbindlichkeit zueinander geht im Fall einer Gemeinde jedoch viel weiter als bei einer gelegentlichen Zusammenkunft einer Gruppe.

Das Wesen der Universalgemeinde in ihrer vielfältigen Herrlichkeit, wie wir sie anhand der Bilder sehen konnten, kann nicht durch eine Gelegenheitsbeziehung vor der Welt veranschaulicht werden. Die Liebe, die die Welt bei einem Gelegenheitstreff von Gläubigen sieht, sagt ihr nichts von der Liebe, die nie aufhört und die durch schwere wie gute Erfahrungen in einem Dauerverhältnis besteht. Von einer Gemeinschaftsgruppe kann man sich bei Meinungsverschiedenheiten oder bei unterschiedlichen Geschmacksrichtungen leichter distanzieren und wegbleiben als von einer Gemeinde. Darin würde die Welt auch nichts Besonderes sehen. Aber in einer Gemeinde soll das brüderliche Verhältnis weitergehen, selbst dann, wenn man nicht miteinander übereinstimmt.

Das Verhältnis einer Gemeinschaftsgruppe zur Gemeinde ist dasselbe wie das der Verlobung zur Ehe, die ihr folgen soll. Es ist eher möglich, von der Beziehung als Verlobte zurückzutreten, als aus einer Ehe, die durch ein gegenseitiges öffentliches Bekenntnis vor Gott und Menschen angefangen hat und gilt, „bis der Tod euch scheidet." In der Bibel selbst haben wir zwar keine konkrete Definition einer Ortsgemeinde, aber im Blick auf das oben Gesagte möchte ich einmal folgende Definition vorschlagen:

Eine Ortsgemeinde ist eine Gruppe gleichgläubiger[1] Jünger Jesu, die eine aufrichtige, selbstlose und dauerhafte Verpflichtung miteinander eingehen zu dem Zweck, die Herrlichkeit der Universalgemeinde an einem bestimmten Ort vor der Welt zu veranschaulichen und sich von ganzem Herzen und mit ganzer Kraft einzusetzen, das Werk des Herrn hier auf Erden zu fördern.

Der Grad der gegenseitigen Verpflichtungen ist demnach für die Gemeinde ein anderer als der, den man in einer Gemeinschaftsgruppe erwarten kann. Hier geht es auch nicht nur um eine Verpflichtung Gott gegenüber, sondern um eine Verpflichtung zueinander. Dazu erbittet man sich vom Herrn eine Gruppe von Menschen, mit denen man sich in Christus verbunden wissen kann, und erklärt sich bereit, ihnen gegenüber mit Gottes Hilfe verbindlich zu sein, so dass das Wesen der Universalgemeinde durch das Zusammenleben dieser Gemeinde in der Welt sichtbar wird. Dann sollte auch jeder gläubige Christ auf die Frage: „Warum bist du denn Mitglied einer Gemeinde?" antworten können: *„Wisst ihr nicht, dass ich sein muss in dem, was meines Vaters ist?"* (Luk. 2,49).

Mitgliedschaft in einer Gemeinde am Ort

Mitgliedschaft in der Universalgemeinde als Vorbedingung

Wenn die Gemeinde am Ort die Herrlichkeit der Universalgemeinde veranschaulichen soll, dann ist es erforderlich, dass jeder Christ zuerst durch den Heiligen Geist in die Universalgemeinde hineingetauft ist (1. Kor. 12,13), also in den Leib Jesu Christi eingegliedert ist. Ohne diese Eingliederung kann kein Glied der Gemeinde am Ort wirklich zu ihrem Daseinszweck beitragen. Im

---

[1] Der Begriff „gleichgläubig" schließt die Zentralität von Jesus Christus als ewiger Sohn Gottes und Heiland, die Autorität der Heiligen Schrift und die ernsthafte Beteiligung an der Erfüllung des Missionsbefehls mit ein.

Gegenteil: Ein solches Glied würde das Bild der Universalgemeinde entstellen und somit, statt Segen zu bringen, ein Hindernis sein.

Die Aufnahme neuer Glieder in die Ortsgemeinde
Es ist auffällig, dass wir für diese wichtige Angelegenheit keine direkten Vorschriften in der Bibel finden können. Das hat bestimmt seinen Grund; bei der Aufnahme in eine Gemeinde geht es mehr um eine Methode, und Methoden müssen immer flexibel sein und sich den verschiedenen Situationen und Kulturen anpassen können. Doch manche Kriterien können wir doch aus der Beschreibung solcher Angelegenheiten entnehmen, z.B. bereits in der Apostelgeschichte: *„Als er (Saulus) aber nach Jerusalem kam, versuchte er, sich zu den Jüngern zu halten; doch sie fürchteten sich alle vor ihm und glaubten nicht, dass er ein Jünger wäre. Barnabas aber nahm ihn zu sich und führte ihn zu den Aposteln und erzählte ihnen, wie Saulus auf dem Wege den Herrn gesehen und dass der mit ihm geredet und wie er in Damaskus im Namen Jesu frei und offen gepredigt hätte. Und er ging bei ihnen in Jerusalem ein und aus und predigte im Namen des Herrn frei und offen"* (Apg. 9,26-28).

Folgende Aspekte für die Aufnahme eines Gliedes in die Ortsgemeinde sind hier erkennbar:

Das Bedürfnis zum Gemeindeanschluss
Während Paulus sich in Damaskus aufhielt, hatte er dort Gemeinschaft mit der Gemeinde, die ihm auch als einem, der zu ihnen gehörte, bei seiner Verfolgung dort zur Flucht verhalf. *„Da nahmen ihn seine Jünger bei Nacht und ließen ihn in einem Korb die Mauer hinab"* (Apg. 9,25). Er stand also in Damaskus nicht alleine da. Die Jünger waren bei ihm und er mit ihnen. Doch nun kam er nach Jerusalem. Er hätte ja sagen können, dass er ein Glied der Gemeinde in Damaskus sei und es dabei belassen können. Aber nein: Um die Herrlichkeit der Universalgemeinde vor der Welt zu veranschaulichen, muss man dort Mitglied sein, wo man wohnt. Deshalb ergab es sich durch seine Herzenseinstellung, dass er sich in Jerusalem bemühte, *„sich zu den Jüngern zu halten"*.

Aus der Sicht der Gemeinde meine ich, dass man alleinstehende Gläubige gerne einladen darf, sie aber niemals drängen soll, sich der bestehenden Gemeinde anzuschließen. Man könnte sie allerdings belehren und ihnen zeigen, wie notwendig die Zugehörigkeit zu einer Gemeinde am Ort ist. Doch die Entscheidung muss von dem Einzelnen selbst getroffen werden. Dabei darf man aber auch nicht von einem Extrem ins andere verfallen. Damit meine ich, dass man, statt den in der Umgebung der Gemeinde wohnenden Christen zu einem Gemeindeanschluss zu drängen, nun zu einer totalen Gleichgültigkeit diesbezüglich übergeht. Eine Belehrung der betreffenden Person über die Wichtigkeit einer Gemeindezugehörigkeit ist sicher berechtigt. Die Initiative dafür müsste nur von dem Gläubigen selbst kommen.

Die Glaubensprüfung des Aufzunehmenden

Die Gemeinde hat das Recht, sich von einem Gläubigen, der den Gemeindeanschluss wünscht, überzeugen zu lassen, dass dieser eine Heilserfahrung mit Jesus gemacht hat.

Weshalb verzog sich die Aufnahme von Paulus in die Jerusalemer Gemeinde so sehr? Da haben wohl die Befürchtungen derer, die zur Gemeinde gehörten, mitgespielt, denn sie glaubten nicht, dass er ein Jünger Jesu geworden war. Doch in dieser Frage darf die Gemeinde Jesu keine Zweifel hegen. Die Gemeinde, von der man die Aufnahme wünscht, muss davon überzeugt werden, dass man Jesus angehört und tatsächlich ein Glied der Universalgemeinde ist.

Das Einspruchsrecht der Gemeinde

Gemeindeglieder dürfen wegen der Aufnahme eines Gläubigen in ihre Gemeinde Einspruch erheben, wenn sie nicht von seiner klaren Haltung zu Christus überzeugt sind.

Barnabas, der es scheinbar besonders verstanden hat, das Vertrauen der am Rande stehenden Gläubigen zu gewinnen (s. Apg. 11,22-26), berichtete nun den Gliedern der Gemeinde in Jerusalem, wie Saulus dem Herrn Jesus Christus auf dem Weg nach Damaskus begegnet ist und wie mutig er dort seinen Glauben bezeugt hat.

Christen, die sich neu aufnehmen lassen, sollten nicht alleine stehen! Besser ist es, wenn sie von einigen Gliedern der Gemeinde besucht werden, damit sie sich mit ihnen austauschen, so dass eventuelle Fragen der Gemeinde bezüglich dieses Gliedes sachlich beantwortet werden können. Ein neues Glied braucht die Gemeinschaft und Unterstützung derer, die schon Glieder der Gemeinde sind. Aus diesem Grund werden in vielen Gemeinden solche Personen, die eine Aufnahme wünschen, von Vertretern

– Diakonen oder Seelsorgern – besucht. Dabei sollte ein persönlicher Austausch stattfinden, damit unter anderem die Vertreter der Gemeinde diese bei der Aufnahme der Person informieren können. Wenn dieser Prozess zufriedenstellend verläuft, kann die Aufnahme vollzogen werden.

Ein geistliches Zuhause

Wie angenehm Paulus die Mitgliedschaft in der Jerusalemer Gemeinde empfand, gibt uns der Satz wider: *„Und er ging bei ihnen in Jerusalem ein und aus und predigte im Namen des Herrn frei und offen."* Das Bewusstsein der Zugehörigkeit zu einer verbindlichen Gruppe von Christen, die einen verstehen und unterstützen, ist von unschätzbarem Wert. Wir dürfen annehmen, dass Paulus in dieser Gemeinde ähnliche Unterstützung fand wie in der Gemeinde in Damaskus (Apg. 9,25). In der Gemeinschaft von Gläubigen wird der einzelne erwärmt, ermutigt, geschützt und, wenn notwendig, auch zurechtgewiesen. In der Gemeinde steht einer für alle und alle für einen. Deshalb braucht jeder Christ ein geistliches Zuhause.

Zusammenarbeit mit der Gemeinde

Ein „Streiter Jesu Christi" darf nicht alleine stehen. Er braucht eine bewusste, intensive Beziehung zu einer Gemeinde, die ihn unterstützt, berät und ihm beisteht. Ein Glied wird aber nicht einfach aufgenommen, um sich dienen zu lassen, sondern um ebenfalls zu dienen. Für viele ist die Gemeinde am Ort eher ein Krankenhaus als eine Arbeitsstelle... Natürlich will eine Ortsgemeinde zur geistlichen Gesundung der einzelnen Glieder beitragen, aber aus der Gemeinschaft der Gemeinde soll es auch zur Befähigung eines jeden Gliedes zum Dienst kommen. Eine gesunde Gemeinde kann Christen, die den Drohnen in einem Bienenstock gleichen, nur schwer ertragen. Es ist auffällig, dass Paulus in Jerusalem zuerst die Erfahrung des Ein- und Ausgehens und dann die des Dienstes macht. Aus der warmen Gemeinschaft heraus geht der Zeuge Jesu wie ein Soldat in den Kampf hinein. Und wenn er in der heißen Schlacht müde wird oder Schaden erlitten hat, kommt er wieder zurück in die Gemeinde, um sich zu erholen und dann wieder in den Dienst hinauszugehen.

Wo diese Prinzipien bei der Aufnahme von Gliedern beachtet werden, schafft man eine gesunde Basis für das Wachstum der

Gemeinde. Die Welt wird dann immer deutlicher die Herrlichkeit der Universalgemeinde erkennen können.

Kapitel 5
Die Vielfalt in der Gemeinde

Manche Menschen glauben, Einheit bedeute Gleichheit. So kann es geschehen, dass man Gleichheit anstrebt, weil man meint, sie sei notwendig für die Einheit. Doch göttliches Denken ist anders. Immer wieder schafft Gott eine wunderbare Einheit trotz der Vielfalt.

Das ist auch in der Natur erkennbar. Wie unterschiedlich sind doch die Pflanzen, die Tiere und auch die Menschen. Gott hat sie mit Absicht so unterschiedlich geschaffen, damit sie in Harmonie miteinander leben. Doch als der Sünde Einlass gewährt wurde, entstand Feindseligkeit untereinander, weil die Sünde die Selbstsucht auf den Thron jedes Einzelnen setzte und dadurch gegenseitiges Misstrauen verursachte. Doch obwohl das Böse überhand nimmt, strebt Gott seinem Ziel zu, dass trotz der Unterschiede Einheit walten soll.

Jesaja schildert uns eine Zeit, in der Gott mit Gerechtigkeit und Frieden herrschen wird: *„Da werden die Wölfe bei den Lämmern wohnen und die Panther bei den Böcken lagern. Ein kleiner Knabe wird Kälber und junge Löwen und Mastvieh miteinander treiben. Kühe und Bären werden zusammen weiden, dass ihre Jungen beieinander liegen, und Löwen werden Stroh fressen wie die Rinder. Und ein Säugling wird spielen am Loch der Otter, und ein entwöhntes Kind wird seine Hand stecken in die Höhle der Natter. Man wird nirgends Sünde tun noch freveln auf meinem heiligen Berge; denn das Land wird voll Erkenntnis des Herrn sein, wie Wasser das Meer bedeckt"* (Jes. 11,6-9).

Hier herrscht Einheit und Harmonie trotz großer Vielfalt. Diese Einheit ist nicht hergestellt worden, indem alle Wölfe, Panther, Löwen und andere Tiere zu Schafen gemacht wurden. Nein, sie bleiben alle in ihrer Eigenart bestehen und werden dennoch eins, weil der Herr im Lande herrscht und alles voll seiner Erkenntnis ist.

Wo man Einheit durch Gleichheit erreichen will, wird man Eintönigkeit und Langeweile ernten. Selbst im Himmel, wo es vollkommene Einheit geben wird, werden doch Unterschiede erkennbar sein. Da sehen wir den Bräutigam, aber auch die ganz andere Braut, den Freund des Bräutigams (Joh. 3,29) und die geladenen Gäste (Offb. 19,7-9). Welch eine Einheit trotz großer Vielfalt wird dort sein! Einheit bedeutet Harmonie, nicht etwa Gleichheit. Eine harmonische Einheit hat eigentlich Unterschiedlichkeit zur Voraussetzung. So singt ein guter Chor zwar manchmal einstimmig, aber der Gesang ist wohltuender, wenn der Chor in mehrstimmiger Harmonie einsetzt und der Sopran, der Alt, der Tenor und auch der Bass alle ihre eigene Stimmlage zum Ausdruck bringen. Jede Eigenart ist dabei auf die Gesamtharmonie abgestimmt. Um solch eine Harmonie zu erzielen, muss ein Chor fleißig üben. Selbst wenn der Chor schon Jahre zusammen gesungen hat, ist die Harmonie auf einmal weg und das einheitliche Gesamtbild fehlt, sobald man mit dem Proben aufhört. So ist es auch mit der Einheit in der Gemeinde. Paulus schreibt: *„Denn Er ist unser Friede, der aus beiden eines gemacht hat und den Zaun abgebrochen hat, der dazwischen war, nämlich die Feindschaft. Durch das Opfer seines Leibes hat er abgetan das Gesetz mit seinen Geboten und Satzungen, damit er in sich selber aus den zweien einen neuen Menschen schaffe und Frieden mache und die beiden versöhne mit Gott in einem Leib durch das Kreuz, indem er die Feindschaft tötete durch sich selbst"* (Eph. 2,14-16).

Darin sehen wir, dass Gott nicht den Heiden zu einem Juden macht oder den Juden zu einem Heiden, sondern er nimmt die Spannung, die zwischen diesen beiden war, hinweg und macht sie zu neuen Menschen, indem er Frieden schafft.

Das ist ähnlich wie bei der Ehe, in der Gott bei der Eheschließung einen Mann und eine Frau zusammenfügt (Matth. 19,6) und so eine Einheit schafft. Doch er macht nicht den Mann zur Frau oder die Frau zum Mann. Beide behalten ihre Eigenart. Das Eheglück steht nun in direktem Verhältnis zum Bemühen der beiden, ihre Unterschiedlichkeit zu einer Harmonie einzustellen. Das geschieht auch in der Ehe nicht von selbst. Wie bei einem Chor, so erfordert es auch hier eine lebenslange Anstrengung, die Eigenart jedes Einzelnen in Harmonie einzubringen.

Ebenso ist es auch in der Gemeinde. Unterschiedliche Christen schließen sich zusammen um eine Gemeinde vor Ort zu sein, die die Herrlichkeit der Universalgemeinde – Einheit in Harmonie, nicht in Spannung – an einem bestimmten Platz vor der Welt veranschaulichen will. Solch eine Einheit erreicht man nie mit dem Bemühen, dass die Glieder alle gleich sind oder gleich werden. Diese Einheit hat eine andere Wahrheit zur Grundlage. Das können wir im Folgenden mit ein paar Punkten unterstreichen.

Die Erkenntnis des Herrn

In Jesaja 11 wurde schon gesagt, dass Wölfe und Lämmer, Panther und Böcke, Löwen und Mastvieh, sowie Kühe und Bären in Harmonie leben werden, denn *„das Land wird voll Erkenntnis des Herrn sein, wie Wasser das Meer bedeckt"* (V. 9).

Diese Wahrheit wurde mir durch eine ganz besondere Erfahrung deutlich und wichtig, als ich einmal bei einer Familie in Nordamerika zu Gast war und eingeladen wurde, mit der Familie zusammen ein Fußballspiel anzusehen. Weil ich nun nicht gerade der größte Sportler bin, war mein Interesse nicht sonderlich groß, das Spiel zu verfolgen. Doch ich bemerkte auf einmal, dass es unter den Tausenden von Zuschauern, die auf den Bänken nahe beisammen saßen, ganz unterschiedliche Menschenrassen gab. Der eine war schwarz, der andere weiß, ein anderer hatte eine gelbliche und wieder andere eine rötliche Hautfarbe. Da kam mir der Gedanke, dass das durchaus zu Rassenspannungen führen könnte. Wie leicht könnte sich eine Krise daraus entwickeln. Doch ich beobachtete, dass diese unterschiedlichen Zuschauer ihre ganze Aufmerksamkeit auf das Spiel lenkten und sich besonders auf den Ball konzentrierten. Zugleich reckten sie ihre Hälse, um besser sehen zu können, was hier oder dort geschah. In einem Moment jubelten sie alle zusammen vor Freude und etwas später, als das Spiel nicht nach ihrem Wunsch verlief, schauten sie sich alle enttäuscht an. Doch als die eine Mannschaft mit einem Mal einen Sieg errang, da standen Menschen der unterschiedlichsten Rassen auf ihren Beinen, umarmten sich, sprangen vor Freude und jubelten. Diese Einheit hat mich gefesselt. Trotz ihrer Unterschiedlichkeit wurden sie eins durch ihre gemeinsame Aufmerksamkeit auf den Ball. In ähnlicher Weise hat Jesus *„die beiden versöhnt mit Gott in einem Leib durch das Kreuz, indem er die Feindschaft tötete durch sich selbst"* (Eph. 2,16).

Im Allgemeinen geht man nicht in eine Gemeinde, um zuerst auf sich selbst zu schauen. Wenn das der Fall ist, kann man trotz der vielen Menschen in dieser Gemeinde große Einsamkeit erleben. Wenn man aber nur auf andere Christen in der Gemeinde schaut, wird man völlig durch deren Kleidung, ihr Benehmen und ihre Worte abgelenkt. Dann kann man sich vielleicht sogar aufregen oder sich andererseits hingezogen fühlen. Wenn wir aber in die Gemeinde gehen und *„aufsehen zu Jesus, dem Anfänger und Vollender des Glaubens"* (Hebr. 12,2), fühlen wir uns gemeinsam zu ihm hingezogen – etwa so, wie sich Insekten bei Dunkelheit um ein Licht sammeln. Je näher wir Jesus kommen, desto näher kommen wir zueinander.

Verbundenheit durch die Heilserfahrung
Die näheren Umstände und andere Einzelheiten mögen vielleicht verschieden sein, aber kein Mensch kann eine Heilserfahrung mit Christus gemacht haben, ohne dabei seine eigene Sündhaftigkeit zu erkennen und Vergebung zu erfahren, ohne die freudige Heilsgewissheit zu genießen und ohne die Innewohnung des Heiligen Geistes zu empfinden. Niemals könnten wir all die verschiedenen Heilserfahrungen in eine Form drängen. Doch welcher Art die äußere Form auch sein mag – die gemeinsamen zentralen Elemente waren da. Also haben die menschlich gesehen unterschiedlichen Heilserfahrungen zumindest eines gemeinsam, nämlich, dass sie erfahren wurden. Warum treffen sich Schulfreunde noch nach Jahren immer wieder gerne? Weil sie in der Schule ähnliche Erfahrungen gemacht haben und darüber austauschen können. Dasselbe könnte man von Kollegen sagen oder von Reisegefährten oder von vielen anderen, mit denen man irgendeine Erfahrung zusammen gemacht hat. Man fühlt sich in der Gemeinde besonders zueinander hingezogen und empfindet eine von Gott geschenkte Einheit.

Prägung der Gemeinde durch Einheit des Geistes
In jedem Gotteskind wohnt der Heilige Geist (Röm. 8,9 und 1. Kor. 6,19). Paulus ermahnt die Gläubigen: *„Und seid darauf bedacht, zu wahren die Einigkeit im Geist"* (Eph. 4,3). Diese Einigkeit ist keine menschliche Errungenschaft, auch nicht das Resultat eigenen Bemühens. Einigkeit unter Christen ist ein Geschenk Gottes.

Eine eigentliche Aufforderung, diese Einigkeit zu schaffen, ist nirgends in der Bibel zu finden. Aber es ist unsere Verantwortung, die uns geschenkte Einigkeit zu halten. So vieles will sich uns aufdrängen, das diese Einigkeit stört. Doch durch ein starkes

Geistesbewusstsein kann die Einigkeit bewahrt werden. Schaut man dagegen nur auf die Mitchristen und konzentriert sich auf deren Eigenarten, dann ist die Einheit gefährdet, dann muss das Menschenbewusstsein durch das Geistesbewusstsein verdrängt werden. Derselbe Geist, der in allen Gotteskindern unsichtbar Wohnung genommen hat, führt beinahe zu einer automatischen Einigkeit untereinander, indem er bei den Einzelnen eine ähnliche Ausrichtung bewirkt.

Auf meinen Reisen kam ich oft in Orte, wo ich keinen Menschen kannte. Ich dachte am Bahnhof, dass mich ein fremder Mensch abholen würde. Doch dieser Eindruck dauerte nur wenige Sekunden. Schon nach der Begrüßung und ein paar Bemerkungen, durch welche die Gesinnung des Fremden schimmerte, bemerkte ich, dass der Geist in ihm derselbe war, der auch in mir wohnt. Und im gleichen Augenblick war die Einigkeit zwischen uns eine Wirklichkeit.

Stärkung der Einigkeit durch ein gemeinsames Ziel

Wo auch nur zwei Menschen ein und dasselbe Ziel anstreben, kommen sie sich automatisch näher, je näher sie dem Ziele kommen. Entsprechendes gilt auch für die Gemeinde. Man könnte hier die Heiligung als ein gemeinsames Ziel nennen (Hebr. 12,14). Wer dieses Ziel nicht persönlich anstrebt, wird sich auch bald in einer Gemeinde allein fühlen.

Ein anderes gemeinsames Ziel ist es, die Verlorenen durch Evangelisation für Christus zu gewinnen. Jesus hat gesagt: *„Gehet hin in alle Welt und predigt das Evangelium aller Kreatur"* (Mark. 16,15). Wer sich dieser gemeinsamen Arbeit entzieht, wird bald auch wenig Freude an der Einheit der Gemeinde finden.

Als weiteres Ziel möchte ich die Verherrlichung Jesu Christi nennen, denn er hat uns ja errettet, *„damit wir etwas seien zum Lob seiner Herrlichkeit, die wir zuvor auf Christus gehofft haben"* (Eph. 1,12). Wenn jemand selbstsüchtig seine eigenen Vorteile an die erste Stelle setzt, hört er auf, sich mit anderen über die Herrlichkeit des Herrn zu freuen. Wenn er nicht nach Jesu Worten lebt:

„Trachtet zuerst nach dem Reich Gottes und nach seiner Gerechtigkeit, so wird euch das alles zufallen" (Matth. 6,33), wird er sich bald allein finden und keine Freude an der Gemeinde haben.

Vielfalt trotz Einheit

Im vorigen Kapitel haben wir sechs Bilder aus der Heiligen Schrift genommen, die uns das Wesen der Gemeinde Jesu Christi erläutern sollten. Einige von diesen, wie z. B. die Braut des Lammes und die Behausung Gottes, betonen stärker die Beziehung eines Christen zu seinem Herrn. Die anderen vier zeigen uns sowohl das Verhältnis des Gläubigen zu Gott, als auch sein Verhältnis zu den anderen.

Ein Volk besteht aus vielen unterschiedlichen Personen, die aber zu einer Volkseinheit zusammengefasst sind. Das Bild vom Leib beinhaltet dieselben beiden Dimensionen. Viele Glieder, die doch so unterschiedlich sind, stellen eine wunderbare Vielfalt dar. Sie sind nicht nur verschieden, sondern sie haben auch unterschiedliche Funktionen. Zugleich ist aber jedes Glied mit dem Haupt verbunden, was wiederum eine Einheit trotz Vielfalt ergibt und zugleich eine Vielfalt trotz der Einheit des Ganzen. Der Begriff „Hausgenossen" deutet wieder auf unterschiedliche Personen hin, die zu einer Einheit zusammengefasst sind. Ähnlich besitzt auch der Weinstock viele Reben, und jede Rebe ist eine Einheit für sich. Dennoch sind alle Reben in einem Weinstock verwurzelt. Das Bild der Gemeinde Christi als Leib Jesu wird so nur von Paulus dargestellt. Für uns ist es lehrreich, um das Wesen der Gemeinde zu verstehen, dass wir unsere Hauptaufmerksamkeit darauf richten, seine Vielfalt trotz der Einheit zu bewundern. Doch sei vorher betont, dass keine Auslegung dieses Bildes vom Leib Christi die Bedeutung der anderen Bilder (z. B. Volk, Hausgenossen, Behausung, Braut des Lammes, Weinstock und Reben) als minderwertig hinstellt oder dass eine Auslegung den Blick auf die Gemeinde, die uns diese Bilder veranschaulichen, in irgendeiner Weise entstellt.

Der Leib Jesu Christi als Bild für die Gemeinde

Die Wichtigkeit dieses Themas (1. Kor. 12,1)

In der Korinther Gemeinde herrschten manche Verwirrungen, unter anderem auch eine mangelhafte Unterscheidung zwischen Spiritismus und dem Wirken des Heiligen Geistes. Paulus gibt sich nun wirklich Mühe diese Gemeinde zu belehren, damit sie das Wirken des Heiligen Geistes besser erkennen kann. Dies sehe ich auch als dringende Notwendigkeit für die Gemeinde Jesu heute, die von allen Seiten fremden Einflüssen ausgesetzt ist.

Vorbedingungen für ein klares Verständnis (V. 2-3)
Erstens darf man nie außer Acht lassen, dass die Wirkung des Heiligen Geistes immer christozentrisch ist. Jesus hat das bereits betont mit den Worten: *„Wenn aber jener, der Geist der Wahrheit, kommen wird, wird er euch in alle Wahrheit leiten. Denn er wird nicht aus sich selber reden, sondern, was er hören wird, das wird er reden, und was zukünftig ist, wird er euch verkündigen. Er wird mich verherrlichen; denn von dem Meinen wird er's nehmen und euch verkündigen"* (Joh. 16,13-14).

Ein Thema ist in allem Wirken des Heiligen Geistes erkennbar, nämlich Jesus Christus. Andere Geister lassen dieses Thema bewusst aus. Wir dürfen also klären, dass ein geisterfülltes Leben nicht etwa ein geistzentriertes Leben sein soll. Es soll zwar vom Geist kontrolliert sein, aber es bleibt christozentrisch. Wo viel vom Geist geredet wird und wenig von Jesus, hat man Grund zu fragen, wessen Geist in diesem Fall eigentlich spricht.

Die vielfältige Wirkung des einen dreieinigen Gottes (V. 4-6)
Man kann schon dialogisch feststellen, dass Gott der Vater bei der Heilsvorkehrung in seiner Vorhersehung mehr geplant hat. Gott der Sohn ist eigentlich das Zentrum in der Ausführung des Heilsplans und der Heilige Geist ist heute stärker mit der Anwendung des Heilsplans im Herzen der Menschen beschäftigt.

Dennoch könnte man nie behaupten, dass Jesus das Heilswerk ohne den Vater ausführt: *„Denn Gott war in Christus und versöhnte die Welt mit sich selber"* (2. Kor. 5,19).

Auch können wir den Vater und den Sohn nicht von der Arbeit des Geistes trennen, denn durch die Wirkung des Heiligen Geistes nimmt der Mensch Christus auf, um gerettet zu werden (Joh. 1,12). Jesus sagt weiter: *„Wer jemanden aufnimmt, den ich senden werde, der nimmt mich auf; wer aber mich aufnimmt, der nimmt den auf, der mich gesandt hat"* (Joh. 13,20).

Obwohl man in der Dreieinigkeit Gottes sozusagen eine Arbeitsteilung erkennen kann, verrichtet doch keine der Personen in der Dreieinigkeit ihr Werk ohne die anderen. Das Wirken des Heiligen Geistes heute ist in Jesus Christus verankert und muss es auch sein. Zugleich zeigen diese Verse auch, wie vielfältig diese

Dreieinigkeit sein kann. Diese Vielfalt Gottes wird sich später in dem ganzen Wesen des Leibes weiter offenbaren.

Der Zweck aller Geisteswirkungen (V. 7)

In seinem Wirken übersieht der Heilige Geist nicht den einzelnen Christen, aber sein Wirken im Leben des Einzelnen dient immer dem gemeinsamen Nutzen. Dieselbe Betonung finden wir auch in 1. Kor. 14,4.12.26. Selbstsucht ist in der Gemeinde praktisch ausgeschaltet. Kein Dienst, so sehr er sich auch von anderen unterscheiden mag, darf Selbsterbauung zur Motivation haben. Der Heilige Geist kümmert sich um jeden einzelnen, aber er will auch jeden zum allgemeinen Nutzen einsetzen. Wenn uns jemand seinen Dienst aufdrängen will, um selbst einen Gewinn daraus zu ziehen, gefällt uns das natürlich nicht. Die erste Frage, ob die Gemeinde aus einem bestimmten Dienst einen Nutzen ziehen kann, wird durch selbstsüchtige Überlegungen oft verdrängt. Doch kann man dabei nicht von einem Wirken des Heiligen Geistes reden.

Die vielfältige Wirkung des Geistes durch die Gläubigen (V. 8-11)

In manchen heidnischen Religionen hat man für jede besondere Wirkung auch einen besonderen Gott: einen Gott für das Wasser, einen anderen Gott für die Ernte, einen dritten für die Gesundheit usw. Doch wir erleben Vielfalt in einer Einheit: *„Dies alles aber wirkt derselbe eine Geist"* (V. 11).

Auch können wir nicht behaupten, dass die sieben unterschiedlichen Wirkungen, die hier im Text stehen, eine allumfassende Wirkung des Geistes darstellen, denn in Röm. 12,7-8 werden einige genannt, die hier nicht erwähnt werden. Andererseits werden für Korinth einige aufgeführt, die nicht im Römerbrief zu finden sind. Das verdeutlicht bereits, dass weder 1. Kor. 12 noch Römer 12 uns das ganze Bild von den verschiedenen Wirkungen desselben Geistes wiedergeben; vielmehr werden in jedem Brief wohl die genannt, die für die betreffende Gemeinde am wichtigsten waren.

Die Wirkungen des Geistes werden von vielen als Geistesgaben bezeichnet. Doch dieser Ausdruck kommt im Urtext des Neuen Testaments eigentlich nicht vor. In manchen Übersetzungen ist davon in 1. Kor. 12,1 und in 1. Kor. 14,1.12 die Rede. Doch spricht der Urtext an diesen Stellen nicht von Gaben, sondern enthält das Wort *pneumatikos*, das griechische Wort für „Geistliches". Nun kann 1. Kor. 12,11 dazu beigetragen haben, dass man von Geistesgaben spricht, weil sie dem Einzelnen von einem Geist zugeteilt werden, und zwar nach seinem Willen. Wenn nun 1. Kor. 12 dazu geführt hat, dass der Ausdruck „Geistesgaben" im Sprachgebrauch weit verbreitet ist, gilt es noch zu beachten, dass an anderen Stellen der Heiligen Schrift das Wort *charisma* gebraucht wird: Röm. 11,29; 12,6; 1. Kor. 1,7; 7,7; 12,4; 9,28.30-31; 2. Kor. 1,11; 1. Tim. 4,14; 2. Tim. 1,6; 1. Petr. 4,10. *Charisma* bedeutet eigentlich „Gnade". Man könnte also von einer Gnadengabe sprechen. Diesen Ausdruck ziehe ich vor, weil eine Gnadengabe immer etwas Unverdientes ist. Wer sich dazu einer Gnadengabe bewusst ist, hat größere Ursache, sie demütig als unverdient anzusehen.

Darstellung der Einheit und Vielfalt im Leib Christi (V. 12-14)

Was es bedeutet, „durch einen Geist alle zu einem Leib getauft" zu sein, haben wir schon in Kapitel 4 gesehen. Hier gilt es nur noch auf die Balance aufmerksam zu machen, die zwischen Einheit und Vielfalt herrscht: ein Leib – viele Glieder.

Einheit statt Individualismus (V. 15-17 und V. 21)

Unsere Selbstsucht sträubt sich meist dagegen, ein Teil von einem größeren Ganzen zu sein und somit ihre Individualität aufgeben zu müssen. Doch sei klar gesagt: Obwohl der Individualismus auf den Altar Gottes gelegt werden muss, bedeutet das nicht, dass die Persönlichkeit des Einzelnen verstümmelt wird. Der Individualismus sieht sich selbst als Hauptsache an, während die Persönlichkeit ihren Platz mit ihrer Eigenart findet, dabei zugleich auf Harmonie im Leib Christi eingestellt ist. Im freien Westen, wo politisch eine ziemlich freie Demokratie herrscht, kann sich der Individualismus stark entwickeln und behaupten. Von Natur aus will der Mensch seine Individualität bewahren, doch als befreite Persönlichkeit und durch die Innewohnung des Heiligen Geistes kann er sich selbst auch für das Wohl der Anderen und besonders für den Herrn Jesus Christus selbst opfern und einsetzen.

Einordnung in die Einheit (V. 18-21)

Die Einordnung des Einzelnen in die Vielfalt des Leibes geschieht nach göttlichem Willen und nicht nach persönlichen Vorstellungen. Das wurde auch schon in Vers 11 deutlich zum

Ausdruck gebracht: *„Dies alles aber wirkt derselbe eine Geist und teilt einem jeden das Seine zu, wie er will."* Nicht, wie es der Mensch selbst will! Hier geht es nicht um einen Heilsunterschied, sondern um einen Stellungsunterschied, um das nochmals zu erwähnen; darin ist Gott ganz souverän. Er führt jeden nach seinem Rat und wir tun gut daran, das zu wissen und anzuerkennen. Welche Stellung uns der Herr auch zuweist oder welche Gnadengabe er uns erteilt, ist in jedem Fall mehr, als wir verdient haben.

Vielfalt ohne Rangstreit (V. 22-26)

Der Mensch neigt immer wieder dazu, ein Glied über das andere zu stellen, wie es in den Versen 22 und 23 beschrieben ist. In V. 24-26 lesen wir jedoch: *„Aber Gott hat den Leib zusammengefügt und dem geringeren Glied höhere Ehre gegeben, damit im Leib keine Spaltung sei, sondern die Glieder in gleicher Weise füreinander sorgen. Und wenn ein Glied leidet, so leiden alle Glieder mit, und wenn ein Glied geehrt wird, so freuen sich alle Glieder mit."* Das eine Glied, das leidet, könnte jedes Glied meinen, also auch das Glied, das vielleicht geehrt wird. Bei der Besprechung der Gnadengaben werden wir noch darauf zurückkommen, besonders dann, wenn wir auf den Inhalt von 1. Kor. 12,31 zu sprechen kommen.

Gottes souveränes Wirken im Leib Christi (V. 27-30)

Gott selbst gibt jedem Glied seinen Platz an (Verse 27+28). Er übernimmt auch die Verantwortung für den Stellungsunterschied, der ziemlich klar in dem Bild vom Leib zu erkennen ist.

Die apostolische Anweisung für die Gemeinde (V. 31)

Eine weitere Erklärung zu diesem Vers verschieben wir auf das Thema der Gnadengaben im nächsten Abschnitt. Nur zu gerne würde ich jetzt auf 1. Kor. 13 und 14 eingehen, doch gehört das eigentlich nicht hierhin. Es soll genügen zu sagen, dass Kapitel 13 weniger eine der Gnadengaben darstellt, sondern auf einen köstlicheren Weg hinweist, nämlich auf die Frucht des Geistes. Die Liebe soll ja bei allen Gotteskindern zum Ausdruck kommen. Zwar haben nicht alle Christen ein und dieselbe Gnadengabe, aber alle sollten die Frucht des Geistes haben, die Liebe heißt (Gal. 5,22). In Kapitel 14 versucht Paulus weiter, den Gebrauch von zwei Gnadengaben in der Gemeinde von Korinth ins richtige Licht zu stellen. Beim Lesen gewinnt man den Eindruck, dass die Gnadengabe des Zungenredens auf Kosten der Weissagung ausgeübt wurde. Doch das Kapitel befasst sich nicht so sehr mit dem Bild vom ganzen Leib Christi. Bei der Besprechung der Gnadengaben werden Kapitel 13 und 14 hinzugezogen, um uns etwas zu helfen, das ganze Bild des Leibes Jesu Christi besser zu verstehen.

Die Vielfalt der Gemeinde anhand der Gnadengaben

Man kann die Vielfalt der Gemeinde sicher auf verschiedenen Gebieten erkennen, doch die Vielfalt der Gnadengaben offenbart uns einen besonderen Reichtum.

Voraussetzung für das Studium der Gnadengaben

<u>Gottes Wort als Grundlage</u>

Die Bibel muss Grundlage für das Verständnis der Gnadengaben sein und bleiben! Oft wollen auf diesem Gebiet die Erfahrungen mitsprechen. Ein Christ teilt einem anderen seine Erfahrung mit einer ihm gegebenen Gnadengabe mit, und der andere sucht nun seine Gabe in einer ähnlichen Erfahrung, wie sie ihm mitgeteilt wurde. Doch eine Erfahrung darf nie zur Norm werden. Wir müssen uns extra Mühe geben, uns von gemachten Erfahrungen zu lösen, damit wir uns auf rein biblischem Boden orientieren können.

<u>Gemeinde als Rahmen</u>

Die Gnadengaben müssen immer im Rahmen einer Gemeinde gesehen und nicht als Privateigentum festgehalten werden. In 1. Kor. 12-14 will Paulus den Gläubigen das Verständnis für die Gnadengaben öffnen. Doch beim Studium dieser Kapitel wird oft übersehen, dass Paulus dabei nicht das einzelne Gemeindeglied anspricht, sondern die Gemeinde als Körperschaft. Das persönliche Fürwort steht immer in der Mehrzahl, und somit gilt diese Belehrung für eine Gruppe von Christen, nämlich für die Gemeinde. Die Gnadengaben werden zwar dem Einzelnen nach Gottes Willen zugeteilt (1. Kor. 12,11.18.24.28) auch ist der Privatgebrauch der Gnadengaben nicht ausgeschlossen (1. Kor. 14,4a.16-18), doch die Hauptbetonung liegt bei Paulus darauf, dass der Gebrauch der Gnadengaben dem Wachstum der Gemeinde dienen soll (1. Kor. 12,7; 14,12.28). Das werden wir noch weiter betrachten, wenn wir zu den Prinzipien für das Studium der Gnadengaben kommen. Paulus sagt keinesfalls, dass die Gnadengaben als Privateigentum anzusehen sind. Der Hauptzweck dieser Gaben ist auch nicht, ihre Wirkung selbst zu genießen, sondern vielmehr, sie dienend für andere einzusetzen.

Die Gabe der Geisterunterscheidung
Die Gnadengaben können auch von anderen Geistern nachgeahmt werden. So hatten die Zauberer in Ägypten erstaunlichen Erfolg bei der Nachahmung der Wunder, die sie bei Aaron und Mose sahen (s. 2. Mose 7). Auch sind viele ähnliche Erscheinungen in anderen Weltreligionen zu finden. Deshalb ist es von großer Bedeutung, dass beim Einsatz der Gnadengaben auch die besondere Gabe der Geisterunterscheidung nicht fehlt.

Die Frucht des Geistes
Voraussetzung für den Gebrauch der Gnadengaben ist die Frucht des Geistes (Gal. 5,22). Es wurde schon ausgeführt, dass die Liebe keine Gnadengabe ist, die nur unter einigen Christen verteilt wird, sondern eine Frucht des Geistes, die bei allen Christen erkennbar sein soll. Wir könnten mit Menschen- und mit Engelzungen reden, hätten wir aber die Liebe nicht, so wäre alles nur wie ein tönendes Erz oder eine klingende Schelle. Ja, wir könnten alle Erkenntnis haben und einen Glauben, der Berge versetzt, doch wenn die Liebe fehlte, wäre es nichts nütze (1. Kor. 13,1-2). Immer wieder kann man beobachten, dass manche die wunderbaren Gnadengaben rühmen und dadurch große Aufmerksamkeit auf sich ziehen, zugleich aber einen Mangel an Liebe aufweisen. In manchen Kreisen werden die Gnadengaben auf Kosten der Frucht des Geistes betont. Das darf aber nicht geschehen!

Prinzipien für das Studium der Gnadengaben
Ein Prinzip möchte ich zuerst nennen, auf das sich alle vorher genannten Prinzipien stützen müssen, nämlich, dass kein Verständnis oder eine bestimmte Auslegung der Gnadengaben in irgendeiner Weise das Bild der Gemeinde als Leib Jesu Christi verletzen oder entstellen darf. Wenn man dieses Prinzip beachtet, kann man vor viel Irrtum bewahrt bleiben. Es lässt sich auch gebrauchen, um eventuelle andere Auslegungen, seien sie mündlich oder schriftlich, zu überprüfen. Aus dem eben Gesagten

ergeben sich folgende Prinzipien, die man beim Studium der Gnadengaben beachten sollte:

Jedes Gemeindeglied hat mindestens eine Gabe.
Die Heilige Schrift betont immer wieder, dass der Heilige Geist jedem eine Gabe zuteilt, wie er will (1. Kor. 12,7.11.18.27, Eph. 4,7). An einem Körper gibt es keine unnötigen Glieder. Jedes Glied trägt zum Wohl des Ganzen bei, weswegen es auch hier heißt: *„Lasst uns aber wahrhaftig sein in der Liebe und wachsen in allen Stücken zu dem hin, der das Haupt ist, Christus, von dem aus der ganze Leib zusammengefügt ist und ein Glied am andern hängt durch alle Gelenke, wodurch jedes Glied das andere unterstützt nach dem Maß seiner Kraft und macht, dass der Leib wächst und sich selbst aufbaut in der Liebe"* (Eph. 4,15-16).

Am Leib gibt es keine Glieder, die nicht einen ganz bestimmten Beitrag für das Wohl des ganzen Leibes zu leisten hätten.

Und wann erhält ein Glied seine Gabe? Kaum anders als in dem Moment, wenn es in den Leib Jesu Christi eingegliedert wird (1. Kor. 12,13; s. Kapitel 4). Manche Gemeindeglieder sind sich gar nicht darüber bewusst, dass sie tatsächlich eine Notwendigkeit für die Gesundheit des Gemeindeleibes sind. Es geht gar nicht um die Frage, ob ich eine Gabe habe oder wann ich sie erhalte oder was ich tun muss, um sie zu erhalten. Das alles geschah bereits zu dem Zeitpunkt, in dem ich nach Gottes Willen in den Leib Christi eingegliedert wurde. Es geht vielmehr darum, dass ich meine bereits erhaltene Gabe erkenne und sie einsetze. Das schließt sicher nicht das Gebet um eine in der Gemeinde fehlende Gabe aus (1. Kor. 14,13). Dazu folgt später mehr. Wir wollen nur einmal feststellen, dass ein jedes Glied am Leib Christi eine Gabe hat.

Kein Glied hat alle Gnadengaben (1. Kor. 12,11.14.18.27; Eph. 4,7). Denn sonst könnte ein Glied schon den ganzen Leib darstellen und der Individualismus stark überhand nehmen. Gott hat es so eingerichtet, dass wir nicht selbst alles haben, was wir brauchen, um ein gesunder Christ zu sein.

Ein Glied braucht die Gaben anderer Glieder (1. Kor. 15,51).
Kein Glied kann zu dem anderen sagen: „Ich brauche dich nicht." Einige Gaben, die ich für mein persönliches geistliches Wohl brauche, hat Gott anderen Gliedern gegeben. Wenn ich nun ein gesunder Christ sein will, muss ich eben die Gemeinschaft

anderer Glieder suchen und mich von denen, die die von mir benötigte Gabe haben, bedienen lassen.

Daraus ergibt sich das geistliche Gesetz der gegenseitigen Abhängigkeit der Christen. Es mag Gemeindeglieder geben, die dem Gottesdienstbesuch gleichgültig gegenüberstehen. Sie wollen das damit entschuldigen, dass sie zu Hause über Radio oder Fernsehen bessere Predigten, sogar besseren Gesang, hören können als in der Gemeinde. Das mag zwar stimmen, aber eines kann zu Hause nicht allein durchgeführt werden, nämlich, dass ich mich von anderen Christen, die eine Gabe haben, die ich brauche, selbst aber nicht besitze, bedienen lasse. Wir sind nicht nur ein Glied am Leibe Christi, sondern wir sind auch einer des anderen Glied (Röm. 12,5). Gemeindeglieder, die immer wieder gleichgültig dem Gottesdienst fern bleiben, können keine gesunden Glieder sein.

Zugleich gilt auch, dass jedes Glied, das sich von der Gemeinschaft unter Christen fernhält, eine Gabe hat, die die anderen brauchen; und wenn der eine nicht da ist, entsteht ein Mangel im Leib. Paulus sagt: *„Und wenn ein Glied leidet, so leiden alle Glieder mit"* (1. Kor. 12,26).

Doch es stimmt ebenso, dass der Mangel, der durch die Gabe eines abwesenden Gliedes abgedeckt werden sollte, in den anderen Gläubigen dann nicht zum Zuge kommt. Gotteskinder gehören deshalb zusammen. Das Bild vom Leib kann uns viel darüber sagen. Welches Glied an unserem Körper ist dazu da, sich selbst zu dienen? Eine Hand kann zwar fast den ganzen Körper waschen, doch wenn die Hand sich selbst waschen soll, wird es schwierig. Dann muss ihr die andere Hand zu Hilfe kommen.

Keine Gnadengabe ist allen Gliedern zugleich gegeben (1. Kor. 12,18-21).

Wo ist denn ein Glied an einem Körper, das alle Funktionen, die für die Existenz des Leibes notwendig sind, alleine ausführen kann? So etwas gibt es nicht! Entsprechend gibt es keine Gabe am Leib Christi, die wir allen Gliedern aufdrängen müssten. Selbst die Gabe der Zungenrede, die gewiss ihre biblische Berechtigung hat, darf nicht von allen gefordert werden. Wenn das der Fall wäre, würden wir das Bild vom Leib entstellen. Dem einen ist diese Gabe zugeteilt und dem anderen jene (1. Kor. 12,8-10).

Gnadengaben werden nach dem Willen Gottes zugeteilt
(1. Kor. 12,11.18.54.58).
Dazu müssen wir uns 1. Kor 12,31 näher ansehen. Es heißt ausdrücklich: *„Strebt aber nach den größeren Gaben!"*
Um das richtig zu verstehen, müssen wir zuerst einmal sehen, dass dies nicht einem einzelnen Gläubigen gesagt worden ist, sondern dass eine ganze Gemeinde angesprochen wird („strebt"). Deswegen steht auch das Wort „Gabe" im Plural: Gaben. Andere Übersetzungen des griechischen Wortes *meitona* für die „größeren" Gaben, von Luther ursprünglich mit „besten" wiedergegeben, lauten z.B. die „herrlichen" (Albrecht) oder die „höchsten" (nach Menge). Wodurch wird wohl eine Gabe zur besten, höchsten, herrlichsten und größeren? Bestimmt das die Wertschätzung dieser Gabe in der Welt, in der Gemeinde oder durch einen einzelnen Christen? Eine Rangordnung der Gnadengaben ist sowieso ausgeschlossen (1. Kor. 12,22.26). Doch was macht eine Gabe in der Gemeinde zur größten und besten? Eine Illustration kann diese Frage vielleicht beantworten.

Ein Missionar fuhr per Schiff mit seiner kranken Frau vom Fernen Osten über den Pazifik nach Amerika in den Heimaturlaub. Der Schiffsarzt untersuchte die Kranke und stellte fest, dass sie unbedingt Vitamin C benötigte und Orangen essen müsste. Ihr Mann ging darauf sofort zum Schiffsladen und verlangte Orangen. Der Verkäufer sagte jedoch: „Alle ausverkauft." Nach weiterem Fragen musste er auch gestehen, dass nicht einmal mehr Orangensaft vorrätig war. Das erzählte der Missionar dem Arzt, worauf dieser bemerkte, dass die Frau wahrscheinlich ihre Heimat nicht mehr sehen würde, wenn sie keine Orangen bekäme. Da bat sogar der Kapitän die Reisenden über Lautsprecher, falls jemand eine Orange hätte, sie doch der Kranken zu geben. Aber es fanden sich keine Orangen. Der Mann ging ins Gebet, und sein Vater im Himmel erhörte ihn. Das Schiff, auf dem sie sich befanden, erhielt plötzlich einen SOS-Ruf und eilte zu Hilfe. Bei dem Schiff in Not handelte es sich um einen großen Frachter, der ausschließlich Orangen geladen hatte. Auf dem Schiff, mit dem das Missionarsehepaar reiste, befand sich viel Reichtum: Edelsteine, Gold, Schmuck und Ähnliches. Aber das wichtigste Gut auf dem Schiff, um Gesundheit zu bringen, waren nun Orangen. Hier wurden die Orangen zur besten, herrlichsten und größten Sache.

Wenn die Worte „Strebt aber nach den größeren Gaben" einer Gemeinde gesagt worden sind, kann man da nicht annehmen, dass die Gnadengabe, die eine Gemeinde jeweils braucht, aber nicht findet, zu der größten und besten werden kann? Wir könnten also statt von den „größeren" Gaben auch von den „notwendigeren" sprechen. Wenn nun solch eine Not in der Gemeinde entsteht, sollte die Gemeinde beten, suchen und danach streben, dass sie die benötigte Gnadengabe findet. Sicher will Gott dieses Bedürfnis abdecken. Vielleicht müssten die Glieder suchen und beten um jemanden in der Gemeinde zu entdecken, der diese Gabe hat. Wenn das nicht der Fall ist, dürfen sie beten (1. Kor. 14,13), dass der Herr diese Gabe jemandem in der Gemeinde gebe. Oder der Herr wird sie eventuell auf einen gläubigen Christen außerhalb der Gemeinde hinweisen, den sie einladen könnten, um ihr jeweiliges Bedürfnis abzudecken.

Der Ausdruck *„Und ich will euch einen noch besseren Weg zeigen"* (1. Kor. 12,31) bedeutet nun nicht, dass Paulus den Korinthern noch eine bessere Gnadengabe zeigen will, sondern mit diesem „besseren Weg" zeigt er ihnen die Frucht des Geistes in 1. Kor. 13. Wenn die Aufforderung „strebt nach den größeren Gaben" einem Einzelnen gelten würde, widerspräche sie dem Inhalt von 1. Kor. 12,11.18.24.28. „Strebt aber nach den größeren Gaben" ist einer Gemeinde gesagt, die in Not ist und eine Gabe braucht, die sie nicht erkennt oder nicht hat. Dabei soll die ganze Gemeinde mitarbeiten, damit dieses Bedürfnis durch Gottes Gnade abgedeckt werden kann. Also sind uns die verschiedenen Listen von Gnadengaben (s. Röm. 12,5-8; 1. Kor. 12,7-10.28 und Eph. 4,11) nicht gegeben, damit wir uns davon etwas aussuchen dürfen und uns das, was uns am besten gefällt, erbeten. Die Gnadengaben werden vom Herrn bestimmt, und es ist unsere Aufgabe, uns alle Mühe zu geben, dass jedes Gemeindeglied seine Gnadengabe erkennt und sie in den Dienst der Gemeinde stellt.

Die Gaben dienen der Auferbauung der Gemeinde
(1. Kor. 12,7; 14,12.26).

Diese Aussage stimmt mit dem Bild vom Leib überein, wo jedes Glied nicht zum Selbstzweck da ist, sondern seinen Zweck im Dasein für andere begründet. Diese Betonung geht auch klar aus den folgenden Bibelversen hervor:

Röm. 12,5: *„untereinander ist einer des anderen Glied."*

Röm. 12,10a: *„Die brüderliche Liebe untereinander sei herzlich."*
Röm. 12,10b: *„Einer komme dem andern mit Ehrerbietung zuvor."*
Röm. 15,5: *„dass ihr einträchtig gesinnt seid untereinander, Christus Jesus gemäß."*
Röm. 15,7: *„Darum nehmt einander an."*
Röm. 15,14: *„so dass ihr euch untereinander ermahnen könnt"* (s.a. 1. Thess. 5,11).
Gal. 5,13: *„Durch die Liebe diene einer dem andern."*
Gal. 6,2: *„Einer trage des andern Last."*
Eph. 4,2: *„Ertragt einer den andern in Liebe."*
Eph. 5,21: *„Ordnet euch einander unter in der Furcht Christi."*
Hebr. 10,24: *„lasst uns anreizen zur Liebe und zu guten Werken."*

Wie erstaunlich klar zeigen uns diese Bibelworte doch den Zweck der Gaben. Selbstsucht ist vollkommen ausgeschlossen, denn das Wohl des Andern zur Ehre Gottes wird uns aufs Herz gelegt.

Es gibt keine Rangordnung der Gnadengaben (1. Kor. 12,22-25).
Diese Tatsache haben wir schon bei der Erklärung von 1. Kor. 12,31 festgestellt. Die vielen Funktionen sind alle notwendig zur Gesundheit des Leibes. So sind auch alle Gaben notwendig für das gesunde Leben einer Gemeinde. Deshalb können wir keine einzige Funktion als minderwertig hinstellen.

Aber Gott hat den Leib zusammengefügt und dem geringeren Glied höhere Ehre gegeben, damit im Leib keine Spaltung sei, sondern die Glieder in gleicher Weise füreinander sorgen (s. 1. Kor. 12,24-25).

Keine Gabe darf der Gemeinde aufgedrängt werden (1. Kor. 14,26.28).
Nicht die willige Bereitschaft eines Dieners bestimmt, ob er seine Gabe in der Gemeinde einsetzen darf, sondern vielmehr das Bedürfnis der Gemeinde. Dann lässt sich der Dienende von den anderen einordnen und an den rechten Platz stellen (1. Kor. 14,29-32).

Der Gebrauch einer Gabe soll unter der vollen Kontrolle des Gebenden geschehen (1. Kor. 14,30).
Nicht die Gabe bestimmt, ob einer reden soll oder nicht, sondern er selbst tut das. Eine Erfüllung mit dem Geist schaltet die Verantwortung für unser Benehmen nicht aus. Eine Person, die

eine bestimmte Gabe hat, soll mit deren Einsatz auch aufhören können und anderen die Gelegenheit zum Dienst geben.

Der Gebrauch einer Gabe soll dem Urteil anderer standhalten können (1. Kor. 14,29).
Der Gebrauch einer Gnadengabe soll den anderen zugute kommen. Deshalb haben andere auch das Recht, ihn nicht in Anspruch zu nehmen, wenn sie sich damit bedrängt fühlen. Es soll schließlich alles ordentlich und nicht übertrieben zugehen.

Der Rahmen für den Einsatz der Gnadengaben
Der Gebrauch der Gnadengaben für die persönliche Erbauung ist bei Paulus nicht ausgeschlossen (1. Kor. 14,4). Doch den Hauptschwerpunkt legt Paulus darauf, dass der Gebrauch der Gnadengaben für andere Frucht bringen soll (1. Kor. 14,14) und sie aufgebaut werden (1. Kor. 14,17). Aber als das Wichtigste stellt Paulus heraus, dass die Gemeinde durch den Einsatz der Gnadengaben auferbaut wird (1. Kor. 12,7; 14,12.26).

Nun gilt es zu überlegen, ob ich mit meiner Gnadengabe der Universalgemeinde diene und durch solch einen Dienst das Wohl der Gemeinde am Ort fördere oder ob ich meine Gnadengabe zum Wohl der Gemeinde am Ort einsetze und durch die Ortsgemeinde zum Wohl der Universalgemeinde beitrage. Durch den Einsatz unserer Gnadengaben soll immer das einzelne Glied der Gemeinde auferbaut werden, aber der Segen eines solchen Dienstes erstreckt sich über den Einzelnen hinaus auf die Gemeinde, und somit gilt der Segen dieses Dienstes der Gemeinde am Ort. Das bedeutet nicht etwa, dass wir unsere Mitmenschen außerhalb der Gemeinde vernachlässigen. Nein, denn auch Paulus sagt: *„Darum lasst uns Gutes tun an jedermann, allermeist aber an des Glaubens Genossen"* (Gal. 6,10).

Die Hauptbetonung für diesen Dienst liegt in etwas ganz Handgreiflichem, nämlich im Wohl der Gemeinde am Ort. Diese Betonung gibt den Ort des Geschehens an und geht auch aus 1. Kor. 14,26 hervor: „wenn ihr zusammenkommt". Die Ordnung für einen solchen Dienst wird ebenfalls in der Gemeinde am Ort bestimmt (V. 27). Andere Glieder der Gemeinde sollen dafür sorgen, dass die Gnadengaben wirklich zur Auferbauung der Gemeinde beitragen (V. 28). In der örtlichen Gemeinde soll ein Einsatz der Gnadengaben von anderen überprüft werden (V. 29).

Das jeweilige Bedürfnis der Gemeinde soll bestimmen, welche Gabe eventuell wegen einer anderen zurückstehen soll (V. 30).

Also sind Gnadengaben nicht etwas, worüber der einzelne Christ volles Verfügungsrecht hat, sondern ihr Einsatz gehört in erster Linie in die Gemeinde am Ort, wo *„alles ehrbar und ordentlich zugehen"* soll (1. Kor. 14,40). Es geht dabei nicht so sehr um den Gedanken, dass derjenige, der eine Gnadengabe erhalten hat, herumlaufen soll, um hier oder dort eine Gelegenheit zum Dienst zu finden, sondern dass er seine Dienstausrüstung seiner Gemeinde zur Verfügung stellt.

Christen mit einer Gnadengabe dürfen die Verbindlichkeit zu ihrer Ortsgemeinde nicht zur Seite schieben. Wenn sie einen Dienst außerhalb der Gemeinde verrichten, sollte es zumindest mit dem Segen ihrer Gemeinde geschehen. So war es beispielsweise bei Paulus und Barnabas (s. Apg. 13,1-4), sowie bei den „Abgesandten der Gemeinden" (2. Kor. 8,23), die in Korinth tätig waren. Selbst Christen mit der begehrenswerten Gnadengabe der Heilung sollten Älteste der Gemeinde sein (Jak. 5,14). Diese biblischen Grundlagen fordern uns heraus, neu zu überlegen, wie man einige begnadete Diener Christi beurteilen soll, die weder verbindlich noch im Auftrag einer Gemeinde herumreisen und es nicht erlauben, dass ihr Einsatz von anderen überprüft wird. Wenn der Einsatz der Gnadengabe in Verbindung zu einer örtlichen Gemeinde geschieht, verschwindet auch der Verdacht in Bezug auf den Gebrauch der eingenommenen Gelder, die meist für einen Dienst eines unverbindlichen Dieners Christi gegeben werden. Wir sollen auch in diesem Zusammenhang darauf achten, *„dass es redlich zugehe nicht allein vor dem Herrn, sondern auch vor den Menschen"* (2. Kor. 8,21).

Zusammenfassend möchte ich feststellen, dass die Einheit der Gemeinde nicht etwa Gleichheit bedeutet, sondern dass sie sich vielmehr durch eine wunderbare Harmonie vielfältiger Elemente ausdrückt. Durch solch eine Harmonie werden auch Nichtchristen angezogen, denn sie erkennen, dass man diese Einheit bei derartiger Vielfalt menschlich gesehen kaum erwarten kann. Auf diese Weise dürfen auch die Ungläubigen den Eindruck erhalten, dass wir Jünger Jesu sind.

Kapitel 6
Der Zweck und die Aufgaben der Gemeinde

Der Zweck der Gemeinde

Über den Daseinszweck der Gemeinde haben wir schon in Kapitel 3 erfahren, dass sie die Herrlichkeit, die Gott der Vater dem Sohn gegeben und die der Sohn dann an die Gemeinde weitergegeben hat, vor der Welt veranschaulichen soll (Joh. 17,20-23). Doch um diesen Zweck etwas besser verstehen zu können, ist es erforderlich, dass wir ihn etwas mehr auffächern und ihn uns Stück für Stück vor Augen führen. Von der Heiligen Schrift her drängt sich uns ein dreifacher Zweck der Gemeinde auf.

Den Herrn zu verherrlichen

Das Anliegen, in allem den Herrn zu verherrlichen, unterstreicht der Apostel Paulus dreimal im ersten Kapitel des Epheserbriefs:

Erwählt durch den Vater

Paulus spricht von unserer Erwählung durch den Vater, der uns dazu „*vorherbestimmt hat, seine Kinder zu sein durch Jesus Christus nach dem Wohlgefallen seines Willens, zum* Lob seiner herrlichen Gnade, *mit der er uns begnadet hat in dem Geliebten*" (Eph. 1,5-6).

Erlöst durch Christus

Dann zeigt er uns, wie Christus uns durch sein Blut erlöst hat und uns „*zu Erben eingesetzt hat, die wir dazu vorherbestimmt sind nach dem Vorsatz dessen, der alles wirkt nach dem Ratschluss seines Willens; damit wir etwas seien zum* Lob seiner Herrlichkeit, *die wir zuvor auf Christus gehofft haben*" (Eph. 1,11-12).

Versiegelt mit dem Geist
Paulus sagt weiter, dass wir, als wir gläubig wurden, *„versiegelt worden [sind] mit dem heiligen Geist, der uns verheißen ist, welcher ist das Unterpfand unsres Erbes, zu unsrer Erlösung, dass wir sein Eigentum würden zum <u>Lob seiner Herrlichkeit</u>"* (Eph. 1,13-14).

Das griechische Wort *doxees*, von dem unser Wort Doxologie herkommt und das Lobpreis bedeutet, ist hier dreimal mit „Lob seiner Herrlichkeit" übersetzt worden. Zum Grundgedanken dieses Begriffs gehört auch die Bedeutung von „groß machen", „verherrlichen", was Paulus beim Zweck seines Leidens in Phil. 1,20 erwähnt, während er im Gefängnis saß: *„dass Christus verherrlicht werde an meinem Leibe, es sei durch Leben oder durch Tod".* Wir stellen daher fest, dass die Gemeinde hier auf Erden den Sinn und Zweck hat, den Herrn vor der Welt groß zu machen.

In unserer heutigen Welt und Zeit scheint Jesus so klein. Man rechnet kaum mit ihm, schenkt ihm kaum genug Aufmerksamkeit, dass er das menschliche Herz ansprechen kann. Für unsere Gesellschaft liegt der Herr oft zwischen den beiden Deckeln der Bibel versteckt, und sie kann ihn nicht sehen. Die Welt liest die Bibel nicht, doch Paulus schreibt wohl deshalb der Gemeinde: *„Ihr seid unser Brief, in unser Herz geschrieben, erkannt und gelesen von allen Menschen! Ist doch offenbar geworden, dass ihr ein Brief Christi seid, durch unsern Dienst zubereitet, geschrieben nicht mit Tinte, sondern mit dem Geist des lebendigen Gottes, nicht auf steinerne Tafeln, sondern auf fleischerne Tafeln, nämlich eure Herzen"* (2. Kor. 3,2-3).

Jesus sagt dasselbe mit anderen Worten: *„So lasst euer Licht leuchten vor den Leuten, damit sie eure guten Werke sehen und euren Vater im Himmel preisen"* (Matth. 5,16). Auch Petrus unterstreicht dies mit den Worten: *„Führt ein rechtschaffenes Leben unter den Heiden, damit die, die euch verleumden als Übeltäter, eure guten Werke sehen und Gott preisen am Tag der Heimsuchung"* (1. Petr. 2,12).

Wir merken also, dass in jedem Fall die Welt etwas zu sehen bekommen soll. Gott gebraucht Menschen hier auf der Erde, um durch sie seine Liebe, seine Gerechtigkeit, seine Selbstlosigkeit, seine Treue, ja sein ganzes Wesen vor einer ungläubigen Welt zu veranschaulichen. Die Gemeinde setzt sich aus Menschen zusammen, durch die und durch deren Beziehungen untereinander sowie durch deren Aufopferung für andere – selbst für die Außenstehenden – die Welt etwas für sie nicht Normales wahrnehmen kann. Nichtchristen fragen sich dann, woher das kommt, und ihre Beobachtungen sollen zu der Überzeugung führen, dass die Gemeindeglieder den Charakter und das Wesen des großen und herrlichen Gottes im Himmel widerspiegeln. Die Gemeinde ist nicht dazu da, um die Aufmerksamkeit der Welt auf sich zu lenken. Das soll durch die Einstellung und durch das wörtliche Zeugnis der Gemeindeglieder klar hervorgehen. Die Gemeindeglieder selbst sind nicht besser als alle anderen Menschen, doch das Wirken Gottes in den Gemeindegliedern bringt so etwas Herrliches zustande.

Wie traurig ist es nun, wenn die Welt Dinge in der Gemeinde sehen muss, die diese Herrlichkeit des Herrn entstellen. Wo Spannungen, Zank und sogar Zersplitterung in der Gemeinde von den Außenstehenden gesehen werden, können sie die Herrlichkeit des Herrn auch nicht erkennen. Wo sich Unaufrichtigkeit, Selbstsucht, Herrschsucht, Ehrsucht, Materialismus und anderes sündhafte Verhalten innerhalb der Gemeinde behauptet, ist der Zweck der Gemeinde dahin. Dann hat die Gemeinde keine Anziehungskraft und verlorene Menschen finden nicht zu Gott dem Vater, der sie erretten will.

Das geistliche Wachstum der Gläubigen zu fördern

Wie schwer ist es mitanzusehen, wenn ein Kind geboren wurde und nach der Geburt nicht weiterwächst. Es bleibt immer ein kleines Kind. Sorge um das geistliche Wachstum von Gottes Kindern kommt in der Heiligen Schrift immer wieder zum Ausdruck. Da lesen wir: *"Und ihr, die ihr längst Lehrer sein solltet, habt es wieder nötig, dass man euch die Anfangsgründe der göttlichen Worte lehre, und dass man euch Milch gebe und nicht feste Speise. Denn wem man noch Milch geben muss, der ist unerfahren in dem Wort der Gerechtigkeit, denn er ist ein kleines Kind"* (Hebr. 5,12-13).

Paulus drückt sein Bedauern über den mangelhaften Zustand der Korinther folgendermaßen aus: *"Und ich, liebe Brüder, konnte nicht zu euch reden wie zu geistlichen Menschen, sondern wie zu fleischlichen, wie zu unmündigen Kindern in Christus. Milch habe ich euch zu trinken gegeben und nicht feste Speise; denn ihr konntet sie noch nicht vertragen. Auch jetzt könnt ihr's noch nicht"* (1. Kor. 3,1-2).

Andererseits kann Paulus seine große Freude über die Thessalonicher wie folgt mitteilen: *"Wir müssen Gott allezeit für euch danken, liebe Brüder, wie sich's gebührt. Denn euer Glaube wächst sehr, und eure gegenseitige Liebe nimmt zu bei euch allen"* (2. Thess. 1,3). Er spricht auch von seinen eigenen Erfahrungen, dass er als Kind eben kindlich redete und dachte; *„als ich aber ein Mann wurde, tat ich ab, was kindlich war"* (1. Kor. 13,11).

Viele Gemeindeglieder geben sich mit ihrer Heilsgewissheit zufrieden und machen wenig Anstrengungen, um geistlich zu wachsen. Andere wiederum sind nach ihrer Wiedergeburt sehr *„begierig nach der vernünftigen lauteren Milch wie die neugeborenen Kindlein"*, damit sie durch sie zunehmen zu ihrem Heil (1. Petr. 2,2).

Der Zustand einer dritten Gruppe wird durch das folgende Beispiel illustriert:

Ein Lehrer protestierte, weil ein Kollege, der weniger Dienstjahre hatte als er, befördert wurde und er selbst nicht. Er meinte daraufhin: „Ich habe schon siebzehn Jahre Erfahrung in dieser Schule und er erst elf Jahre. Deshalb hätte ich befördert werden sollen, nicht er." Darauf entgegnete ihm der Schulleiter: „Sie haben keine siebzehnjährige Erfahrung in der Schule, sondern siebzehnmal eine einjährige Erfahrung."

Das könnte man manchmal auch Christen antworten. Sie stehen schon eine Reihe von Jahren im Glauben, aber im Grunde sind es immer dieselben Jahre. Ohne Fortschritte kann man nicht weiterhin ein guter Christ sein. Jemand hat einmal gesagt, als Christ könne man nicht dauernd ein gutes Ei sein. Entweder muss Leben heraus kommen, oder es wird faul. Ein Christ darf in seinem Christenleben nicht stehenbleiben. Entweder geht er vorwärts oder rückwärts; denn wo Wachstum aufhört, fängt Verwesung an.

„Wir alle aber schauen mit aufgedecktem Angesicht die Herrlichkeit des Herrn an und werden so verwandelt in dasselbe Bild von Herrlichkeit zu Herrlichkeit, wie es vom Herrn, dem Geist, geschieht" (2. Kor. 3,18 – Elberfelder Übersetzung). In der richtigen Gemeinschaft mit dem Herrn bleibt es nicht bei nur *einer* Verwandlung, nämlich der vom alten zum neuen Menschen. Viele Gemeindeglieder wissen zwar von dieser einen Verwandlung. Wir sollen jedoch nicht nur von der Sünde zur Herrlichkeit verwandelt werden, sondern sogar von einer Herrlichkeit zur andern. Nur in diesem Sinne können wir Paulus verstehen, wenn er sagt: *„Darum werden wir nicht müde; sondern wenn auch unser äußerer Mensch verfällt, so wird doch der innere von Tag zu Tag erneuert"* (2. Kor. 4,16). Ein Christ, der

nicht in den letzten 24 Stunden eine Erneuerung erfahren hat, ist also tatsächlich veraltet. Mehr braucht man über die Notwendigkeit des Wachstums wohl nicht zu sagen.

Aber wie soll eine Gemeinde diese Angelegenheit zweckmäßig handhaben? Die leitenden Diener der Gemeinde tragen hier eine große Verantwortung. Dazu lesen wir: *„Gehorcht euren Lehrern und folgt ihnen, denn sie wachen über eure Seelen – und dafür müssen sie Rechenschaft geben –, damit sie das mit Freuden tun und nicht mit Seufzen; denn das wäre nicht gut für euch"* (Hebr. 13,17). *„Der Herr hat in der Gemeinde einige als Apostel eingesetzt, einige als Propheten, einige als Evangelisten, einige als Hirten und Lehrer, damit die Heiligen zugerüstet werden zum Werk des Dienstes"* (Eph. 4,11-12).

Daraus schließen wir, dass diese Personen der Gemeinde nicht gegeben werden, um all die Arbeit selbst zu tun, sondern ihre eigentliche Aufgabe besteht darin, zuerst die Heiligen zum Werk des Dienstes zuzurüsten. Diese Verantwortung kann die Leitung einer Gemeinde nicht ablehnen. Bei den Aufgaben der Gemeinde wird die Frage, wie man Wachstum fördern kann, noch eingehender besprochen werden. Doch hier sollen einige Hinweise genügen.

Das richtige Verhältnis zum Wort Gottes

Wir lesen von einem, der seine Lust am Gesetz des Herrn hat und darüber Tag und Nacht nachdenkt: *„Der ist wie ein Baum, gepflanzt an den Wasserbächen, der seine Frucht bringt zu seiner Zeit, und seine Blätter verwelken nicht. Und was er macht, das gerät wohl"* (Ps. 1,2). Dass es doch mehr Menschen so erginge wie dem Psalmisten, der sagt: *„Ich tue meinen Mund weit auf und lechze; denn mich verlangt nach deinen Geboten"* (Ps. 119,131). Und wenn wir die Menge- mit der Lutherübersetzung zusammenziehen, könnte 1. Petr. 2,2 etwa so lauten: *„Seid begierig nach der vernünftigen lauteren Milch im Worte Gottes wie die neugeborenen Kindlein, damit ihr durch dieselbe zunehmt."*

Das richtige Verhältnis zu Jesus Christus

Die Worte in 2. Kor. 3,18 nach der Elberfelder Übersetzung sind so treffend, dass ich sie noch einmal anführen möchte: *„Wir alle aber schauen mit aufgedecktem Angesicht die Herrlichkeit des Herrn an und werden so verwandelt in dasselbe Bild von Herrlichkeit zu Herrlichkeit, wie es vom Herrn, dem Geist, geschieht."*

Die Gemeinschaft mit dem Herrn lässt uns nicht unverändert. Wer mit ihm lebt, wird mehr und mehr in sein Ebenbild verwandelt.

Das richtige Verhältnis von geistlicher Nahrung und Arbeit
Ein Kind, das nur isst und sich lieben lässt, aber keine körperlichen Anstrengungen macht, verkümmert. Auch im geistlichen Bereich ist es deswegen von größter Bedeutung, dass wir die Bibel zu Wort kommen lassen. Dann erkennen wir, dass der Zweck unserer Seligkeit nicht nur der ist, einmal den Himmel zu sehen, sondern dass wir hier auf Erden durch gute Werke Früchte tragen sollen.

Wir freuen uns meist sehr über Eph. 2,8-9: *„Denn aus Gnade seid ihr selig geworden durch Glauben, und das nicht aus euch: Gottes Gabe ist es, nicht aus Werken, damit sich nicht jemand rühme."*

Es bleibt ewig wahr, dass wir unsere Seligkeit nicht durch Werke verdienen können. Aber *wozu* sind wir aus Gnaden selig geworden? Darauf antwortet uns Eph. 2,10: *„Denn wir sind sein Werk, geschaffen in Christus Jesus zu guten Werken, die Gott zuvor bereitet hat, dass wir darin wandeln sollen."* Die Betonung in Titus 2,14 ist ergreifend. Dort lesen wir von Jesus Christus, der sich selbst für uns gegeben hat, damit er uns erlöste von aller Ungerechtigkeit und reinigte sich selbst ein Volk zum Eigentum, das eifrig wäre zu guten Werken.

Wir müssen es klar verstehen: In der Bibel gibt es gar keine Werke, die wir für unsere Seligkeit tun könnten, aber wir haben einen Gott, der Frucht erwartet. Auf dem Weg nach Jerusalem fand Jesus einen Feigenbaum, der nur Blätter trug, aber keine Frucht, und er verfluchte ihn, so dass er verdorrte (Matth. 21,18-19). Jesus erzählt außerdem ein Gleichnis von einem Feigenbaum in einem Weinberg, dessen Besitzer drei Jahre nacheinander kam und Frucht suchte. Als er keine daran fand, sprach er zu dem Weingärtner: *„So hau ihn ab! Was nimmt er dem Boden die Kraft?"* (Luk. 13,6-9).

Weiter erzählt Jesus auch von einem Menschen, der über Land zog und seinen Knechten Geld anvertraute: einem fünf, dem anderen zwei und dem dritten einen Zentner. Als diese Knechte später zur Verantwortung gezogen werden, lobt ihr Herr den ersten und den zweiten Knecht, weil sie das Geld in seinem Sinne vermehrt hatten. Aber zu dem dritten, der nichts getan hatte, spricht er: *„Und den unnützen Knecht werft in die Finsternis hinaus; da wird sein Heulen und Zähneklappern"* (Matth. 25,30).

Kapitel 6 – Der Zweck und die Aufgaben der Gemeinde

In Johannes 15 sagt Jesus, dass er der wahre Weinstock ist und seine Jünger Reben an diesem Weinstock sind. Dann folgen seine einschneidenden Worte: *„Eine jede Rebe an mir, die keine Frucht bringt, wird er wegnehmen; und eine jede, die Frucht bringt, wird er reinigen, dass sie mehr Frucht bringe"* (Joh. 15,2).

Das gemütliche Christentum, in dem der größte Prozentsatz der Gemeindeglieder passiv ist und passiv bleibt, muss für Gott eine große Enttäuschung sein. Ja, in manchen Gemeinden spricht man besorgt von den vielen „Karteileichen", mit denen man sich zufriedengeben soll. Der Zweck der Gemeinde ist aber, dass darin alle, die aus Gottes Gnade selig geworden sind, aufeinander Acht haben und uns anreizen zur Liebe und zu guten Werken, und nicht verlassen unsre Versammlungen, wie einige zu tun pflegen, sondern einander ermahnen (Hebr. 10,24-25).

Die Verlorenen für Christus zu gewinnen

Der Hauptgedanke der ganzen Heiligen Schrift ist der, dass Gott die Menschen liebt und dass er, nachdem der Mensch sich aus freiem Willen von Gott abwandte, *„seinen eingeborenen Sohn gab, damit alle, die an ihn glauben, nicht verloren werden, sondern das ewige Leben haben"* (Joh. 3,16); außerdem dass Gott seinen Geist auf alles Fleisch ausgegossen hat (Apg. 2,17), damit *„er der Welt die Augen auftu[e] über die Sünde und über die Gerechtigkeit und über das Gericht"* (Joh. 16,8) – und all das, weil er nicht will, *„dass jemand verloren werde, sondern dass jedermann zur Buße finde"* (2. Petr. 3,9).

Doch seine Liebe und sein Heilswillen müssen immer in Harmonie mit seiner Heiligkeit und seiner Gerechtigkeit stehen. Deshalb kann Gott den Menschen nicht mit seinen Sünden, sondern nur von seinen Sünden erlösen, was die Buße des Menschen (Apg. 2,38) und seine Bereitschaft, die Sünden zu bekennen (1. Joh. 1,9), voraussetzt.

Um die Menschen für diese Rückkehr zu Gott zu gewinnen, will der Herr die Gemeinde als sein Werkzeug gebrauchen. Das erfahren wir durch Jesu Missionsbefehl: *„Geht hin in alle Welt und predigt das Evangelium aller Kreatur"* (Mark 16,15). Paulus sagt: *„Denn Gott, der sprach: Licht soll aus der Finsternis hervorleuchten, der hat einen hellen Schein in unsre Herzen gegeben, dass durch uns entstünde die Erleuchtung zur Erkenntnis der Herrlichkeit Gottes in dem Angesicht Jesu Christi"* (2. Kor. 4,6). Durch uns soll also die Erleuchtung entstehen, die unsere Mitmenschen brauchen, um den Herrn zu finden.

In 2. Kor. 5,20 lesen wir: *„So sind wir nun Botschafter an Christi Statt, denn Gott ermahnt durch uns; so bitten wir nun an Christi Statt: Lasst euch versöhnen mit Gott!"*

In seiner Weisheit hat Gott beschlossen, dass die verlorene Welt durch die Missionstätigkeit der Gemeinde gewonnen werden soll.

Der römische Hauptmann Kornelius suchte das Heil, und Gott sandte ihm einen Engel. Doch dieser Engel sollte Kornelius nicht sagen, wie er gerettet werden konnte. Der Engel wies ihn auf Petrus hin, und Kornelius musste Petrus kommen lassen, und erst als *„Petrus noch diese Worte redete, fiel der heilige Geist auf alle, die dem Wort zuhörten"* (Apg. 10,44).

Als Gott den Kämmerer aus Äthiopien retten wollte, musste ein Philippus die Großevangelisation in Samarien unterbrechen, sich auf eine Wüstenstraße begeben und dem Kämmerer das Evangelium erklären, wodurch dieser zum Glauben kam (Apg. 8,26-39).

In der heidnischen Stadt Philippi fand niemand zu Christus, obwohl auch viel gebetet wurde, bis der Heilige Geist Paulus dazu bewegen konnte, seinen für Asien verplanten Terminkalender beiseite zu legen und nach Philippi zu gehen. Nachdem Paulus angekommen war und vor einer Gruppe sprach, hörte die Purpurkrämerin Lydia aus Thyatira zu, und *„der tat der Herr das Herz auf, dass sie darauf Acht hatte, was von Paulus geredet wurde"* (Apg. 16,14).

Die Gemeinde ist, in einem biblischen Bild, das irdene Gefäß, in das Gott den Schatz seiner Heilsbotschaft hineingelegt hat, und dieses Gefäß soll in seinem Dienst nicht versagen! Die Gemeinde muss ihren Zweck in der Mission und Evangelisation erkennen und ihn ausleben. Denn des Herrn Wort an Israel gilt heute der Gemeinde: *„Du Menschenkind, ich habe dich zum Wächter gesetzt über das Haus Israel. Du wirst aus meinem Munde das Wort hören und sollst sie in meinem Namen warnen. Wenn ich dem Gottlosen sage: Du musst des Todes sterben! und du warnst ihn nicht und sagst es ihm nicht, um den Gottlosen vor seinem gottlosen Wesen zu warnen, damit er am Leben bleibe, so wird der Gottlose um seiner Sünde willen sterben, aber sein Blut will ich von deiner Hand fordern. Wenn du aber den Gottlosen warnst und er sich nicht bekehrt von seinem gottlosen Wesen und Wege, so wird er um seiner Sünde willen sterben, aber du hast dein Leben errettet"* (Hes. 3,17-19).

Paulus lebte seinem Zweck als Christ entsprechend und konnte am Ende seiner Missionstätigkeit sagen: *„Darum bezeuge ich euch am heutigen Tage, dass ich rein bin vom Blut aller"* (Apg. 20,26).

Doch heute herrscht in der Christenheit und auch in vielen Gemeinden eine große Gleichgültigkeit den verlorenen Menschen gegenüber. Die Gemeinde ist nicht von der Welt, aber sie ist in der Welt, und sie soll für die Welt der Bote Gottes sein, durch den Gott in die Welt hineinrufen kann: *„Wohlan, alle, die ihr durstig seid, kommt her zum Wasser! Und die ihr kein Geld habt, kommt her, kauft und esst! Kommt her und kauft ohne Geld und umsonst Wein und Milch! Warum zählt ihr Geld dar für das, was kein Brot ist, und sauren Verdienst für das, was nicht satt macht? Hört doch auf mich, so werdet ihr Gutes essen und euch am Köstlichen laben. Neigt eure Ohren her und kommt her zu mir! Höret, so werdet ihr leben! Ich will mit euch einen ewigen Bund schließen, euch die beständigen Gnaden Davids zu geben"* (Jes. 55,1-3).

Ausgewogenheit beim dreifachen Zweck der Gemeinde

Der dreifache Zweck der Gemeinde kann sehr gut, wie aus der Zeichnung ersichtlich, im Rahmen eines Dreiecks gesehen werden.

Diese drei Elemente sind jeweils eine Einheit für sich, und doch gehören sie so zusammen, dass eins ohne die anderen nicht vollständig ist. Doch in einem Gemeindeprogramm kann es leicht vorkommen, dass man einen oder zwei der Schwerpunkte auf Kosten des dritten betont.

Einseitige Gemeindeausrichtungen

Eine Gemeinde, die vor allem Gott verherrlichen möchte
Wenn man verschiedene Gemeinden kennenlernt, kann man feststellen, dass bei manchen die Betonung stärker auf die Verherrlichung des Herrn und das Wachstum der Gläubigen gelegt wird und das Gewinnen der Verlorenen liegen bleibt. Eine solche Gemeinde hat beispielsweise viele Gottesdienste, in denen der Herr gemeinsam oder in Gruppen mit herrlichen Liedern gepriesen wird. Das ist sicher berechtigt und ehrt auch den Herrn. Dazu gibt es manche Gelegenheiten, wo sich die Gläubigen untereinander näher kennen lernen und sich gegenseitig ermutigen und helfen. Doch sie fühlen sich nur dann wohl, wenn sie immer wieder dieselben Leute treffen. Sollten einmal Außenstehende dazustoßen, scheint dies das vertraute Verhältnis etwas zu stören.

Eine Gemeinde, die in diesem Sinn jahrelang ganz zufrieden mit sich war, musste einmal einen neuen Hirten berufen. Dieser brachte einen Blick für die Verlorenen mit. Er besuchte die Leute in der Umgebung, machte sich mit ihnen bekannt und lud sie ein. Sie fingen an, zur Gemeinde zu kommen, und manche fanden durch die Verkündigung des Wortes auch zu Christus. Das war für den neuen Pastor eine große Freude. Aber die Gemeindeglieder, die schon lange zu dieser Gemeinde gehörten, klagten doch tatsächlich darüber, dass die Gemeinde nun mit den neuen Personen „so anders" sei. Das intime Verhältnis, das sie vorher so geschätzt hatten, wurde etwas gestört, und sie stellten wirklich die Frage: „Warum können wir es nicht so nett haben, wie es einmal war, ohne all diese neuen Leute?"

Menschlich gesehen kann man sich eine solche Situation zwar vorstellen – biblisch ist das aber nicht. Eine Gemeinde, in der es hauptsächlich um den „Erhaltungstrieb" geht, muss unter das Wort Jesu gestellt werden: *„Denn wer sein Leben erhalten will, der wird's verlieren; wer aber sein Leben verliert um meinetwillen, der wird's finden"* (Matth. 16,25).

Außerdem kann diese Art Gemeindeprogramm zur Gewohnheit werden, statt dass ein stetes Wachsen an neuer Erkenntnis und neuer Erfahrung spürbar ist. Manch eine bibeltreue Gemeinde versucht allerdings, ihre Sache so fortzusetzen. Wenn Tauffeste stattfinden, dann kommen meistens die Kinder oder zumindest Verwandte der bisherigen Gemeindeglieder hinzu. Andere, neue

Personen werden gar nicht aufgesucht und auch nicht eingeladen. Man fragt sich manchmal, ob sie überhaupt erwünscht wären. In solch einer Gemeinde liegt die Betonung mehr auf Bibelwochen. Evangelisationen sind wiederum seltener, und wenn sie durchgeführt werden, dann gilt sie mehr den ungläubigen Verwandten der Gemeindeglieder.

Eine Gemeinde, die den Herrn verherrlichen und Verlorene gewinnen möchte
Es gibt viele Gemeinden, in denen weniger auf die geistlichen Fortschritte des einzelnen Christen eingegangen wird. Man konzentriert sich lieber auf eine, zwei oder gar drei Evangelisationswochen im Jahr. Dabei kommen manche neue Glieder hinzu; Tauffeste finden statt. Man betont die geistlichen Anfangsschritte und verliert bald eine gewisse Tiefe, die für eine gesunde Gemeinde ebenfalls notwendig ist. Es wird viel Milch geboten und weniger „feste Speise". Bei manchen kann dann der Wunsch nach mehr nicht wachsen, wie es Hebr. 6,1-3 beschreibt: *„Darum wollen wir jetzt lassen, was am Anfang von Christus zu lehren ist, und uns zum Vollkommenen wenden; wir wollen nicht abermals den Grund legen mit der Umkehr von den toten Werken, mit dem Glauben an Gott, mit der Lehre vom Taufen, vom Händeauflegen, von der Auferstehung der Toten und vom ewigen Gericht. Das wollen wir tun, wenn Gott es zulässt."*

Was meint der Schreiber wohl mit den Worten: *„Das wollen wir tun"*? Die Antwort könnte uns V. 1 geben: „uns zum Vollkommenen wenden", d. h. im persönlichen geistlichen Leben Fortschritte machen.

Hier fehlt etwas von dem Geist des Paulus, der nach jahrelangem Glaubensleben und nach drei großen Missionsreisen aus dem römischen Gefängnis schreibt: *„Ihn möchte ich erkennen und die Kraft seiner Auferstehung und die Gemeinschaft seiner Leiden und so seinem Tode gleichgestaltet werden"* (Phil. 3,10). Dieser Mann, der schon so viele Erfahrungen mit Christus gemacht und manche neue Gemeinde gegründet hatte, war mit seinem inneren Fortschritt nicht zufrieden, sondern meinte: *„Ich vergesse, was dahinten ist, und strecke mich aus nach dem, was da vorne ist, und jage nach dem vorgesteckten Ziel, dem Siegespreis der himmlischen Berufung Gottes in Christus Jesus"* (Phil. 3,13-14).

Mir fällt dabei eine Gemeinde ein, die ich wahrscheinlich öfter als fünfmal besucht habe, um ihr jeweils eine Woche lang zu dienen. Fast jedesmal strömten an die zweihundert Leute in die Seelsorge, so dass ich es fast nicht bewältigen konnte. Als dies zum zweiten und dritten Mal geschah, stellte ich allmählich fest, dass viele von ihnen bereits in den vergangenen Jahren mindestens einmal zur Aussprache gekommen waren. Daraus schloss ich, dass die ganze Gemeinde in einer solchen Woche einen gewaltigen Sprung vorwärts machte, dass ihre Seelen danach jedoch wieder verhungerten. Wenn ich dann das nächste Mal kam, machten sie erneut große Schritte vorwärts. Das wiederholte sich bei einigen mehr als dreimal. Da erkannte ich, dass es der Gemeinde, obwohl sie sich als bibeltreu bezeichnete, doch an fester geistlicher Speise mangelte. Man betete und sorgte immer nur für die Verlorenen, ohne die Gläubiggewordenen weiter aufzubauen. Wenn sich dann weitere Menschen bekehrten, war die Gemeinde nicht stark genug, diese in ihrem Glaubensleben weiterzuführen.

Eine Gemeinde, die das Wachstum der Gläubigen fördern und die Verlorenen gewinnen möchte, ohne dem Herrn die ihm gebührende Aufmerksamkeit zu schenken

Von einer an den Menschen orientierten Gemeinde heißt es manchmal, dass sie ein „soziales Evangelium" hat. Der Not der Armen und Unterdrückten wird viel Aufmerksamkeit geschenkt. Auch die vielfache Ungerechtigkeit in der Welt, die uns umgibt, wird angesprochen.

Gewiss darf die Gemeinde nicht an solchen liebesbedürftigen Menschen vorbeigehen. Welch arme Gemeinde, die dem Priester und dem Levit gleicht, die an dem Reisenden, den die Räuber überfallen hatten und verwundet am Weg liegen ließen, vorbeigingen, weil sie sich für zu heilig hielten und wahrscheinlich auch unter dem modernen Zeitdruck standen. Vergessen wir doch nie die Worte Jesu: *„Denn ich bin hungrig gewesen, und ihr habt mir nicht zu essen gegeben. Ich bin durstig gewesen, und ihr habt mir nicht zu trinken gegeben. Ich bin ein Fremder gewesen, und ihr habt mich nicht aufgenommen. Ich bin nackt gewesen, und ihr habt mich nicht gekleidet. Ich bin krank und im Gefängnis gewesen, und ihr habt mich nicht besucht. Dann werden sie ihm auch antworten und sagen: Herr, wann haben wir dich hungrig oder durstig gesehen oder als Fremden oder nackt oder krank oder im Gefängnis und haben dir nicht gedient? Dann wird er ihnen antworten und sagen: Wahrlich, ich sage euch: Was ihr nicht getan habt* *einem von diesen Geringsten, das habt ihr mir auch nicht getan"* (Matth. 25,42-45).

Doch wenn unsere Wohltätigkeit keinen Raum mehr hat, um die Gebetsstunden in der Gemeinde zu unterstützen, und das eigene Gebetsleben kaum noch lebendig ist, dann stimmt etwas nicht. Es gibt auch Christen, die beruflich so viel mit wohltätigen Anliegen beschäftigt sind, dass ihr ganzes Streben nur in diese Richtung geht. Aber schon lange haben sie nicht mehr mit jemandem über ihr Verhältnis zu Christus gesprochen, und sie können sich kaum daran erinnern, wann Gott sie zum letzten Mal gebraucht hat, um eine verlorene Seele zurückzuführen. Hierher passt vielleicht das Wort Jesu: *„Arme habt ihr allezeit bei euch, mich aber habt ihr nicht allezeit"* (Matth. 26,11).

Weshalb ist denn die Ausgewogenheit beim dreifachen Zweck der Gemeinde so wichtig? Mit der Gemeinde kann es so sein wie mit einem dreirädrigen Fahrzeug – egal ob nun Kinderspielzeug oder ein Kraftfahrzeug. Ein dreirädriges Fahrzeug, dem ein Rad fehlt, kann nicht mehr fahren; es kippt nach einer Seite. Bei der Gemeinde reden wir oft nur von zwei Anliegen und verschweigen den dritten Daseinszweck. In einer gesunden Gemeinde muss jedoch jeder dieser drei gebührend beachtet werden. Deshalb wäre es gut, wenn die Verantwortlichen einer Gemeinde das gesamte Gemeindeprogramm sowie das Geschehen in den verschiedenen Gemeindegruppen sorgfältig überprüfen, um feststellen zu können, welcher Prozentsatz an Zeit, persönlicher Anstrengung und Mittel direkt auf die Verherrlichung des Herrn hinzielt. Wie viel gilt dann dem Wachstum der Gläubigen, und wie viel wird davon gebraucht, um die Außenstehenden zu erreichen?

In jeder Jugendgruppe, Musikgruppe, in jedem Männer- oder Frauenkreis, im Chor und sogar im Gemeinde- oder Ältestenrat wird der dreifache Zweck der Gemeinde verschieden gewichtet oder fehlt teilweise. Es sollte wahrscheinlich immer wieder Zurechtschiebungen geben, weil ein Gebiet ungewollt vernachlässigt wird und ein anderes vielleicht mehr als seinen ihm gebührenden Teil erhält.

In einer mir bekannten Gemeinde wurden einmal alle Protokolle der Sitzungen des vergangenen Jahres unter diesem Gesichtspunkt neu durchgesehen. Dabei stellte man fest, dass die Gemeinde zuviel mit sich selbst zu tun hatte und wenig für die Menschen außerhalb der Gemeinde tat. Eine Zurechtstellung war also nötig, und während der Veränderungen gab der Herr seinen Segen dazu. Sollten wir uns hier nicht auch fragen, ob unsere Gemeinde vielleicht in der Gefahr steht, ihre Wesenseigenschaft als Gemeinde zu verlieren, wenn eines dieser drei Elemente von ihrem Daseinszweck fehlt? Der Zweck eines Autos ist es, zu fahren, und wenn es nicht mehr fährt, wird es zu einem toten Stück Blech und hört auf, ein Auto zu sein. Eine Waschmaschine, die nicht mehr wäscht, hört auf, eine Waschmaschine zu sein, und wird zu einem unnützen Gegenstand. Eine Uhr, die die Zeit nicht mehr anzeigt, hört auf, eine Uhr zu sein, und kann höchstens noch als Schmuckstück dienen. Alles soll seinem Zweck entsprechend funktionieren, und das gilt auch für die Gemeinde Jesu Christi.

Was wir von dem Zweck der Gemeinde als Gesamtheit gesagt haben, gilt auch für alle Gruppenveranstaltungen innerhalb einer Gemeinde, ja sogar für jedes einzelne Gemeindeglied. Wir sollten uns immer wieder fragen, ob wir eventuell Schlagseite haben, einseitig sind, und trotz vieler Aktivitäten doch nicht ganz den Zweck erfüllen, für den der Herr uns berufen hat. Wenn man mit dieser Überprüfung bei sich selbst und dem einzelnen Christen beginnt und dann bis hin zur ganzen Gemeinde die Verhältnisse korrigiert, kann es zu einem neuen, zweckentsprechenden Dasein kommen.

Kapitel 7
Gemeindestruktur

Gottes organisatorische Ordnung in der Schöpfung kann man nur bestaunen. Alles hat seinen Sinn und Platz, und die Naturgesetze sind unveränderlich festgesetzt. Gottes organisatorische Vorschriften für das Volk Israel sind ebenso erstaunlich. Man schätzt, dass zwei Millionen Menschen von Mose aus Ägypten geführt wurden und vierzig Jahre in der Wüste umherzogen, und nie lesen wir von einem Durcheinander. In 4. Mose 2 und 3 findet man die erstaunliche Ordnung der israelitischen Stämme im Lager. Die Stiftshütte stand in der Mitte, umgeben von den Leviten, Mose und Aaron sowie den Priestern am Ostende, den Gersonitern am Westende, den Kahathitern im Süden und denen vom Geschlecht Meraris im Norden. Im weiteren Umkreis waren die zwölf Stämme mit Sebulon, Juda und Isaschar östlich, Benjamin, Ephraim und Manasse westlich, Gad, Ruben und Simeon südlich und Naphtali, Dan und Asser nördlich der Stiftshütte angeordnet. Jeder wusste genau, wo sein Wohnplatz war, und uns ist kein Fall bekannt, bei dem ein Kind oder ein Erwachsener nicht wusste, wohin es oder er gehörte. Interessant ist auch, wie genau die Arbeitsteilung unter den Leviten geregelt war: beim Aufbruch wusste jeder, ob er bei der Stiftshütte für das Gerät oder für die Vorhänge oder für die Bretter Sorge zu tragen hatte – alles war bis ins Kleinste geordnet.

Desto auffallender ist es, dass wir in der Bibel kein Modell einer Gemeindestruktur finden. Wie kann man sich das erklären? Darf es denn in der Gemeinde ziemlich durcheinander zugehen? Soll hier die Spontaneität so sehr bestimmen, dass die meisten kaum wissen, was im nächsten Moment zu erwarten ist?

In manchen Kreisen wird jede Art von Organisation der Gemeindeangelegenheiten abgelehnt. Man meint, Organisation verdränge das Wirken des Geistes, und führt als Argument an, dass die Gemeinde ein Organismus sei und keine Organisation.

Doch hat schon irgend jemand einen Organismus gesehen, der nicht organisiert war und in dem man nicht eine ganz bestimmte Struktur erkennen konnte? Gott ist ein Gott der Ordnung, so dass auch Paulus ermahnen kann: *„Lasst aber alles ehrbar und ordentlich zugehen"* (1. Kor. 14,40).

Eine Modellstruktur für Gemeinde?

Der Unterschied zwischen dem alttestamentlichen und dem neutestamentlichen Volk Gottes

Israel, das alttestamentliche Volk Gottes, bestand aus einer Nation und führte sein Leben im Rahmen einer Kultur oder gemeinsamen Lebensausrichtung. In diesem Fall lässt sich leicht eine Struktur aufstellen, die den Bedürfnissen der Situation angepasst ist. Persönliche Unterschiede hat es auch in Israel gegeben, Kulturunterschiede existierten jedoch nicht.

Ganz anders verhält es sich mit dem neutestamentlichen Volk Gottes. Dieses Volk setzt sich aus Gläubigen aller Nationen zusammen. Müssen wir nicht etwa über die vielfältigen Kulturen staunen, die am Pfingstfest vertreten waren? Da kamen Zuhörer von den Parthern, Medern, Elamitern, aus Mesopotamien, Judäa, Kappadozien, Pontus, Asien, Phrygien, Pamphylien, Ägypten, Libyen und Rom (Apg. 2,9-10). Und alle brachten ihre Lebensgewohnheiten mit, als sie gläubig wurden und in die Gemeinde kamen. Sollten sie alle nun in eine Lebensform gepresst werden? In der ersten Gemeinde, in der eine wunderbare Einheit herrschte, geschah es zuerst, dass sich *„ein Murren unter den griechischen Juden in der Gemeinde gegen die hebräischen"* erhob, *„weil ihre Witwen übersehen wurden bei der täglichen Versorgung"* (Apg.6,1).

Es dauerte nicht lange, bis ein besonderes Konzil abgehalten werden musste, in dem Vertreter der jüdischen Christen und derer, die Paulus und Barnabas aus der Heidenmission mitbrachten, zusammenkamen. Dabei stritt man sich lange mit verschiedenen Fragen herum (s. Apg. 15,7). Die Judenchristen mussten vor allem davon überzeugt werden, dass die äußere Form für den Glauben nicht ausschlaggebend ist; schließlich beendete Jakobus die Diskussion weise: *„Darum meine ich, dass man denen von den Heiden, die sich zu Gott bekehren, nicht Unruhe mache, sondern ihnen vorschreibe, dass sie sich enthalten sollen von Befleckung durch Götzen und von Unzucht und vom Erstickten und vom Blut"* (Apg. 15,9-10).

Damit wurde die äußere Form sinnvollerweise als relativ und nicht als absolut eingestuft. Die jüdischen Gemeinden entwickelten eine Form, und die aus den Heiden gläubig geworden waren, durften eine andere Tradition haben.

Ich hatte einmal das Vorrecht, an der Konferenz reisender Evangelisten, die 1983 in Amsterdam stattfand, teilzunehmen. Über 3000 Evangelisten waren zugegen, und sie kamen aus mehr als 130 Nationen. Die Art der Kleidung sah erstaunlich unterschiedlich aus. Wir hatten auch unterschiedliche Essgewohnheiten bezüglich dessen, was wir aßen und wie wir aßen. Die verschiedenen Lebensformen, die sich so vor unseren Augen auftaten, versetzten viele in Staunen. Aber wir spürten alle einen Geist und eine Einheit im Herrn. Wie ergreifend war das!

Das Verhältnis zwischen Leben und Form

In der Kirchengeschichte hat es immer wieder Kämpfe gegeben, in denen die Kirche ihre äußere Form festhalten wollte. Doch wiederholt entstanden Erweckungen, die sich in die alten Formen nicht hineinpressen ließen. Im Mittelalter bereiteten die verschiedenen Orden der Kirche Unruhe. Ihre Formen waren anders. Während der Reformationszeit stellten sich beide, der „neue" Glaube, aber auch die Form, die sich daraus ergab, wieder ganz anders dar. Die Erweckung, die mit John Wesley England durchdrang, musste sich wegen ihrer andersartigen Formen außerhalb der Kirche entwickeln. Die Pietisten brachten auch eine neue Art, die der Kirche Sorge machte. Die Herrnhuter Brüder waren wieder anders geprägt. D.L. Moody, einer der größten Evangelisten seiner Zeit, arbeitete so ziemlich außerhalb der Kirche. Ähnliches könnte man auch von Charles Finney und anderen sagen. In jüngerer Zeit waren es die „Jesus People", die in den sechziger Jahren für neue Formen sorgten und durch die manche – trotz zum Teil unechter Begleiterscheinungen – zum Glauben kamen. Diese jüngere Generation behauptete sogar, dass jede Art von Form Freiheitsberaubung sei. So fällt man oft von einem Extrem ins andere. Wie kann man da zu einer allgemein gültigen Lösung kommen?

Zuerst müssen wir erkennen: Kein Leben kann ohne äußere Form existieren, aber kein Leben lässt sich an ein und dieselbe Form binden.

Junge Leute lehnen oft Formen an sich ab. Meist fangen sie

jedoch gleich mit einer eigenen Form an. Es gibt kein Leben ohne Formen. Eine Gemeinde neigt nur immer wieder dazu, an einer gewohnten Form festzuhalten, und lässt sich ungern darauf ein, flexibel zu sein und neue Lebensformen zu akzeptieren. Gott hat es in seiner Schöpfung so vorgesehen, dass sich nichts Lebendiges an eine Form binden lässt. Deshalb hat er uns auch keine feste Form für eine Gemeindestruktur vorgegeben. Das bedeutet jedoch nicht, dass es keine Struktur für eine Gemeinde geben soll oder dass Organisation etwas Minderwertiges für sie wäre. Wir fragen uns nun, wie wir zu einer richtigen Gemeindestruktur kommen.

Richtige Gemeindestrukturen

Das Wesen einer Gemeindestruktur

Eine Gemeindestruktur darf weder das Wesen des Reiches Gottes noch das der Gemeinde entstellen. *„Das Reich Gottes ist ... Gerechtigkeit und Friede und Freude in dem heiligen Geist"* (Röm. 14,17).

Gerechtigkeit

Welche Formen der Struktur eine Gemeinde auch aufweist – das Wesen der Gerechtigkeit soll durchgehend erkennbar sein. In einer weltlichen Struktur mag vielleicht Unaufrichtigkeit und Schlauheit an der Tagesordnung sein, nicht aber in der Gemeinde. Selbst wenn es in der umgebenden Kultur nach dem Prinzip geht: „Der Zweck heiligt die Mittel", dürfen Unaufrichtigkeit, Heuchelei, ein geheimes Werben für oder gegen eine Sache oder Person in der Gemeinde keinesfalls geduldet werden. Selbst wenn in der umgebenden Kultur die Großfamilie einen starken Einfluss auf den einzelnen ausübt, darf es in einer Gemeindestruktur keinen Raum für das Ansehen der Person geben. Durch die Gerechtigkeit, die im Verhalten der Gemeinde und ihrer Vorsteher zu erkennen ist, sollen außenstehende Beobachter an die Gerechtigkeit Gottes erinnert werden. Das Wesen der Gemeinde und ihr Handeln sollen die Gerechtigkeit widerspiegeln, die uns Gott durch den Glauben an Jesus Christus geschenkt hat.

Friede

Friede untereinander – das schließt allen Zorn, Zank und boshafte

Selbstbehauptung aus. Abgesehen von der Art der Struktur, soll es in einer Gemeinde friedvoll und sanft zugehen. Die Glieder sollen sich etwas sagen lassen und unparteiisch handeln (s. Jak. 3,14-17).

Freude

In der Atmosphäre einer Gemeinde soll Freude spürbar sein. Die Welt muss erkennen können, dass ein Christ sogar aus dem Gefängnis, in dem er sich aus Glaubensgründen befindet, schreiben kann: *„Freuet euch in dem Herrn allewege, und abermals sage ich: Freuet euch!"* (Phil. 4,4).

Die Gemeinde soll einen Herrn und Heiland reflektieren, der selbst im Schatten des Kreuzes zu seinen Nachfolgern sagen konnte: *„Das sage ich euch, damit meine Freude in euch bleibe und eure Freude vollkommen werde"* (Joh. 15,11).

Die Struktur in der Gemeinde soll keine depressive Wirkung haben. Sie muss mit einem positiven und hoffnungsvollen Glauben übereinstimmen.

Frucht des Geistes

Besonders die Liebe, als Frucht des Geistes, darf durch keine Struktur verdrängt werden.

Anpassung der Gemeindestruktur

Die Struktur der Gemeinde soll durch ihre Bedürfnisse beeinflusst werden.

In der gleich nach Pfingsten entstandenen Gemeinde scheinen die Apostel die gesamte Gemeindearbeit getan zu haben. Kurz darauf *„aber, als die Zahl der Jünger zunahm"* (Apg. 6,1), ergab sich die Gefahr, dass die Apostel das Gebet und den Dienst am Wort vernachlässigten. Die Bedürfnisse der Gemeinde sollten jedoch abgedeckt werden. Also wurden Diakone eingesetzt, und die Struktur der Gemeinde veränderte sich.

Das Evangelium wurde nun weiter ausgebreitet; neue Gemeinden entstanden in Judäa, Samaria, Kleinasien und sogar in Mazedonien. Die Apostel versuchten noch, Petrus und Johannes nach Samarien zu schicken, um dort Gemeindeangelegenheiten zu regeln (s. Apg. 8,14-17). Doch es war fast unmöglich, dass nur die zwölf in ganz Kleinasien, in Mazedonien und weiter bis nach Rom damit unterwegs sein sollten. Dann besuchten aber Paulus und

Barnabas nach ihrer ersten Missionsreise diese Gemeinden nochmals und *„setzten in jeder Gemeinde Älteste ein"* (Apg. 14,23). Später konnte man diesem Bedürfnis der Gemeinden gar nicht mehr nachkommen. Deshalb beauftragte Paulus den Titus, in Kreta zu bleiben, *„dass du vollends ausrichten solltest, was noch fehlt, und überall in den Städten Älteste einsetzen, wie ich dir befohlen habe"* (Titus 1,5).

Das neu auftretende Bedürfnis der Gemeinde nach eigenen Ältesten ist offensichtlich; man musste darauf eingehen. Die Struktur der Vergangenheit genügte nicht mehr, so dass man sich etwas Neues für die Struktur überlegen musste.

Diese Beispiele aus der Heiligen Schrift müssen hier genügen, um zu zeigen, dass keine Struktur für alle Gemeinden, für alle Zeiten und für alle Situationen den jeweiligen Bedürfnissen einer Gemeinde gerecht werden kann. Die Struktur muss flexibel sein und kann ohne Bedenken verändert werden, solange neue Elemente nicht das Wesen der Gemeinde verletzen.

Beispielsweise gehören die Strukturen, die sich vor einer Generation als erfolgreich in der Landwirtschaft erwiesen, heute der Vergangenheit an. Mit den Strukturen von gestern kann man heute schwerlich weiterkommen. In allen Bereichen – in der Industrie, im Verkehrswesen, im Schulbetrieb usw. – werden dauernd Veränderungen vorgenommen, um auf die Verhältnisse zu reagieren und die Struktur auf den neusten Stand zu bringen. Doch in der Gemeinde glauben viele, es müsse der Form nach noch immer so sein, wie es einmal war. Das geistliche Leben von heute lässt sich nicht in der Struktur von gestern gefangen halten! Entweder verliert die Gemeinde ihre Lebendigkeit oder sie verändert sich mit.

Früher konnten z.B. Gottesdienste mehrere Stunden dauern; heute ist das nicht mehr ratsam. Vor einigen Generationen konnte man mit purer Autorität vorgehen, doch heute kommt diese Art gar nicht mehr an. Früher brauchte man meist keine ausgebildeten Prediger auf der Kanzel; die (selbst wenig gebildeten) Zuhörer waren mit wenig zufrieden. Heute muss ein Verkündiger allerdings seine Botschaft mit dem Wissensstand seiner Zuhörer in Übereinstimmung bringen. Gestern bestand die Notwendigkeit für eine Angestelltenarbeit in der Gemeinde noch nicht, zum größten Teil deswegen, weil der Bereich der Seelsorge geringer ausgebaut war. Doch heute, wo Mann und Frau verschiedene Berufe ausüben, verstehen sie sich weniger als früher, als die ganze Familie meist eine wirtschaftliche Einheit auf ihrem Bauernhof bildete. Dasselbe könnte man von dem Verhältnis zwischen Eltern und Kindern sagen.

Für eine gesunde und wachsende Gemeinde genügt die Struktur von Laienpredigern kaum. Die wachsenden Ansprüche verlangen mehr, doch der Mensch ist so angelegt, dass er sein Vertrauen in das Alte, Bekannte, nicht durch etwas Neues, Unbekanntes, aufgeben will. In größeren Gemeinden genügte in vergangenen Jahren die Arbeit eines einzelnen vollzeitigen Mitarbeiters, z.B. eines Pastors. Heute brauchen einsame Senioren viel Zeit, die Jugend fordert viel Zuwendung, und der Chorgesang hat sich ebenfalls erweitert. Immer mehr Gemeinden haben deshalb nicht nur einen, sondern zwei, drei oder noch mehr vollzeitige Angestellte. Das ergibt schon eine ganz andere Struktur. Für jede Gemeinde stellt sich die Frage, ob ihre momentane Struktur den heutigen Bedürfnissen entspricht und sich als erfolgreich erweist.

Prinzipien, Methoden und Stile

Wir haben uns schon etwas mit der Frage beschäftigt, welche Methoden man im Reiche Gottes anwenden darf und welche nicht. Dafür sollten wir einmal den Unterschied zwischen Prinzipien, Methoden und Stilen herausarbeiten.

Prinzipien

In Gottes Wort werden uns einige Prinzipien für die Gemeindearbeit genannt, die daher als absolut gelten können und kulturübergreifend anwendbar sind. Sie bleiben für alle Zeiten und für alle Kulturen und Situationen gleich. Beispielsweise könnte man folgende nennen:

1. Die für die Arbeit erforderliche Kraft liegt nie im Mitarbeiter selbst, sondern im Heiligen Geist und dem heiligen Wort Gottes (Apg. 1,8; Röm. 1,16; Heb. 4,12).
2. Jedem Aufruf zu einer Entscheidung für Christus soll eine klare Darstellung des Evangeliums vorangehen. Dies war auch die Reihenfolge, die wir bei Paulus finden: Zuerst überzeugte er die Zuhörer (2. Kor. 5,11) durch eine klare Darstellung des Evangeliums (2. Kor. 15,19), dann rief er sie auf: *„So bitten wir nun an Christi Statt: Lasst euch versöhnen mit Gott!"* (2. Kor. 5,20). Bei manchen Evangelisationen fehlt es an der klaren Verkün-

digung des Evangeliums, ehe die Einladung zum Glauben ergeht.
3. Sicher darf ein Evangelist auch die Massen ansprechen; dennoch sollte jeder persönlich zu Christus geführt werden. Die vielen, die bei einer Evangelisation der Einladung zur Aussprache folgen, werden richtig als „Suchende" bezeichnet, und mit ihrem Kommen zeigen sie ihre Bereitschaft zum Seelsorgegespräch, in dem sie dann ihr Leben dem Herrn übergeben.
4. Ein Bote des Evangeliums soll selbst frei und rein von allen Sünden sein, und sein Lebenswandel soll mit Gottes Wort ganz übereinstimmen (Joh. 15,20; Phil. 1,27).
5. Ein Mensch, der Christus sein Leben übergibt, braucht weitere Zuwendung und eine geistliche Heimat durch eine Gemeinde (Apg. 9,26-28).
6. Ein Prediger, der im öffentlichen Verkündigungsdienst steht, braucht die Gebetsunterstützung der Gläubigen, die oft still „im Kämmerlein" geschieht (Eph. 6,18-19).

Es gibt bestimmt noch mehr Prinzipien, die man hier nennen könnte, doch sollen uns diese wenigen genügen, um zu verdeutlichen, welche Prinzipien Paulus vertrat. Sie gelten für alle Zeiten, in jeder Kultur und in jeder Situation. Wenn es irgendwo oder irgendwann zu einer Verletzung biblischer Prinzipien kommt, geschieht das immer zum Schaden für das Reich Gottes und für die Menschen, die dadurch betroffen werden.

Methoden
Mit den Methoden ergeht es uns ähnlich wie mit der Gemeindestruktur: Für beide finden wir keine absolut geltende Vorschrift in der Bibel.

Vorgeschrieben ist uns die Verkündigung des Evangeliums, doch ist uns keine feste Form für die Predigt gegeben. Die Prinzipien fordern zwar, dass die Verkündigung christozentrisch und biblisch geschieht, aber sie sagen nichts darüber aus, wie viele Haupt- und Nebenpunkte sie enthalten muss, ob man die Botschaft beim Stehen, Sitzen oder gar beim Liegen verkünden bzw. anhören soll, ob die Form eines Vortrages angebrachter ist oder ob es auch eine dramatische Darstellung sein kann.

Über die Salbung eines Kranken finden wir zwar Vorschriften

(Jak. 5,14), aber wieviel und welches dazu verwendet werden soll, ob die Salbung auf der Stirn oder auf der Kopfmitte vorgenommen wird, erfahren wir nicht näher.

Uns wird gesagt, dass wir den Herrn im Geist und in der Wahrheit anbeten sollen (Joh. 4,23), aber ob auf Knien oder beim Stehen oder etwa sitzend, wie David es tat (2. Sam. 7,18), wird uns nicht vorgeschrieben.

Und warum nicht? Methoden sind durch die Kultur, in der sie gehandhabt werden, bedingt. Selbst in ein und derselben Kultur bestimmt noch die Situation oft die äußere Form. Das alles will uns sagen, dass in Bezug auf Struktur und Methode in der Gemeinde große Freiheit herrschen darf. Nur für eine Sache gibt es eine absolute Anweisung, innerhalb welcher Grenzen sich die Methoden bewegen dürfen: Keine Methode darf die biblischen Prinzipien, die uns für die Gemeindearbeit gegeben worden sind, verletzen. Jede Methode soll anhand der Prinzipien geprüft werden. Stimmt sie mit ihnen überein, so darf sie ruhig eingesetzt werden, selbst wenn sie so ganz anders ist, als man es bisher gewöhnt ist.

Stile

Der Dienst, den einer in der Gemeinde versieht, wirkt von Person zu Person unterschiedlich. Es ist immer gefährlich, wenn man dabei einen anderen nachahmt, denn jeder hat seinen eigenen Stil. Es wird keine zwei Prediger geben, die in der Praxis gleich predigen. Das heißt aber nicht, dass der eine besser und der andere schlechter predigt. Das Gefäß, durch das den Menschen das Evangelium gebracht wird, mag sich von anderen sehr unterscheiden, solange nur, bildlich gesprochen, immer das klare Evangelium aus den unterschiedlichen Gefäßen herausquillt. Doch auch hier gilt, dass kein Predigt- oder Persönlichkeitsstil die oben genannten Prinzipien verletzen darf.

Bei aller Betonung der biblischen Prinzipien wird deutlich, dass die Methoden und sogar die verschiedenen Stile die Gemeindestruktur bedeutend beeinflussen. Beachten wir dabei, dass die unterschiedlichen Methoden und die dadurch veränderbare Struktur durchaus angebracht sind, solange sie nicht gegen die biblischen Prinzipien verstoßen und sich zugleich in einer bestimmten Situation als fruchtbar erweisen.

Die Machtstruktur in der Gemeinde

Hier soll es uns darum gehen, einmal festzustellen, wo die entscheidende Instanz in der Gemeinde ihren Sitz hat.

Machtstrukturen in der Gemeinde im Laufe der Geschichte

Ursprünglich lag die entscheidende Instanz der Gemeinde in den Händen und Lehren der Apostel (Apg. 2,42; Eph. 2,19-20). Im Laufe der Zeit haben jedoch verschiedene Entwicklungen stattgefunden, die zu völlig unterschiedlichen Strukturen führten, was die Entscheidungsbefugnis in den verschiedenen Gemeinden betrifft. Wir werden nun einigen davon etwas nachgehen, nämlich der bürokratischen, der demokratischen und der theokratischen Machtstruktur.

Die Bürokratie

Bei der bürokratischen Machtstruktur liegt die Entscheidungsbefugnis bei einem Amt oder bei der Person, die das Amt bekleidet. Manche glauben hier an eine Befugnisübertragung von den Aposteln auf ihre Nachfolger. Die ersten Apostel wurden ja von Jesus Christus selbst in die Verantwortung gerufen (Mark. 3,14; Matth. 10,2-6). Auch Paulus stellt sich vor als ein Apostel *„nicht von Menschen, auch nicht durch einen Menschen, sondern durch Jesus Christus und Gott, den Vater, der ihn auferweckt hat von den Toten"* (Gal. 1,1). Diese Apostel waren keinem Menschen gegenüber verantwortlich, sondern direkt dem Herrn selbst: *„sondern weil Gott uns für wert geachtet hat, uns das Evangelium anzuvertrauen, darum reden wir, nicht, als wollten wir den Menschen gefallen, sondern Gott, der unsere Herzen prüft"* (1. Thess. 2,4). Petrus erinnert uns auch an einen solchen Auftrag, indem er schreibt: *„dass ihr gedenkt an die Worte, die zuvor gesagt sind von den heiligen Propheten, und an das Gebot des Herrn und Heilands, das verkündet ist durch eure Apostel"* (2. Petr. 3,2). Gleich am Anfang wollten sich manche auch zu diesen Aposteln zählen. Doch da hat der Herr die Gemeinde in Ephesus gelobt: *„du hast die geprüft, die sagen, sie seien Apostel, und sind's nicht, und hast sie als Lügner befunden"* (Offb. 2,2).

Die Apostel hatten die Aufgabe, der an Pfingsten neugeborenen Gemeinde eine Richtung zu geben nach der Lehre, die sie selbst von Christus erhalten hatten. Doch nachdem die ersten zwölf Apostel ihre Arbeit beendet hatten und in die Ewigkeit berufen wurden, spricht die Heilige Schrift nicht von ihren Nachfolgern.

Kapitel 7 – Gemeindestruktur

Einige Glaubensrichtungen sind ja der Überzeugung, dass sogar heute noch der Gemeinde solche Apostel gegeben werden, mit derselben apostolischen Befugnis. Die katholische Kirche glaubt, dass der heutige Papst dieselbe Befugnis habe wie einst der Apostel Petrus. In der anglikanischen Kirche glaubt man, dass die Befugnis ihrer Geistlichen direkt auf die Apostel zurückzuführen sei. In Matth. 18,15-20 werden wir aber eines anderen belehrt. Dort wird von einem irrenden Bruder gesprochen, der, nachdem er von einer einzelnen Person ohne Erfolg angesprochen wird, von zwei oder drei Brüdern ermahnt werden soll. Wenn das keine Einsicht bei ihm bewirkt, sagt Jesus, solle er auf die Gemeinde hören. *„Hört er auch auf die Gemeinde nicht, so sei er für dich wie ein Heide und Zöllner. Wahrlich, ich sage euch: Was ihr auf Erden binden werdet, soll auch im Himmel gebunden sein, und was ihr auf Erden lösen werdet, soll auch im Himmel gelöst sein"* (Matth. 18,17-18).

Hier haben nicht die Apostel oder einzelne Amtsdiener einer Ortsgemeinde das letzte Wort zu sagen. Dieses Vorrecht steht nur einer ganzen Gemeinde zu, und diese Gemeinde spricht laut V. 18 in voller apostolischer Vollmacht. Also stellen wir fest, dass die apostolische Befugnis nicht auf einzelne Beamte in der Gemeinde übertragen wird, sondern sie gilt der gesamten Gemeinde Jesu Christi.

Es gibt andere Glaubensrichtungen, die als Beispiel nehmen, wie Paulus einem Titus befahl, in den Gemeinden auf Kreta überall Älteste einzusetzen. Sie glauben, dass diesen Ältesten eine gewisse Vollmacht erteilt wurde (Tit. 1,5). Auf der Rückreise von ihrer ersten Missionsreise schufen Paulus und Barnabas in den Gemeinden Ordnung, indem sie *„in jeder Gemeinde Älteste"* einsetzten (Apg. 14,23). Solche Älteste fungierten nach Apg. 15,21-23 schon in der Jerusalemer Gemeinde. Wir lesen auch, dass Paulus den Ältesten der Gemeinde in Ephesus einen besonderen Auftrag erteilte: *„So habt nun Acht auf euch selbst und auf die ganze Herde, in der euch der heilige Geist eingesetzt hat zu Bischöfen, zu weiden die Gemeinde Gottes, die er durch sein eigenes Blut erworben hat"* (Apg. 20,28).

Diejenigen, die hier als Bischöfe bezeichnet werden, sind dieselben, die in V. 17 „Älteste" genannt werden. So werden auch die Ältesten von Titus 1,5 zwei Verse weiter „Bischöfe" genannt. Das Wort „Älteste" wurde aus der jüdischen Synagoge übernommen und bedeutet dasselbe wie das griechische Wort „Bischof", nämlich Aufseher. Obwohl es in den Gemeinden Älteste gab, wurde die Verantwortung bezüglich der Gemeindezucht immer wieder von der ganzen Gemeinde verlangt. Die Brüder insgesamt werden angesprochen, die Entscheidung darüber zu treffen, nicht die Ältesten allein (Röm. 16,17; 2. Thess. 3,6; 1. Kor. 5 und 2. Kor. 6,14-18).

Die ganze Gemeinde hat die Aufgabe zu handeln. Dabei muss man noch hinzufügen, dass das griechische Wort *diakonia* eigentlich nicht mit „Amt" übersetzt werden sollte, wie es besonders in der Lutherbibel geschieht, sondern es trägt viel eher die Bedeutung von „Dienst". In der Gemeinde sollte man weniger Amtsbewusstsein und mehr Dienstbewusstsein haben. Somit ist es schon etwas schwer, von der Bibel her zu behaupten, dass ein oder mehrere Beamte der Gemeinde die Entscheidungsinstanz bilden. Diese liegt vielmehr in der Gemeinde als ganze.

Die Demokratie

Nun könnte man leicht folgern, dass die Gemeinde, wenn sie keine Bürokratie ist, logischerweise eine Demokratie sein müsse. Dann herrscht das Volk, und die Meinung der Mehrheit bildet die entscheidende Instanz. In manchen Gemeinden bekommt man schon den Eindruck, dass Entscheidungen auf politische Art getroffen werden. Man wirbt um Stimmen und ist nicht zunächst einmal darum bemüht zu erfahren, wie es eigentlich vor Gott recht ist.

Manche wollen diese Methode auf eine etwas höhere Stufe stellen, indem sie sich „Bruderschaft" nennen. Der Name Bruderschaft ist zwar durchaus auf die Gemeinde anwendbar, weil es darin keine Rangordnung geben sollte. Ob reich oder arm, gebildet oder weniger gelehrt – in der Gemeinde stehen alle auf einer Stufe. Als Jesus geboren war, kamen die verachteten Hirten und die geehrten Weisen aus dem fernen Osten und beteten als gleichwertige Menschen Jesus in der Krippe an. In der Gemeinde darf ein Bruder, der allgemein geringer angesehen ist, sich seiner Erhöhung in Christus rühmen und einer, der angesehen ist, darf sich seiner Demut rühmen, denn vor Gott stehen sie auf einer Stufe (Jak. 1,9-10). Doch der Mensch kann, was ihn selbst angeht, leicht irren. Wenn die Entscheidungsinstanz einer Gemeinde darauf beruhte, könnte man der Gemeinde kein großes Vertrauen schenken. Wir brauchen also eine Alternative.

Die Theokratie

Theokratie bedeutet „Gottesherrschaft". Die Heilige Schrift lehrt uns eindeutig diese Art von Struktur.

<u>Leitung durch den Heiligen Geist</u>

Der Heilige Geist ist der Gemeinde für den Zweck der Leitung gegeben worden. Jesus sagt: *„Aber der Tröster, der heilige Geist, den mein Vater senden wird in meinem Namen, der wird euch alles lehren und euch an alles erinnern, was ich euch gesagt habe"* (Joh. 14,26). Etwas weiter heißt es: *„Wenn aber jener, der Geist der Wahrheit, kommen wird, wird er euch in alle Wahrheit leiten. Denn er wird nicht aus sich selber reden; sondern was er hören wird, das wird er reden, und was zukünftig ist, wird er euch verkündigen"* (Joh. 16,13). Paulus spricht von einzelnen Christen, wenn er sagt: *„Denn soviele durch den Geist Gottes geleitet werden, die sind Söhne Gottes"* (Röm. 8,14 – Elberfelder Übersetzung).

Was für den einzelnen Gläubigen gemeint ist, gilt sicher auch für die Gemeinde. Also muss bei den Entscheidungen in der Gemeinde ein starkes Geistesbewusstsein vorhanden sein. Wo das der Fall ist, wird sich niemand in der Gemeinde von anderen unterdrückt fühlen; denn es geht weder um die Meinung eines anderen, noch um die eigene Überzeugung, sondern nach 2. Kor. 4,17: *„Denn der Herr ist Geist. Wo aber der Geist des Herrn ist, da ist Freiheit."*

<u>Formen der Leitung durch den Heiligen Geist</u>

Das Hauptmittel des Heiligen Geistes für die Leitung der Gemeinde Jesu ist das Wort Gottes. Der einzelne Christ – ebenso die Gemeinde als Ganzes – sollte sagen: *„Dein Wort ist meines Fußes Leuchte und ein Licht auf meinem Wege"* (Ps. 119,105).

Auch für die Gemeinde ist das Wort des Herrn an Josua anwendbar: *„Und lass das Buch dieses Gesetzes nicht von deinem Munde kommen, sondern betrachte es Tag und Nacht, dass du hältst und tust in allen Dingen nach dem, was darin geschrieben steht. Dann wird es dir auf deinen Wegen gelingen, und du wirst es recht ausrichten"* (Jos. 1,8). Dies bedeutet, dass es bei Entscheidungen der Gemeinde weniger um eine Meinungsumfrage geht, als dass man von der Schrift her zu erkennen sucht, was die Gemeinde in dem gegebenen Fall am meisten fördern könnte und dem Herrn die größte Ehre einbringt. Bei allen Sitzungen der verschiedenen Gremien einer Gemeinde sollte man lieber mit einem Geistesbewusstsein Gottes Wort zu Rate ziehen und dann zu einem Entschluss kommen, bei dem sich alle darüber im klaren sind, dass nicht dieser oder jener oder eine bestimmte Gruppe ihre Meinung durchgesetzt hat, sondern dass der Weg des Herrn gesucht wurde. Wie man die Leitung des Herrn durch sein Wort bei den aufgeworfenen Fragen versteht, kann zwar mit Handaufheben angezeigt werden, um auszudrükken, ob man den Willen Gottes in diesem Fall so oder anders versteht. Aber alle, die sich an der Entscheidung beteiligen, sollten sich nicht, wie es oft geschieht, einfach mit menschlichen Meinungen abgeben, sondern stärker davon ausgehen, dass der Herr sein Volk führt. Eine an Gottes Art orientierte Gemeinde darf dann zuversichtlich die entsprechenden Entscheidungen treffen, weil sie ihr ja vom Herrn geschenkt worden sind.

Somit ist auch die höchste Entscheidungsinstanz nicht an ein Amt geknüpft. Sie gründet sich auch nicht auf die Mitgliedschaft selbst oder auf irgendeine Gruppe innerhalb der Gemeinde, sondern sie wird durch die Heilige Schrift zum Willen Gottes zurückgeführt und uns durch den Heiligen Geist deutlich gemacht.

Wenn die Gemeinden allgemein so vorgehen, wird man nur staunen, wie Gemeinden in Europa, in Amerika, in Asien, Afrika oder Australien zu gleichen Entscheidungen kommen können. Kulturelle oder soziale Unterschiede sind dann nicht in der Lage, die Ähnlichkeit einer Gemeinde in Japan mit einer Gemeinde in Deutschland zu verdecken. Nur auf diese Weise kann eine Gemeinde, deren Mitglieder aus unterschiedlichen Kulturkreisen oder Sozialschichten kommen, eine Einheit anstreben, nur so können die Reichen und die Armen, die Gelehrten und die Ungebildeten zu einem einheitlichen Resultat gelangen.

Diese Methode lässt sich allerdings nicht ohne ein bewusstes Hören auf die Stimme des Geistes durch das Wort Gottes verwirklichen. Nur wenn alle ihre eigenen Wünsche und Vorstellungen zur Seite legen und einmütig sagen: „Dies ist der Weg des Herrn!", kann die Gemeinde der Aufforderung von Paulus nachkommen: *„Und seid darauf bedacht, zu wahren die Einigkeit im Geist durch das Band des Friedens"* (Eph. 4,3).

Die Autoritätsfrage in der Gemeinde

Es gibt noch einen anderen Aspekt, dem wir nachgehen müssen, um die Autoritätsfrage in der Gemeinde besser verstehen zu können. Jede Autorität, ob politisch oder geistlich, ob in der Gemeinde, in der Familie oder in einem Unternehmen, wird Schwierigkeiten haben, sich auf Dauer zu behaupten, wenn sie nicht durch den Einfluss derjenigen unterstützt wird, welche die Autorität tragen oder anerkennen. Der Unterschied zwischen Autorität und Einfluss lässt sich etwa wie folgt darstellen:

Betrachten wir einmal
1. die formelle (sichtbare) Organisation
2. die informelle (unsichtbare) Organisation

Für beide wollen wir vier bestimmte Eigenschaften angeben:

Formelle Organisation:
• *Amt*
• *Posten*
• *Autorität*
• *Ehre*

Informelle Organisation:
• *Persönlichkeit*
• *Dienst*
• *Einfluss*
• *Achtung*

Den heutigen Menschen beschäftigt vor allem die formelle oder sichtbare Organisation. Das Amt ist sehr wichtig, und je höher das Amt, desto größer die Autorität dessen, der das Amt innehat. Dann deutet auch der Posten die Verantwortung an, die man in einer Organisation trägt. Mit Amt und Verantwortung ist Autorität verbunden, was vielen Menschen imponiert. In diesem System ist es aber so, dass die Autorität nie in der Person selbst liegt, sondern an den Posten oder das Amt gebunden ist. Verliert man das Amt, verliert man auch die Autorität. Nun bleibt als vierte Eigenschaft die Ehre. Die Autorität fordert, dass man von den Untergebenen geehrt wird, und je höher das Amt, desto mehr Ehre kann man erwarten.

Doch neben dieser sichtbaren Struktur gibt es eine informelle oder unsichtbare Organisation. Dabei geht es in erster Linie um die Persönlichkeit des Menschen und zweitens um den Dienst, den er tut. Oft wird ein Mensch erst durch den Dienst, den er leistet, zu einer großen Persönlichkeit. Es entwickeln sich Treue, Tüchtigkeit und Verständnis für die Untergebenen. Ein solcher Mensch hat Einfluss auf die anderen – Einfluss, der nicht an ein Amt gebunden ist, sondern von ihm selbst ausgeht. Wer Einfluss hat, gewinnt auch die Achtung derer, die um ihn sind.

Um die Bedeutung dieser zwei Bilder noch besser zu erkennen, sollten wir hören, was Jesus dazu sagt. Wir lesen in Matth. 20,25-28: *„Aber Jesus rief sie zu sich und sprach: Ihr wisst, dass die Herrscher ihre Völker niederhalten und die Mächtigen ihnen Gewalt antun. So soll es nicht sein unter euch; sondern wer unter euch groß sein will, der sei euer Diener; und wer unter euch der Erste sein will, der sei euer Knecht, so wie der Menschensohn nicht gekommen ist, dass er sich dienen lasse, sondern dass er diene und gebe sein Leben zu einer Erlösung für viele."*

Die Welt betont das Sichtbare, Jesus Christus aber das Unsichtbare. Vergleichen wir beides, erkennen wir schnell, wie schwer es ist, wenn sich das Sichtbare ohne das Unsichtbare behaupten will.

Das Sichtbare geht oft mit Gewalt einher. Schlachter übersetzt die Worte Jesu in Matth. 20,25 so: *„Ihr wisset, dass die Fürsten der Völker sie unterjochen und dass die Großen sie vergewaltigen."*

Hier wird den Untergebenen die Freiheit genommen und sie werden gegen ihren Willen zum Gehorsam gezwungen. Autorität ohne Einfluss führt zu einer Art Vergewaltigung. Besonders kritisch ist dies, wenn eine schwache Persönlichkeit ein großes Amt bekleidet. Der Betreffende ist dann seiner Aufgabe nicht gewachsen, wirkt unsicher und weiß das auch. In einem solchen Fall wird er seine Autorität immer wieder auf die Probe stellen und sich freuen, wenn er sich trotz seiner Unfähigkeit durchsetzen kann.

Wir haben bereits gesagt, dass die Autorität an das Amt gebunden ist und nicht an die Person. Das habe ich selbst einmal erlebt, als ich in Kanada die Polizei bei ihrem Dienst auf der Autobahn beobachtete. Da stand ein gutaussehender Polizist in seiner Uniform mit gelben Streifen und blanken Knöpfen am Straßenrand und breitete seine Arme aus – und jedes Auto hielt an. Ich wollte das auch einmal versuchen – ich bin mindestens so groß wie der Polizist – aber kein Auto hielt an. Sie sausten alle vorbei! Einige Tage später sah ich einen bekannten Polizisten am Straßenrand stehen, diesmal ohne Uniform. Er hob auch die Hand, aber kein Auto hielt an. Da merkte ich, dass die Autorität in der Uniform steckte, nicht in dem Mann selbst.

Aber auch Autorität hat ihre Grenzen. Sie wirkt nur so lange, wie die Untergebenen wissen, dass der Autoritätsträger genügend Macht hat, sie zum Gehorsam zu zwingen. Wo dies nicht der Fall sein sollte, z.B. wenn in einer Familie die Kinder inzwischen herangewachsen sind, dann kommt mit einem Mal der Augenblick, wo die Autorität zu Ende ist. Es ist schon vorgekommen, dass in Familien, in denen die Eltern sich autoritär verhalten, der Sohn oder die Tochter eines Tages den Eltern erklärte, ihre Autorität sei nun zu Ende. Und die Eltern saßen hilflos da.

Autorität will immer geehrt sein. Die Weltgeschichte ist voller Beispiele, wo ein Volk einen Herrscher ehren musste, den es in tiefstem Grunde verachtete.

Ganz anders ist es mit der informellen oder unsichtbaren Organisation: Eine Persönlichkeit wird von den Mitmenschen ganz selbstverständlich anerkannt. Kein Mensch kann die Größe seiner Persönlichkeit selbst bestimmen. Von ihm sagen andere: „Er ist eine Persönlichkeit." Daher ist es durchaus möglich, dass eine starke Persönlichkeit anderen dienstbar wird, wie wir es eben in Matth. 20,25-28 gelesen haben. Paulus schreibt dazu in 1. Kor. 9,19: *„Denn obwohl ich frei bin von jedermann, habe ich doch mich selbst jedermann zum Knecht gemacht, damit ich möglichst viele gewinne."*

Eine große Persönlichkeit hat also auch mit Dienstbereitschaft zu tun. Der wahre Lohn für solch eine Dienstbereitschaft ist nun nicht das Geld, sondern der Einfluss. Einem Menschen, der seine Selbstlosigkeit durch seinen Dienst am anderen beweist, folgt man zunehmend gern. Er braucht weder Amt noch Posten, um andere anzuziehen. Deren Nachfolge geschieht außerdem freiwillig, ohne jeden Zwang.

Wer ein Amt bekleidet, muss Autorität fordern und erwartet, dass ihm die Menschen Ehre entgegenbringen. Aber „Einfluss haben" kann man nicht fordern; man muss sich diese Stellung verdienen, wem es aber gelingt, kraft der eigenen Persönlichkeit zu gewinnen, der erntet auch bald Achtung.

Wo Einfluss fehlt und wo er vorhanden ist, sehen wir an den beiden folgenden Beispielen der Väter Abraham und Lot in 1. Mose 18 und 19.

Lot saß in Sodom am Stadttor. Das deutet darauf hin, dass er im Stadtrat oder vielleicht sogar der Bürgermeister war. Bestimmt hatte er ein Amt inne und somit auch Autorität. Doch als das Gericht Gottes über Sodom und Gomorra hereinbrechen sollte, trug Gott ihm auf, seine Familie aus der Stadt zu führen, damit sie nicht in Gottes Gericht untergingen. Wir lesen: *„Da ging Lot hinaus und redete mit den Männern, die seine Töchter heiraten sollten: Macht euch auf und geht aus diesem Ort, denn der Herr wird diese Stadt verderben. Aber es war ihnen lächerlich"* (1. Mose 19,14).

Wieviel Amtsautorität er gehabt hat, wissen wir nicht, aber er hatte jedenfalls keinen Einfluss in seiner Familie. Sie gehorchten ihm nicht und lachten ihn aus. Er war sicher klug, tüchtig und angesehen, doch wir lesen nichts davon, dass er als Vater seinen Kindern etwas von Gott gesagt hätte. Nun aber, in der Stunde der Not, wollte er, dass ihm alle gehorchten. Da musste er mitansehen, dass er keinen Einfluss hatte und keiner ihm folgte.

Von Abraham jedoch wissen wir, dass Gott ihn laut 1. Mose 18,19 dazu auserkoren hat, dass er seinen Kindern befehle und seinem Hause nach ihm, dass sie des Herrn Wege halten und tun, was recht und gut ist, auf dass der Herr auf Abraham kommen lasse, was er ihm verheißen hat.

Diese Botschaft haben seine Kinder von klein auf von ihm gehört. Er hat vor ihnen gottwohlgefällig gelebt, und deshalb hatte er auch Einfluss auf seine Kinder. Dieser Einfluss reichte noch weit über seinen Tod hinaus und wirkt sogar bis heute. In der Bibel hat Gott sich Israel immer wieder als „der Gott eures Vaters Abraham, Isaak und Jakob" vorgestellt; denn Gott wusste: Wenn er sich als der Gott ihrer Väter vorstellte, dann würden die Nachkommen dieser Gottesmänner ihm eher das Ohr leihen, um seine Worte zu hören. Auch heute braucht man nicht mit vielen Nachkommen Abrahams zu reden, um nach kurzer Zeit festzustellen, dass der Einfluss ihres Vorfahren Abraham immer noch da ist.

Wenn wir nun diese Ausführungen auf die Gemeinde anwenden wollen, brauchen wir nur zu fragen, wie weit man in der Gemeinde mit Autorität ohne Einfluss kommt. Viele bedauern einen Autoritätsverlust und erkennen nicht, dass sie eigentlich gar keinen Einfluss haben. Da sollte sich jeder Mitarbeiter am Reich Gottes fragen, ob er in seinem Vorgehen vielleicht autoritär ist. Dann kann er darauf schließen, warum es ihm an Einfluss mangelt. Die Autorität in einer Gemeinde liegt, wie wir bei der Machtstruktur gesehen haben, in Gott selbst und wird uns durch sein Wort bezeugt. Aber die Menschen gehen an dieser Autorität Gottes vorbei, wenn sie nicht einem Menschen begegnen, der sie im Einklang mit seinem Einfluss auf die Autorität Gottes hinweist, nämlich dass sich der Mensch vor Gott verantworten muss. Dieser Versuch, anderen die Autorität Gottes nahezulegen, scheitert, wenn es durch einen Menschen geschieht, der keinen Einfluss auf andere hat. Gott will seine Autorität durch einflussreiche Persönlichkeiten auf die Menschen übertragen. Doch ist nun deutlich geworden, dass Einfluss erst verdient werden muss, und dazu sind wir weniger bereit. Das Wort des Herrn gilt hier: *"Wer nun sich selbst erniedrigt und wird wie dies Kind, der ist der Größte im Himmelreich"* (Matth. 18,4). Dazu: *"Denn wer sich selbst erhöht, der wird erniedrigt; und wer sich selbst erniedrigt, der wird erhöht"* (Matth. 23,12).

Diese Beobachtung werden wir immer wieder in der Gemeinde machen können, dass solche Personen, die den Geist eines Dieners zeigen, überall erwünscht sind. Sie werden gerne berufen, und man folgt ihnen nach. Wer wiederum nach einem Amt strebt, um Autorität ausüben zu können, wird immer weniger brauchbar und steht schließlich oft alleine da. Für uns sollte nicht die Frage: „Wie erhalte ich mehr Autorität?", sondern: „Wie werde ich zu einer starken Persönlichkeit, die Einfluss ausüben kann?" wichtig sein. Dabei gilt: Wer sich Jesus völlig hingibt, wird von ihm zu einer großen Persönlichkeit gemacht. Ja, je mehr eine Ähnlichkeit mit Christus in unserem Leben sichtbar wird, desto näher kommen wir dem Ziel, heilsamen Einfluss ausüben zu können. Dies ist eine Herausforderung für jeden, der ein Amt in der Gemeinde bekleidet. Die Frage nach Macht muss gegen die Frage: „Wie kann von mir heilsamer Einfluss ausgehen?" ausgetauscht werden.

Es gibt keinen anderen Weg als den, den Jesus ging und von dem wir lesen: *"Er entäußerte sich selbst und nahm Knechtsgestalt an, ward den Menschen gleich und der Erscheinung nach als Mensch erkannt"* (Phil. 2,7).

Was machte den Apostel Paulus so einflussreich? Wir haben es ja gelesen: *"Denn obwohl ich frei bin von jedermann, habe ich doch mich selbst jedermann zum Knecht gemacht, damit ich möglichst viele gewinne"* (1. Kor. 9,19).

In der Gemeinde ist kein Raum für Leute, die herrschen wollen. Aber in jeder Gemeinde ist Raum für einen, der dienen möchte. Darin besteht die Lösung für den, der sich von der Gemeinde etwas zurückgesetzt fühlt. Fange an zu dienen! Hier endet der Kampf eines Menschen, der ein Amt in der Gemeinde bekleidet und es krampfhaft festhalten will, weil er befürchtet, er könnte es verlieren. Fange an zu dienen! Wer dienstbereit ist, hat bald Einfluss, und ihm stehen beide, die Gemeinde und die Welt, offen.

Kapitel 8
Die Gemeindeleitung

Biblische Grundlagen für die Gemeindeleitung
Manche Christen sind der Meinung, dass die Glieder in der Gemeinde eine Bruderschaft bilden, in der alle gleichwertig sind und keiner über den anderen gesetzt ist. Bezüglich des Heils ist dies auch richtig. Wir sind alle aus Gott geboren, und wenn Gott selbst die Wiedergeburt bewirkt, so macht er damit keinen besser als den anderen. Durch die Arbeitsteilung entstehen dann Unterschiede und der Auftrag des einen kann ganz anders sein als der Auftrag des anderen. Hier bestimmt Gott beispielsweise, dass der Ältere dem Jüngeren dienstbar werden soll (Röm. 9,12).

Bei der Besprechung der Gnadengaben in Kapitel 5 und der Gemeindestruktur im vorhergehenden Kapitel haben wir festgestellt, dass selbst in einer Gemeinde dienstlich einer dem anderen übergeordnet ist. Einer hat höhere Aufgaben als der andere, und die Aufgaben des einen beeinflussen das Leben des anderen. Paulus spricht eindeutig von der Gemeindeleitung, wenn er sagt: *„Und er hat einige als Apostel eingesetzt, einige als Propheten, einige als Evangelisten, einige als Hirten und Lehrer, damit die Heiligen zugerüstet werden zum Werk des Dienstes. Dadurch soll der Leib Christi erbaut werden"* (Eph. 4,11-12). Hierbei ist selbstverständlich einer dem anderen unterstellt. Außerdem wird uns deutlich, dass einige die besondere Aufgabe haben, andere für ihren Dienst zuzurüsten. Gott selbst setzt verschiedene Gläubige für bestimmte Dienste ein: *„Und Gott hat in der Gemeinde eingesetzt erstens Apostel, zweitens Propheten, drittens Lehrer, dann Wundertäter, dann Gaben, gesund zu machen, zu helfen, zu leiten und mancherlei Zungenrede"* (1. Kor. 12,28).

Eine Gemeindeleitung ergibt sich nicht einfach aus der Notwendigkeit heraus, sondern sie ist Gottes Plan für die Gemeinde. Erinnern wir uns daran, dass Paulus und Barnabas bei ihrer Heimkehr von der ersten Missionsreise *"in jeder Gemeinde Älteste einsetzten"* (Apg. 14,23), und Paulus ließ Titus in Kreta zurück, damit er *"vollends ausrichten sollte, was noch fehlt, und überall in den Städten Älteste einsetzen, wie ich dir befohlen habe"* (Tit. 1,5).

Diejenigen, welche für eine besondere leitende Verantwortung von Gott berufen sind, sollen auch von den übrigen Gliedern der Gemeinde entsprechend geachtet werden: *"Die Ältesten, die der Gemeinde gut vorstehen, die halte man zwiefacher Ehre wert, besonders, die sich mühen im Wort und in der Lehre"* (1. Tim. 5,17).

Im Hebräerbrief werden die Gemeindeglieder mit folgenden Worten ermahnt: *"Gehorcht euren Lehrern und folgt ihnen, denn sie wachen über eure Seelen – und dafür müssen sie Rechenschaft geben – damit sie das mit Freuden tun und nicht mit Seufzen; denn das wäre nicht gut für euch"* (Hebr. 13,17).

Es ist immer bedauernswert, wenn ein Verantwortlicher in der Gemeinde die ihm gebührende Ehre von den Gliedern fordern will. Andererseits ist die Meinung ebenso verkehrt, dass niemand dem anderen in der Gemeinde untergeordnet sei. Manche wollen lieber, dass der Heilige Geist die Leitung der Gemeinde übernimmt. Nun, das tut der Heilige Geist auch – aber durch die von Gott erwählten irdenen Gefäße.

Es ist überaus wichtig, dass der erhöhte Christus die Botschaft der Sendschreiben an die Gemeinden (siehe Offenbarung 2 und 3) in jedem Fall durch die Engel der Gemeinden leitet und diese gewissermaßen für das, was in der Gemeinde vorgeht, verantwortlich macht. Also ist die Gemeindeleitung nach der Heiligen Schrift eine göttliche Vorkehrung zum Wohl der Gemeinde Jesu.

Gemeindeleitung oder Gemeindeleiter?

Über dieses Thema ist schon viel diskutiert worden. Besteht die Gemeindeleitung aus mehreren Personen oder soll eine Person die Hauptverantwortung tragen? Man kann dann leicht von einem Extrem ins andere fallen. Mose meinte einmal, dass er als Leitender alles selbst erledigen müsste, bis ihm sein Schwiegervater sagte: *"Sieh dich aber unter dem ganzen Volk um nach redlichen Leuten, die Gott fürchten, wahrhaftig sind und dem ungerechten Gewinn feind. Die setze über sie als Oberste über tausend, über hundert, über fünfzig und über zehn"* (2. Mose 18,21). Mose musste lernen, sich nach Mitarbeitern umzusehen und ihnen gewisse Verantwortungsbereiche zu übertragen, damit niemand im Volk vernachlässigt würde.

Es ist auffällig, dass im Neuen Testament gewöhnlich die Mehrzahl gebraucht wird, wenn wir von Ältesten der Gemeinden lesen (Apg. 14,23; 15,22-23; 20,17; 21,8; 1. Tim. 4,14; 5,17; Tit. 1,5; 1. Petr. 5,1; Jak. 5,1.14). Nur dann, wenn Paulus von einer Klage gegen einen Ältesten spricht, verwendet er dieses Wort in der Einzahl; in 2. Joh. 1 wie auch in 3. Joh. 1 wird es in der Einzahl gebraucht, weil es dort um persönliche Beziehungen geht. Ansonsten steht das Wort „Älteste" in der Mehrzahl. Also scheint ein Leiter allein für eine Gemeinde nicht zu genügen. Das gibt uns Anlass, stärker das Bild einer Leitung ins Blickfeld zu rücken. Andererseits fällt jedoch auf, dass Jesus in den Sendschreiben das Wort Engel, den wir wie gesagt als Bote verstehen dürfen, in der Einzahl verwendet – und das in allen sieben Sendschreiben an die sieben Gemeinden. So haben wir in der Bibel beides, das Bild einer Leitung wie das Bild eines Leiters.

Das bedeutet nun nicht, dass sich die beiden widersprechen müssen. Man kann beide Bilder kombinieren, indem eine Leitung mit einem Leiter identifiziert wird. Somit hat die Gemeinde zwar eine Person, welche die Hauptverantwortung trägt. Doch der Leiter tut dies nicht allein, er ist nur der Leiter der Leitung. Ein Persönlichkeitskult ist in der Bibel nicht zu finden. Denn ganz von sich aus sieht sich ein Leiter als ein Bruder unter Brüdern, die mit ihm die Verantwortung teilen, und gemeinsam dienen alle in der Leitung zum Besten der Gemeinde.

Methoden der Gemeindeleitung

Über die rechte Leitung können wir viel aus Joh. 10 lernen, wo Jesus uns den guten Hirten der Schafe beschreibt. Die Methoden für eine Gemeindeleitung ergeben sich aus dem Verhältnis zwischen dem guten Hirten und seinen Schafen.

Ein persönliches Verhältnis

Die Gemeindeleitung soll in einem persönlichen Verhältnis zu jedem Glied stehen und nicht nur pauschal für das Wohl der ganzen Herde sorgen. Der gute Hirte *„ruft seine Schafe mit Namen und führt sie hinaus"* (Joh. 10,3).

In dem Moment, wo jemand in der Gemeinde übersehen wird

(Apg. 6,1), muss die Gemeindeleitung dafür sorgen, dass diese Vernachlässigung aufhört (Apg. 6,2-4). Wenn die Gemeindeleitung hierin gleichgültig ist, wird zunehmend ein Murren zu hören sein. Leider glauben zu viele, welche Verantwortung für eine Gemeinde tragen, von der Gesamtarbeit so eingenommen zu sein, dass sie für den Einzelnen keine Zeit mehr haben.

Die Gemeindeleitung sollte sich auch bemühen, so schnell wie möglich die einzelnen Glieder und darüber hinaus fremde Gottesdienstbesucher beim Namen zu nennen. In größeren Gemeinden kann das ein Leiter allein nie schaffen. Die Gemeinde sollte spätestens dann mehrere Personen in der Leitung haben. In unserer technikgeprägten Kultur erfahren so manche, dass man sie öfter als Nummer anstatt als Persönlichkeit behandelt. Daher nimmt die Einsamkeit in unseren Tagen nicht ab, sondern stark zu. Wohin sollen diese Menschen gehen, um zu erfahren, dass sie als Person angesehen werden, die man immerhin so sehr achtet, dass man wenigstens ihren Namen behalten kann und ihre Situation etwas kennengelernt hat? Hier tritt das Wort des Apostels Paulus in den Vordergrund: *„Freut euch mit den Fröhlichen und weint mit den Weinenden"* (Röm. 12,15).

Wohin sollen Alleinstehende mit ihrem Kummer gehen und bei wem dürfen sie sich einmal ausweinen? Am Grab von Lazarus zum Beispiel gingen Jesus die Augen über (Joh. 11,35). *„Denn wir haben nicht einen Hohenpriester, der nicht könnte mit leiden mit unserer Schwachheit"* (Hebr. 4,15).

Die Welt mag einen Enttäuschten, Verwundeten oder Einsamen links liegen lassen, doch jemand aus der Gemeinde sollte mit dem Weinenden weinen, und die Leitung darf hier nicht außen vor bleiben. Die Gemeindeleitung, die den Gliedern in ihrem Kummer nahesteht, wird bald eine Gemeinde hinter sich haben, die bereit ist, ihr zu folgen. In der Gemeinde darf der Einzelne nicht in der Masse untergehen. Die Gemeindeleitung trägt die Verantwortung dafür, dass er gesehen und beachtet wird. Sie soll ihn bei seinem Namen nennen. Dafür kann auch keine Maschine eingesetzt werden: hier gebraucht Jesus den Leib seiner Diener, um dem einzelnen Glied nahezukommen.

Das Wohl der Gemeindeglieder

Die Gemeindeleitung wacht über die Seele eines jeden Gliedes der Gemeinde mit größter Selbstaufopferung. *„Ich bin der gute Hirte.*

Der gute Hirte lässt sein Leben für die Schafe. Der Mietling aber, der nicht Hirte ist, dem die Schafe nicht gehören, sieht den Wolf kommen und verlässt die Schafe und flieht – und der Wolf stürzt sich auf die Schafe und zerstreut sie" (Joh. 10,12).

Hier wird das Wohl der Schafe über das des Hirten gestellt. Die gleiche Einstellung der Selbstaufopferung ist auch bei der Gemeindeleitung erforderlich. Sie ist nicht dazu da, ihren Willen durchzusetzen oder etwas von der Gemeinde zu erpressen. Von außen betrachtet erscheint diese Arbeit so einfach, wobei sie außerdem Popularität einbringt. Diese und alle anderen selbstsüchtigen Motive müssen jedoch ausgeschaltet werden, um das Wohl der Gemeinde wirklich fördern zu können. Man muss zwar zugeben, dass sich im Laufe der Kirchengeschichte immer wieder Personen als Mietlinge offenbart haben, für diese gilt aber das Wort des Herrn:

„Darum hört, ihr Hirten, des Herrn Wort! So wahr ich lebe, spricht Gott der Herr: Weil meine Schafe zum Raub geworden sind und meine Herde zum Fraß für alle wilden Tiere, weil sie keinen Hirten hatten und meine Hirten nach meiner Herde nicht fragten, sondern die Hirten sich selbst weideten, aber meine Schafe nicht weideten, darum, ihr Hirten, hört des Herrn Wort! So spricht Gott der Herr: Siehe, ich will an die Hirten und will meine Herde von ihren Händen fordern; ich will ein Ende damit machen, dass sie Hirten sind, und sie sollen sich nicht mehr selbst weiden. Ich will meine Schafe erretten aus ihrem Rachen, dass sie sie nicht mehr fressen sollen" (Hes. 34,7-9). Die Gemeindeleitung darf sich selbst nie derart in den Vordergrund stellen oder behaupten wollen. Es geht weder um die Bereicherung noch um die Ehre des Hirten, sondern immer um das Wohl der Schafe um jeden Preis.

Bedürfnisse erkennen

Die Gemeindeleitung soll die Bedürfnisse der Glieder erkennen und stillen. Die Bedürfnisse einer Herde sind dreifacher Art: Schafe brauchen Wasser, Weide und Schutz oder, auf die Gemeinde übertragen, Erquickung, Nahrung und Geborgenheit (Ps. 23,1-6 und Joh. 10,1-16).

Leitung ohne Druck

Die Gemeindeleitung soll immer nur leiten und nie antreiben. Denn die Gemeinde soll nicht unter Druck gesetzt werden, sondern vielmehr durch das Wort und die Gelegenheit zum Dienst, die sie immer wieder hat, herausgefordert werden.

Dazu gibt uns die Bibel ein wunderbares Beispiel. Esau sprach seinen Bruder Jakob nach der Versöhnung folgendermaßen an: *„Lass uns aufbrechen und fortziehen; ich will mit dir ziehen."* Jakob antwortet ihm darauf: *„Mein Herr weiß, dass ich zarte Kinder bei mir habe, dazu säugende Schafe und Kühe, wenn sie auch nur einen Tag übertrieben würden, würde mir die ganze Herde sterben. Mein Herr ziehe vor seinem Knechte her. Ich will gemächlich hinten nach treiben, wie das Vieh und die Kinder gehen können, bis ich komme zu meinem Herrn nach Seir"* (1. Mose 33,12-14).[2]

Der Fortschritt einer Gemeinde darf nicht an dem Streben eines ungeduldigen Leiters gemessen werden, sondern vielmehr daran, was die Gemeinde in dem Moment tragen und ertragen kann. In jeder Gemeinde gibt es die Starken und Eifrigen, zugleich aber auch die Schwachen und die Kinder. Dazu braucht ein Hirte viel Geduld.

Diese wollte bei Mose einmal nicht ausreichen, als das Volk Israel in der Wüste immer wieder murrte. Das erste Mal, als das durstige Volk nach Wasser schrie, schlug Mose im Auftrag des Herrn an einen Felsen. Doch als Israel zum zweiten Mal in Wassernot geriet und Mose deswegen beschimpfte, sagte der Herr zu ihm, er solle mit dem Felsen sprechen; doch was lesen wir?

„Da nahm Mose den Stab, der vor dem Herrn lag, wie er ihm geboten hatte. Und Mose und Aaron versammelten die Gemeinde vor dem Felsen, und er sprach zu ihnen: Höret, ihr Ungehorsamen, werden wir euch wohl Wasser hervorbringen können aus diesem Felsen? Und Mose erhob seine Hand und schlug den Felsen mit dem Stab zweimal. Da kam viel Wasser heraus, so dass die Gemeinde trinken konnte und ihr Vieh. Der Herr aber sprach zu Mose und Aaron: Weil ihr nicht an mich geglaubt habt und mich nicht geheiligt habt vor den Israeliten, darum sollt ihr diese Gemeinde nicht ins Land bringen, das ich ihnen geben werde" (4. Mose 20,9-12).

Mose hatte einfach seine Geduld mit dem Volk verloren, und weil er darin nicht gehorcht hatte, durfte er Israel nicht siegreich in das verheißene Land führen. Sünden, kleine wie große, haben Folgen. Ähnlich wie Mose wird es jedem Gemeindeleiter gehen, wenn er es nicht lernt, Geduld mit der Gemeinde zu üben.

---

2   In der englischen King-James-Übersetzung heißt es statt „ich will gemächlich hinten nach treiben" in V. 14: „I will lead on softly", was auf Deutsch bedeutet: „Ich will sie sanft weiterleiten."

Eine Gemeinde darf man nie antreiben. Sonst wird der Hirte zu einem Hund, der hinterher läuft und mit Gewalt versucht, die Gemeinde vorwärts zu bewegen. Ein Gemeindeleiter muss immer ein Hirte bleiben, der vorangeht und durch gute Nahrung und klare Wegweisung, die er der Gemeinde bietet, die Schafe mit sich zieht.

Die notwendige Planung

Manche verwerfen jedes organisatorische Vorgehen in einer Gemeinde und auch jede Planung für die Zukunft. Doch Jesus selbst hat das Planen in den Gleichnissen, die er erzählt hat, stark befürwortet. Er spricht zuerst von der völligen Hingabe als eine Vorbedingung für die Nachfolge Jesu und unterstreicht dann die Notwendigkeit, dass man diese Entscheidung vorher gut durchdenkt, indem er sagt: *„Und wer nicht sein Kreuz trägt und mir nachfolgt, der kann nicht mein Jünger sein. Denn wer ist unter euch, der einen Turm bauen will und setzt sich nicht zuvor hin und überschlägt die Kosten, ob er genug habe, um es auszuführen? damit nicht, wenn er den Grund gelegt hat und kann's nicht ausführen, alle, die es sehen, anfangen, über ihn zu spotten, und sagen: Dieser Mensch hat angefangen zu bauen und kann's nicht ausführen. Oder welcher König will sich auf einen Krieg einlassen gegen einen andern König und setzt sich nicht zuvor hin und hält Rat, ob er mit Zehntausend dem begegnen kann, der über ihn kommt mit Zwanzigtausend? Wenn nicht, so schickt er eine Gesandtschaft, solange jener noch fern ist, und bittet um Frieden. So auch jeder unter euch, der sich nicht lossagt von allem, was er hat, der kann nicht mein Jünger sein"* (Luk. 14,27-33). Die vorausgehende Überlegung kommt hier stark zum Tragen, obwohl wir bei aller Planung hinzufügen sollten: *„wenn der Herr will und wir leben"* (Jak. 4,15).

Natürlich soll es dem Herrn dabei freistehen, zu jeder Zeit den von uns gefassten Plan so zu ändern, dass er ganz mit seinem Willen übereinstimmt. Hier folgt ein Vorschlag, eine solche Planung in Stufen durchzuführen.

Erkennen des Zwecks der Gemeinde

Den Zweck der Gemeinde selbst haben wir bereits näher beleuchtet. Hier soll lediglich unterstrichen werden, dass dieser Daseinszweck von den Gemeindegliedern klar verstanden wird, und zwar nicht nur als ein Ideal, das in irgendeinem Buch steht, sondern als etwas, das in und durch die Gemeinde verwirklicht werden soll; nämlich den Herrn zu verherrlichen, das Wachstum der Gläubigen zu fördern und die Verlorenen für Christus zu gewinnen. Dieser dreifache Sinn und Zweck der Gemeinde Jesu muss den Gemeindegliedern immer wieder vor Augen geführt werden, so dass alle Christen ihn in ihrem Bewusstsein tragen und auch praktisch verwirklichen.

Der dreifache Zweck stellt klar heraus, dass die Gemeinde nicht zum Selbstzweck da ist, sondern dass hier Selbstaufopferung gefragt ist. Dieser Zweck muss notwendigerweise für die ganze Gemeinde Jesu Christi derselbe sein. Darin verbindet er all die einzelnen Gemeinden. Ob es eine Stadtgemeinde oder eine Landgemeinde ist, ob es eine Gemeinde im freien Westen betrifft oder ob sie unter einer Diktatur ihre Arbeit zu tun hat, ob die Gemeinde im Wohlstand oder in Armut lebt – alle haben denselben Sinn und Zweck.

Ohne daraufhin ein klares Ziel ins Auge zu fassen, kann man eigentlich nicht anfangen zu planen, weil man gar nicht weiß, wozu es dienen soll. Doch wenn der Leitung der Daseinszweck der Gemeinde klar und das Hauptziel der Gemeinde ein wesentliches Anliegen ist, dann ergibt sich beides: Richtung und Motivation im Herzen der Glieder.

Ein klares Ziel
Ein Ziel ergibt sich aus dem Zweck und verbindet den Zweck mit der Wirklichkeit, in der sich die Gemeinde befindet. Keine Gemeinde kann alles tun, was es zu tun gibt, um dieses Ziel zu erreichen. Die Möglichkeiten der einen Gemeinde sind anders als die Möglichkeiten einer anderen. Deshalb soll sich aus dem übergeordneten Ziel dann der besondere Auftrag einer bestimmten Gemeinde ergeben, der in ihrer Situation zur Erfüllung ihres Zieles führt. Während der Zweck des Daseins für alle Gemeinden derselbe ist, kann sich doch das Ziel der einen Gemeinde von dem einer anderen etwas unterscheiden.

Dieses Ziel muss von der Gemeindeleitung zuerst klar erkannt werden. Nun soll sie es der Gemeinde so darstellen, dass alle Glieder es verstehen und akzeptieren. Erst dann hat man eine Grundlage, um die Glieder positiv herauszufordern, sich für eine solche Sache einzusetzen. Der oberste Zweck gilt für alle Gemeinden und bezieht sich auf die ganze Welt. Aber das eigene Ziel führt dazu, dass die Gemeinde ihre persönliche Verantwortung erkennt. Weshalb hat sie der Herr dort hingestellt, wo sie gerade ist?

Unterziele der Gemeinde
Hierbei werden die allgemeinen Ziele so gegliedert, dass man ein einzelnes Ziel stufenweise anstreben kann. Die Gemeinde sollte sich fragen, zu wievielen Menschen, die in ihrer Umgebung wohnen, Kontakte geknüpft und Freundschaften geschlossen werden können oder ob man vielleicht in den kommenden zwei Jahren in einem Nachbarort eine Zweiggemeinde[3] anfangen kann. Als drittes Ziel käme in Betracht, einen bestimmten Beitrag für die Außenmission zu leisten. Außerdem könnte sich die Gemeinde überlegen, was sie zum Aufbau der Jugendarbeit tun soll usw.

Hierzu bringt man das allgemeine Ziel in den Rahmen der Möglichkeiten und setzt auch fest, bis zu welchem Termin die Gemeinde versuchen will, dieses Ziel zu erreichen. Die Unterziele sollten so gesteckt werden, dass die Gemeindeglieder die jeweiligen Fortschritte klar erkennen können. Bleiben wir nämlich beim Daseinszweck oder beim allgemeinen Ziel der Gemeinde stehen, kann man eigentlich gar keinen Fortschritt erkennen oder sich darüber freuen. Das Gemeindeleben ist dann gleichförmig und so allgemein, dass es nicht direkt greifbar ist. Doch die Unterziele geben der Gemeinde neuen Mut, weil man sehen kann, dass es vorwärts geht.

Beim Festlegen solcher Unterziele muss man die verschiedenen Möglichkeiten innerhalb wie auch im Umfeld der Gemeinde in Betracht ziehen. Das Unterziel soll einen starken Glauben an Gott erkennen lassen, der seinen Segen zu dem Bemühen geben wird. Es soll aber auch ein Vertrauen der Leitung den Gliedern gegenüber offenbaren und zugleich realistisch sein. Hier sollten wir nicht Realismus ohne Glauben pflegen, der gewöhnlich zum Stillstand führt. Wir wollen auch nicht Glauben ohne Realismus haben, der ins Leere zielt. Sondern voller Glauben wollen wir die Mittel und Möglichkeiten, die der Gemeinde zur Verfügung stehen, erkennen und sie mit großer Zuversicht einsetzen, um das gesteckte Ziel zu erreichen. Selbstverständlich werden sich die Unterziele der einen Gemeinde von denen anderer Gemeinden unterscheiden, da ihre Möglichkeiten jeweils verschieden sind. Die Gemeindeleitung hat entsprechend die Aufgabe, die Unterzie-

---
3 Dabei kann man es sogar wagen, mehr als eine Zweigstelle anzufangen.

le den Gemeindegliedern zu verdeutlichen, zweitens sie davon zu überzeugen, dass man diese Ziele zusammen erreichen kann, und schließlich alle zu motivieren, sich dafür ganz einzusetzen.

Mittel und Möglichkeiten der Gemeinde zum Erreichen der Unterziele
Hier geht es nicht nur um die finanziellen Mittel einer Gemeinde, die nebenbei auch erwogen werden müssen. Es geht um viel mehr!

Die Gemeindeleitung sollte zum einen herausfinden, welche Talente in der Gemeinde schlummern und für den Dienst geweckt werden können. Mit was für einer Mannschaft kann man bei der Verfolgung der Unterziele rechnen? Welche Gemeindeglieder sind pensioniert, aber gesund und tatkräftig? Wieviele Stunden in der Woche könnten die Berufstätigen in der Gemeinde mitarbeiten? Wieviele Jugendliche sind da, die man zum Einsatz motivieren kann? Welche Gaben scheinen uns zu fehlen oder liegen noch brach?

Die finanziellen Möglichkeiten sollten natürlich auch abgewogen werden. Doch hier muss man aufpassen, dass man dafür den richtigen Ausgangspunkt wählt. Es gibt Menschen, die nur fragen:
„Wieviel Geld haben wir? Wenn wir kein Geld haben, können wir auch nichts ausrichten!" Sie gleichen Philippus, der auf Jesu Frage: *„Wo kaufen wir Brot, damit diese zu essen haben?"* antwortete: *„Für zweihundert Silbergroschen Brot ist nicht genug für sie, dass jeder ein wenig bekomme"* (Joh. 6,5.7). Seine verstandesmäßige Schlussfolgerung ist, dass man hier nichts tun kann, weil nicht genug Geld da ist. Auf die Frage Jesu, wieviel Brot sie denn bei sich hätten, antworteten die Jünger: *„Fünf und zwei Fische"* (Mark. 6,38). Die Jünger hätten nie erfahren, was man mit fünf Broten und zwei Fischen tun kann, wenn sie das Wenige nicht trotzdem in Jesu Hände gegeben hätten. Jesus ging nicht an der Wirklichkeit vorbei, aber er forderte ihren Glauben heraus und kam damit zu einer Lösung. Eine Gemeinde, die bedauert, dass sie zu wenig Geld hat und deswegen nichts tun kann, wird auch nicht weiterkommen.

Ein anderer Ausgangspunkt ist die Frage, was die Gemeinde denn für den Herrn tun kann. Das bedeutet, dass man sich die Unterziele klar vor Augen führt und danach weiter überlegt, wieviel jeder geben kann. Dann erstellt die Gemeinde einen Haushaltsplan mit dem Gedanken: Wenn jeder im nächsten Jahr etwas selbstloser lebt, können wir etwas zustande bringen.

Das führt nun zu dem teilweise umstrittenen Thema, ob man von den Gemeindegliedern Versprechungen erwarten darf. Dazu können wir lesen, dass Paulus solche Versprechungen angenommen hat und die Gläubigen aufforderte, alles ihnen Mögliche zu tun, um das Vorhaben durchzuführen. Er schreibt: *„Und darin sage ich meine Meinung; denn das ist euch nützlich, die ihr seit vorigem Jahr angefangen habt nicht allein mit dem Tun, sondern auch mit dem Wollen. Nun aber vollbringt auch das Tun, damit, wie ihr geneigt seid zu wollen, ihr auch geneigt seid zu vollbringen nach dem Maß dessen, was ihr habt. Denn wenn der gute Wille da ist, so ist er willkommen nach dem, was einer hat, nicht nach dem, was er nicht hat"* (2. Kor. 8,10-12). Also hatten die Korinther schon ein Jahr zuvor finanzielle Versprechungen gemacht. Paulus erwartete nun auch, dass sie alles daransetzten, um das zu tun, was sie versprochen hatten. Doch er überfordert dabei keinen: *„nach dem, was einer hat, nicht nach dem, was er nicht hat."* Danach überlegt jedes Glied betend, was es zu den Gemeindeangelegenheiten beisteuern sollte. Es legt ein Versprechen ab und tut alles, was möglich ist, um dieses Versprechen zu halten. Wenn das trotz allen Bemühens aus irgendeinem Grund nicht möglich ist, muss das akzeptiert werden. Doch setzt dies voraus, dass derjenige sich aufrichtig bemüht hat. Er darf sich nicht von dem Versprechen zurückziehen, um selbstsüchtige Ziele damit zu verfolgen. Er ist nur dann von dem Versprechen entbunden, wenn es tatsächlich nicht durchführbar war. Eine derart glaubwürdige Organisation ermöglicht dann der ganzen Gemeinde, Unterziele festzusetzen, die erfüllbar sind, der Gemeinde eine Ermutigung geben und Gott im Himmel ehren.

Strategie oder Ausführung

Was oben durchdacht worden ist und als notwendig erkannt wurde, sowie die Möglichkeiten, die wir entdeckt haben, sollen nun in die Tat umgesetzt werden.

Ausarbeitung einer Strategie

Zuerst einmal muss ein Programm zur Ausführung der Ziele ausgearbeitet werden.

Zeitplan
Zunächst sollte man eine zeitliche Übersicht für die notwendigen Aufgaben ausarbeiten.

Räumlichkeiten
Die Gemeinderäume sind näher zu prüfen, um festzulegen, wie sie am besten zur Erreichung der Unterziele genutzt werden können. Dieser oder jener Raum muss dann vielleicht etwas umgebaut werden, um der Sache wirklich dienen zu können.

Analyse der Umgebung
Das Gemeindeumfeld, das in Angriff genommen werden soll, muss einer Analyse unterzogen werden. Dazu sollte untersucht werden, welche Anwohner bereits eine Kirche besuchen und welche nicht; welcher Prozentsatz der Bevölkerung pensioniert ist und wieviele Altersheime vorhanden sind; welcher Prozentsatz zu dem arbeitenden „Mittelalter" gehört und wieviele Arbeitgeber und Arbeitnehmer man in etwa einkalkulieren müsste; wieviele Jugendliche da sind und welche Aktivitäten diese Jugendlichen besonders anziehen; wieviele Kinder es in der Umgebung gibt und was für sie getan wird. Sind in der näheren Umgebung auch Gemeinden anderer Glaubensrichtungen, mit denen man zusammenarbeiten könnte, oder mangelt es an theologischer Übereinstimmung? Welche Veranstaltungen werden von der Stadt, von örtlichen Vereinen oder Schulen durchgeführt, an denen man eventuell teilnehmen könnte, um die Gemeinde und ihre Dienstbereitschaft der ganzen Umgebung bekanntzumachen?

Diese und andere Überlegungen werden das Einsatzprogramm sicher prägen und beeinflussen. Die Gemeinde wird sich wohl eine Zielgruppe wählen müssen, in der sie ihre besondere Aufgabe sieht. Das Programm, das man nun für eine gewisse Zeit auswählt, sollte schon eine Herausforderung für die Gemeinde bedeuten. Aber es sollte die Gemeindeglieder nicht überfordern, damit sie nicht mutlos werden oder keine Freude mehr haben, mit einzusteigen. Alles, was die Leitung plant, sollte durch ein konkretes Unterziel bestimmt sein, damit keiner zu fragen braucht, weshalb dies oder jenes getan werden muss. Nur wenn die Einzelnen auf solche Fragen eine Antwort bekommen, wird ihre Mitarbeit und ihr Beitrag sinnvoll sein.

Übersichtliche Organisation des Programms

Jetzt werden die verschiedenen Abteilungen oder Arbeitsbereiche, die zur Erreichung der Unterziele notwendig sind, festgelegt. Zuerst muss die Leitung nun Leiter für jede Arbeitsgruppe finden, und anschließend werden die Mitarbeiter eingearbeitet, die diesem Abteilungsleiter unterstehen sollen. Dazu kommt eine Arbeitsbeschreibung, wie sie für die verschiedenen Abteilungen nötig ist, so dass jeder, der gebeten wird, dafür die Verantwortung zu übernehmen, genau weiß, was seine Abteilung zu tun hat und wie deren Beitrag in das größere Programm hineinpasst.

Dabei empfielt es sich auch, Schulungen abzuhalten, denn viele Mitglieder haben bestimmte Arbeiten noch nie getan. Wir dürfen keinesfalls meinen, dass die Zeit, die man für die Schulungen braucht, vergeudet sei. Doch sollte der Zeitraum für Schulungen nicht unnötig in die Länge gezogen werden. Ich würde vorschlagen, dass man damit beginnt, nachdem die Arbeit angefangen wurde, und die Schulungen fortsetzt, während weitergearbeitet wird, so dass jeder gleich praktisch anwenden kann, was in der Schulung gelehrt wird.

Ausführung des Programms

<u>Schulung der Mitarbeiter</u>

Alle Mitarbeiter sollten sich zwar angeleitet wissen, aber nie das Gefühl bekommen, dass man sie zu etwas drängt. Die richtige Schulung für die Abteilungsleiter ist von großer Bedeutung. Außerdem sollte sich jeder Abteilungsleiter von einer Person aus der Gemeindeleitung geführt wissen, die die Übersicht über die verschiedenen Abteilungen hat und sie koordinieren kann. Jeder, der mit einer Leitungsaufgabe zu tun hat, sollte dabei Psalm 78,72 im Sinn haben: *„Und er weidete sie mit aller Treue seines Herzens und leitete sie mit geschickter Hand"* (Schlachter-Übersetzung).

Jeder Leiter sollte seine Mitarbeiter mit aller Weisheit lehren, wie Paulus es laut Kol. 1,28 getan hat: *„Den verkündigen wir und ermahnen alle Menschen und lehren alle Menschen in aller Weisheit, damit wir einen jeden Menschen in Christus vollkommen machen."*

Weisheit ist unter anderem die Fähigkeit, eine vorgegebene Situation so zu nutzen, dass man dem Ziel näherkommt. Das bedeutet mehr, als dem Lernenden nur Tatsachen vorzulegen. Der

Kapitel 8 – Die Gemeindeleitung

Lernende muss die Verbindung zwischen dem Gelernten und der Arbeit, die er zu tun hat, sofort erkennen können.

Dieses Lehren darf auch nicht aufhören, denn ein Mitarbeiter wird ständig mit neuen Problemen in Berührung gebracht und braucht immer wieder Anleitung, um die erforderliche Reaktion in der jeweiligen Situation zu finden.

Anerkennung der Mitarbeiter

Mitarbeiter brauchen auch Anerkennung für ihr Bemühen. Diese sollte ihnen offen und häufig ausgesprochen werden. Ein Leiter sollte nicht nur auf Fehler seiner Mitarbeiter sehen, sondern immer ein Auge für das haben, was sie gut machen. Der Mitarbeiter trägt dann das Bewusstsein in sich, dass auch er einen Beitrag zum Erreichen der Ziele der Gemeinde leisten darf und dass sein Beitrag gesehen und anerkannt wird.

Bewertung und Korrektur der Strategie

Jede Arbeit, die im Reich Gottes getan wird, muss von Zeit zu Zeit neu überprüft werden, damit festgestellt werden kann, ob man sich noch auf dem Weg zu dem vorgesteckten Ziel befindet oder ob man irgendwo abgewichen ist.

Erfolge beachten

Man sollte die Erfolge, die zu verzeichnen sind, konkret benennen und feststellen, was zu diesen Erfolgen beigetragen hat. Was sich als sehr positiv erwiesen hat, dürfte dann verstärkt und, wenn es passend erscheint, sogar in manche Arbeitsgruppen hineingetragen werden, in denen solche Erfolge nicht erreicht wurden.

Misserfolge analysieren

Jedes erfolglose Bemühen sollte ebenfalls besprochen werden, wobei die Leitung sich Mühe geben sollte herauszufinden, weshalb es im Vergleich zu der erfolgreichen Arbeit nicht das gewünschte Resultat gebracht hat. Die Schwächen, die man auf diese Weise entdeckt, können dann entsprechend ausgemerzt werden, damit man beim weiteren Bemühen mehr Aussicht hat. Dadurch kann verhindert werden, dass man dasselbe Programm Jahr für Jahr wiederholt, ohne dass es gründlich überprüft wird und Frucht bringt. Denn dann verblasst das Ziel, das die Gemeinde eigentlich verfolgt. Die Werkzeuge, die man braucht, werden stumpf, der Mut der Mitarbeiter sinkt, und die Arbeit wie auch die Erfolge nehmen ständig ab. Eine Gemeinde kann so leicht in ein reines Selbsterhaltungsprogramm hineinrutschen und ihren Auftrag vergessen. Um den schon gebrauchten Ausdruck zu wiederholen: Wo kein Wachstum ist, da fängt Verwesung an.

Die Bewertung aller Schritte durch die Gemeindeleitung
Nicht nur die Ausführung sollte, wie schon gesagt, von Zeit zu Zeit überprüft werden. Auch der Blick für den Zweck der Gemeinde muss ab und zu aufgefrischt werden, denn die Gemeinde muss aufs neue ihr Ziel überprüfen. Sollte die Gemeinde gewachsen sein, der Wohlstand zugenommen haben oder die Mittel weniger geworden sein? Falls ja, kann das Ziel schon dadurch beeinflusst werden. Aber besonders gut muss man von Zeit zu Zeit die Unterziele betrachten. Man darf nicht Jahr für Jahr dieselben Unterziele haben. Die Gemeinde muss wachsen und zunehmen. Manche Unterziele werden damit weniger wichtig, neue Ziele drängen sich auf. All das sollte in bestimmten Abständen durchdacht und neu festgelegt werden, wenn das Programm einer Gemeinde gesund sein und eine erneute Herausforderung für die Gemeindeglieder bedeuten soll.

Auch brauchen Mitarbeiter, die sich das ganze Jahr oder eine längere Zeit mit ihrem Beitrag bemüht haben, immer wieder von der Leitung die ermunternden Worte aus 1. Kor. 15,58: *„Darum, meine lieben Brüder, seid fest, unerschütterlich und nehmt immer zu in dem Werk des Herrn, weil ihr wisst, dass eure Arbeit nicht vergeblich ist in dem Herrn."*

Wenn wir nun auf die sechs erwähnten Punkte zurückkommen, ist vielleicht der eine oder andere nicht mit dieser Reihenfolge einverstanden. Man könnte nämlich fragen, ob man lieber zuerst die vorhandenen Mittel und Möglichkeiten berechnen sollte und dann das Ziel und die Unterziele festlegt, oder ob man die Möglichkeiten und Mittel später prüft und darauf, falls erforderlich, Ziel und Unterziele dementsprechend verändert.

Meiner Meinung nach braucht der Glaube eine Vision, ehe er die Möglichkeiten und Mittel prüft. Deshalb habe ich gewagt vorzuschlagen, dass eine Gemeinde, wenn sie Sinn und Zweck der Gemeinde erkannt hat, zuerst einmal die Ziele und Unterziele festlegt und sich darüber klar wird, was sie tun sollte. Wenn man nüchtern zu der richtigen Überzeugung gelangt ist, könnten sich aus unerwarteten Quellen manche Möglichkeiten und Mittel erschließen, die man vorher gar nicht gesehen hat. Nur im Glauben an einen Herrn, der mit fünf Broten und zwei Fischen seiner Jünger fünftausend Menschen speisen kann, ist man innerlich ausgerüstet, um zunächst einmal die Ziele und Unterziele der Gemeinde herauszufinden und anzugreifen.

Bei dem gesamten Vorgang der Programmplanung ist jedoch die Einigkeit der Gemeinde von größter Bedeutung. Wie kann die Gemeinde ihre Einheit stärken, damit einzelne Gruppen und Personen nicht Energie und Zeit verschwenden, um sich gegenseitig wegen unterschiedlicher Ziele zu bekämpfen, sondern um gemeinsam gegen den Feind stehen und sich für die Arbeit des Herrn einsetzen zu können? Viele Gemeindeleiter meinen leider, sie müssten nur immer wieder die vorhandenen Möglichkeiten erwähnen und Druck ausüben, damit die Glieder auch ihre Mittel für die Sache zur Verfügung stellen. Oder sie beschäftigen sich mit der Strategie, mit den vielen Einzelheiten, die zu einer erfolgreichen Durchführung eines Programms notwendig sind. Doch durch die Betonung dieser beiden Dinge wird die Einigkeit der Gemeinde nicht gefördert.

Die Hauptaufgabe der Leitung besteht darin, den Zweck der Gemeinde den Mitgliedern stark ans Herz zu legen und ihnen zu helfen, eine Sicht für das gemeinsame Ziel zu bekommen. Salomo hat gesagt: *„Wo keine Offenbarung ist, wird das Volk wild und wüst"* (Spr. 29,18). Die englische Übersetzung spricht statt Offenbarung von Vision. Das kommt Petrus sehr nahe, der den Propheten Joel anführt: *„Und es soll geschehen in den letzten Tagen, spricht Gott, da will ich ausgießen von meinem Geist auf alles Fleisch; und eure Söhne und eure Töchter sollen weissagen, und eure Jünglinge sollen Gesichte sehen, und eure Alten sollen Träume haben"* (Apg. 2,17).

Solch eine Vision und Sicht vom Herrn muss der Gemeindeleiter oder die Gemeindeleitung den Mitgliedern immer wieder durch das Wort weitergeben. Die Worte Jesu: *„Die Ernte ist groß, aber wenige sind der Arbeiter"* (Matth. 9,37) gelten für alle Gemeinden aller Zeiten. Bei Gott gibt es nie einen Erntemangel. Auch spricht Jesus nicht von einem Mangel an Mitarbeit. Er spricht nur von einem Mangel an Arbeitern in seiner Ernte. Die Gemeindeleitung, die ihre erste Aufgabe darin sieht, den Zweck der Gemeinde immer wieder neu ins Bewusstsein der Mitglieder zu rufen und ihnen eine Sicht zu geben für das, was Gott für sie und durch sie tun will, wird Einigkeit schaffen.

Mancher Gemeindehirte hat sich schon überarbeitet, weil er sich hauptsächlich mit den finanziellen Mitteln und der Ausführung des Gemeindeprogramms beschäftigte, und ging damit von einer Gemeinde in die andere. Die Strategie und die Ausarbeitung von Einzelfragen sollte man soweit wie möglich anderen übergeben. Dazu sollte man Kräfte aus den Reihen der Mitglieder suchen und entdecken. Wenn es nötig ist, sollte man Diakone (Apg. 6) oder Verwalter (1. Kor. 12,28) oder andere geeignete Mitarbeiter dafür finden. Die Gemeindeleitung aber bewahrt die Einheit einer Gemeinde, wenn sie am Gebet und am Dienst des Wortes anhält (Apg. 6,4). Gemeindehirten, die das erkannt haben und praktizieren, üben ihren Dienst in einer Gemeinde gewöhnlich länger aus als solche, die durch diverse Meinungsverschiedenheiten Widerstand erfahren auf ihren Druck zur Erfüllung des Programms hin. Gott helfe jedem Leiter, seine größte Aufgabe zu erkennen und auszuführen!

Verantwortungsgebiete für die Gemeindeleitung

Es gibt viele Verantwortungsgebiete für die Gemeindeleitung. Die meisten werden später, bei der Besprechung der Aufgaben der Gemeinde, erkennbar. Hier soll hauptsächlich auf drei Verantwortungsgebiete aufmerksam gemacht werden, die sich in erster Linie auf die Gemeindeglieder beziehen.

Einführung der Gemeindeglieder in das Wort Gottes

Beim Abschied von den Ältesten der Epheser Gemeinde sagte Paulus: *„Und nun befehle ich euch Gott und dem Wort seiner Gnade, der da mächtig ist, euch zu erbauen und euch das Erbe zu geben mit allen, die geheiligt sind"* (Apg. 20,32).

Paulus selbst musste sich nun vom Lehrdienst in dieser Gemeinde zurückziehen. Aber er hinterließ ihnen das Wort. In diesem Wort war die Kraft, um die Gemeinde und die einzelnen Mitglieder zu erbauen und stark zu machen. Denken wir dabei an Jesu Satz: *„Die Worte, die ich zu euch geredet habe, die sind Geist und sind Leben"* (Joh. 6,63).

In den großen Kämpfen gegen die Mächte der Finsternis kann die Gemeinde Sieger bleiben, wenn sie den Aufruf von Paulus beachtet: *„Vor allen Dingen aber ergreift den Schild des Glaubens, mit* *dem ihr auslöschen könnt alle feurigen Pfeile des Bösen, und nehmt den Helm des Heils und das Schwert des Geistes, welches ist das Wort Gottes"* (Eph. 6,16-17). Dies war die Waffe, die Jesus benutzte, als Satan ihn dreimal versuchte. Jesus erlaubte sich keinen Gedankenaustausch mit dem Feind, sondern antwortete auf alle drei Herausforderungen: „Es steht geschrieben" – und somit war die Sache erledigt.

Die Gemeindeleitung sollte folgende Punkte für die Mitglieder besonders betonen:

<u>*Auf Gottes Wort hören*</u>

Das am Sonntag gehörte Wort Gottes hat schon seine Wirkung, doch es reicht nicht aus, um die ganze Woche hindurch stark zu bleiben. Die persönliche Stille Zeit mit dem Herrn und seinem Wort zu Hause ist erforderlich, um geistlich wachsen zu können. Um diese Gebetszeit sinnvoll gestalten zu können, brauchen die Mitglieder eine Anleitung seitens der Gemeinde.

<u>*Gottes Wort anwenden*</u>

Es genügt nicht, nur ein Hörer oder Leser des Wortes zu sein. In den meisten Gemeinden haben wir heute noch eine Anzahl von Lesern der Bibel; doch wenn das Lesen alles ist, kann Gottes Wort nur ein theoretisches Buch bleiben. Man muss Täter des Wortes werden. Jesus hat gesagt: *„Wenn jemand dessen Willen tun will, wird er innewerden, ob diese Lehre von Gott ist oder ob ich von mir selbst aus rede"* (Joh. 7,17).

Die Kraft des Wortes liegt nicht einfach im Wissen, sondern in der Anwendung im täglichen Leben. Wenn wir anfangen, in der Bibel nach Antworten auf die Fragen zu suchen, die uns heute beschäftigen, leuchtet göttliches Licht in unsere dunkle Zeit hinein. Für die richtige Anwendung brauchen die Mitglieder Hilfe von der Gemeindeleitung.

<u>*Gottes Wort kennen*</u>

Man tut gut daran, die Bibel nicht nur zu lesen und darin zu forschen, sondern auch bestimmte Verse oder Abschnitte auswendig zu lernen. Das ist das beste Mittel, mit dem man unsere Gedanken gefangen nehmen und in den Gehorsam gegen Christus stellen kann (2. Kor. 10,5). Wenn wir nun versuchen, die bösen Gedanken loszuwerden, ohne den richtigen Ersatz hineinzulassen, schaffen wir nur ein Vakuum und die bösen

Gedanken kommen schnell wieder zurück. Doch wenn wir unsere Gedanken mit den Gedanken Gottes anfüllen, verdrängen die guten Gedanken des Herrn unser böses Denken. Nur wer sich die Mühe macht, Verse auswendig zu lernen, wird erfahren, wie der Geist ihn daran erinnern kann, auch ohne dass man die Bibel zur Hand hat. Manche Probleme, mit denen man gerade zu kämpfen hat, lösen sich dann oft ganz schnell.

Mit Gottes Wort leben

Um konsequent mit Gottes Wort zu leben, müssen die Glieder davon überzeugt sein, dass die Bibel nicht nur historische Begebenheiten berichtet, sondern uns auch eine Lösung für die heutigen Probleme anbietet. Erst dann wird sie richtig für uns lebendig.

Das ganze Wort Gottes annehmen

Die Gemeindeleitung sollte auch danach streben, dass die Glieder mit dem ganzen Ratschluss Gottes bekannt werden und nicht nur ein paar Lieblingsstellen in der Bibel haben. Ist die beschriebene Vorgangsweise auch nur teilweise erfolgreich, so kann die Gemeinde auch vor dem Säkularismus bewahrt werden, denn Gott hat eine Gelegenheit, durch sein Wort den Lebensstil seiner Kinder zu beeinflussen.

Zurüstung der Gemeindeglieder zum Dienst

Vielen Mitgliedern der Gemeinde ist noch gar nicht zu Bewusstsein gekommen, dass von ihnen mehr verlangt wird, als nur einmal in der Woche die Kirchenbank zu drücken. Die Gemeinde Jesu Christi ist nicht in erster Linie ein Krankenhaus, wo man bedient wird, sondern ein Arbeitslager, wo jeder die nötige Ausrüstung und Anleitung für den Dienst erhält, den er tun soll.

Geleites Christsein

Eine inhaltsreiche Nahrung, wie sie oben geschildert wurde, ohne jede physische Bewegung und Anstrengung gefährdet die Gesundheit. Essen ohne körperliche Übung macht fett und faul. Ebenso kann man Gottes Wort nicht konsumieren, ohne es im Alltag umzusetzen.

Angeleitete Mitarbeit
Die größte Not in Jesu großer Ernte ist der Mangel an Arbeitern. Da kann sich niemand leichtfertig zurückziehen, ohne sich an dem Herrn und Auftraggeber selbst zu verschulden. Doch ohne die richtige Anleitung werden nur sehr wenige ihren richtigen Arbeitsplatz finden. Hier hat die Gemeindeleitung eine große Aufgabe.

Arbeitsbeteiligung
Die Beteiligung an der Arbeit verwandelt einen Kritiker oft in einen Helfer. Kein Pferd kann zugleich ausschlagen und ziehen. Wenn es das eine tut, kann es das andere nicht machen. Ähnlich ist es mit den Gemeindegliedern.

Prioritäten
Gemeindeglieder brauchen Hilfe, um die Prioritäten für ihr Leben zu erkennen und richtig zu setzen. Viele wissen eigentlich nicht, wie man Matth. 6,33 bezüglich der materiellen Güter im praktischen Leben verwirklichen kann. Jesus sagt schlicht: *„Trachtet zuerst nach dem Reich Gottes und nach seiner Gerechtigkeit, so wird euch das alles zufallen."*

Hilfe zur Selbsthilfe
Viele Gemeindeglieder brauchen Hilfestellung, um gewisse Verantwortungsbereiche, die allen Christen gelten, in ihrem Leben zu praktizieren:
Anleitung zu einem sinnvollen Gebetsleben: Schon Jesu Jünger baten ihn darum: „Lehre uns beten" (Luk. 11,1). Die Gemeindeleitung hofft ja, dass die meisten Glieder beten. Aber wie ringt man im Gebet so wie Epaphras (Kol. 4,12)? Wie kann man sein Gebet weniger selbstsüchtig gestalten (Jak. 4,2-3)? Wie kann man ein Gleichgewicht zwischen Lobpreis, Dank und Bitte halten?
Anleitung zu einem attraktiven Zeugnis für Jesus (Apg. 1, 8): Die beste Werbung für ein Geschäft ist meist ein zufriedener Kunde. Was dieser sagt, wiegt oft mehr als die Worte eines Vertreters dieses Geschäfts. Wie können wir unser Zeugnis so gestalten, dass die Zuhörer nicht uns Christen, sondern Christus selbst bewundern, von dem wir sprechen? Wie können wir das Zeugnis für Jesus in unseren ganzen Lebensstil einbeziehen, sei es bei der Arbeit, auf der Straße oder unter Freunden?

Anleitung zu biblischer Haushalterschaft
Wie kann man neben seinem vollen Terminkalender noch eine Verantwortung in der Gemeinde übernehmen und wie seine Talente am besten in den Dienst für Jesus stellen?

In all diesen Punkten dürfen die Gemeindeglieder erwarten, dass die Gemeindeleitung ihnen biblische Anweisungen zur Durchführung gibt.

Hinführung der Gemeindeglieder zum Zeugnis
Jesus sagt selbst: „*Wie du mich gesandt hast in die Welt, so sende ich sie auch in die Welt*" (Joh. 17,18). Und Jesus bat den Vater, dass er seine Jünger nicht von der Welt nähme, sondern dass er sie vor dem Bösen bewahrte (Joh. 17,15). Nicht von der Welt zu sein und doch in der Welt zu leben, ist eine Aufgabe, in der die meisten Christen Anleitung brauchen, um sie im Sinne Gottes ausführen zu können.

Salz und Licht
Was heißt es, als Christ in der Welt Licht und Salz zu sein (Matth. 5,13.14)? Wie kann man lieben, wo man gehasst wird, und segnen, wo man verflucht wird?

Thermostat oder Thermometer
Wie kann man ein Thermostat sein und die einen umgebende Atmosphäre prägend beeinflussen, statt ein Thermometer zu sein, das nur anzeigt, wie warm die Atmosphäre um es herum beschaffen ist?

Dienst und Zeugnis
Wie kann man in einer Welt voller Not und Angst die Balance zwischen Zeugnis und Dienst bewahren?

Staatsbürger oder Himmelsbürger
Wie kann man in der politischen Struktur dieser Welt zeigen, dass unser Bürgerrecht eigentlich im Himmel ist?

Manche der hier angedeuteten Fragen werden noch eingehend im Rahmen der Aufgaben der Gemeinde besprochen. Doch die Gemeindeleitung hat die Verantwortung, auf diesem Gebiet den Gliedern ein Wegweiser zu sein.

Damit wird uns klar, dass ein Gemeindeleiter mehr Verantwortung hat als nur den Dienst auf der Kanzel. Es wird mehr von ihm gefordert als den Mitgliedern einmal in der Woche geistliche Speise darzureichen. Alle Bereiche des Alltags sollen durch die Gemeinde mehr und mehr biblisch gestaltet werden, wobei die Mitglieder Hilfe von der Gemeindeleitung beanspruchen können.

Menschliche Werkzeuge für die Gemeindeleitung

Man kann nur staunen, dass Gott das Wohl seiner bluterkauften Gemeinde zum größten Teil in die Hände fehlerhafter, menschlicher Werkzeuge legt. Paulus spricht von *„irdenen Gefäßen"* (2. Kor. 4,7). Diese können ja so leicht fallen und dann zerbrochen am Boden liegen. Das große Vertrauen Jesu zu seinen Erlösten ist wirklich unverständlich. Eine solche Berufung ist in jedem Fall ein Erweis göttlicher Gnade, wie es auch bei Paulus der Fall war (Eph. 3,7-8). Doch darf man eine Berufung zur Leitung nicht mit der allgemeinen Berufung der Erlösten verwechseln.

Die allgemeine Berufung als Christ

- Alle Christen sind berufen „in die Gnade Christi" (Gal. 1,6).
- Alle Christen sind berufene Heilige (Röm. 1,7 und 1. Kor. 1,2).
- Alle Christen sind zur Heiligung berufen (1. Thess. 4,7).
- Alle Christen sind zum Frieden berufen (Kol. 3,15 und 1. Kor. 7,15).
- Alle Christen sind zur Freiheit berufen (Gal. 5,13).
- Alle Christen sind von der Finsternis zu seinem wunderbaren Licht berufen (1. Petr. 2,9).
- Alle Christen sind berufen, wenn es nötig ist, zu leiden (1. Petr. 2,20-21).
- Alle Christen sind zu einer lebendigen Hoffnung berufen (Eph. 1,8 und Eph. 4,4).

Im Blick auf die vielfältige allgemeine Berufung der Erlösten, *„dass ihr der Berufung würdig lebt, mit der ihr berufen seid"* (Eph. 4,1) und: *„Wandelt nur würdig des Evangeliums Christi"* (Phil. 1,27) sowie: *„dass ihr des Herrn würdig lebt, ihm in allen Stücken gefällt und Frucht bringt in jedem guten Werk"* (Kol. 1,10), soll die breitgefächerte Berufung, von der wir in früheren Kapiteln gelesen haben, in unserem Alltag verwirklicht werden.

Wir suchen beispielsweise umsonst in der Bibel nach einer

Anweisung, welchen Lebensberuf wir wählen sollen. Aber welcher Beruf es auch immer sei – die vielfältige Berufung aller Erlösten zum Zeugnis soll in jedem Beruf zum Ausdruck kommen. Ein Christ sollte bei seiner Berufswahl fragen, in welchem Beruf er die eben genannte breitgefächerte Berufung aller Heiligen am besten verdeutlichen kann.

Um dabei Erfolg zu haben, hat der Herr in der Gemeinde „einige als Apostel eingesetzt, einige als Propheten, einige als Evangelisten, einige als Hirten und Lehrer, damit die Heiligen zugerüstet werden zum Werk des Dienstes" (Eph. 4,11-12). Die Erlösten brauchen jemanden, von dem sie Hilfe erwarten können bei der Frage, wie sie ihre allgemeine Berufung in ihrem Lebensberuf erfolgreich zum Ausdruck bringen können. Deshalb kommen wir nun zu der Sonderberufung für eine bestimmte Arbeit im Reich Gottes.

Die besondere Berufung als leitender Mitarbeiter
Einige Prinzipien für den Dienst als leitender Mitarbeiter in der Gemeinde wollen wir nicht übersehen:

Gültigkeit der allgemeinen Berufung
Diejenigen, welche diese Sonderberufung vom Herrn erfahren haben, sind nie von der erwähnten allgemeinen Berufung freigesprochen.

Vollzeitiger Einsatz
Eine solche Sonderberufung hat gewöhnlich den Zweck, dass man all seine Zeit für einen besonderen Dienst nutzen kann. Bei den Aposteln hieß das *„ganz beim Gebet und beim Dienst des Wortes bleiben"* (Apg. 6,4). In einem anderen Fall kann es sein, dass man seine ganze Zeit den vielfachen Aufgaben in der Gemeindeleitung widmet.

Ganzheitlicher Dienst
Eine Sonderberufung hat immer zum Ziel, die gesamte Zeit und Kraft dem Werk des Herrn oder der Gemeinde zu widmen und dabei nie selbstsüchtige Motive zu haben.

Unterstützung durch die Gemeinde
Eine besondere Berufung zu einem besonderen Dienst soll von

der Gemeinde des Betreffenden unterstützt und ermöglicht werden (Röm. 15,27; 1. Kor. 9,11-15; 1. Tim. 5,17-18).

Auswahl nach Berufung und Begabung
Für solch einen vollzeitigen Dienst wird die Gemeinde gewöhnlich diejenigen auswählen, die in ihrem Alltag aus Gottes Gnade die allgemeine Berufung eines Christen am besten zum Ausdruck gebracht und die für den Dienst notwendigen Gnadengaben empfangen haben.

Bestätigung der Berufung
Die Berufung zu einem vollzeitigen Dienst wird gewöhnlich von der ganzen Gemeinde in entsprechender Form bestätigt (Apg. 13,1-4). Die Aufgabe der Gemeindeleitung kann ehrenamtlich ausgeübt werden, wenn die Bedürfnisse der Gemeinde damit abgedeckt werden können. Wenn aber die Bedürfnisse der Gemeinde eine vollzeitige Kraft erfordern, basiert diese auch bei einer Sonderberufung auf biblischem Boden. Die Frage ist nicht, ob diese oder jene Art richtig ist, sondern ob die Bedürfnisse der Gemeinde erfüllt werden.

Vorbildliches Gemeindeleben
Wer zum vollzeitigen Dienst berufen wird, muss mehr als ein Durchschnitts-Christ sein, denn von ihm wird verlangt, dass er den Gläubigen ein Vorbild ist *„im Wort, im Wandel, in der Liebe, im Glauben, in der Reinheit"* (1. Tim. 4,12).

Er oder sie soll eine von Christus geprägte Einstellung haben und vorbildlich die allgemeine Berufung der Gläubigen im Alltag zum Ausdruck bringen.

Vorbildliches Alltagsleben
Dieser Christ soll auch ein gutes Zeugnis in der Gesellschaft sein, also „einen guten Ruf haben bei denen, die draußen sind" (1. Tim. 3,7 und 1. Thess. 4,12).

Vorbildliches Familienleben
Sein Charakter und sein Familienleben sollen mit den Richtlinien des Neuen Testaments für ein solches Amt in Einklang stehen (1. Tim. 3,2-13 und Tit. 1,6-9).

Wo der Gemeinde solche Mitarbeiter geschenkt werden, darf

die Gemeindeleitung zum großen Segen und zur Ehre Gottes erfolgreich dienen.

Kapitel 9
Aufgaben innerhalb der Gemeinde

Jesus hatte bestimmte Gründe, weshalb er die Gemeinde in diese Welt gestellt hat. Zum einen sollte die Gemeinde mitten in der verlorenen Menschheit Erfahrungen sammeln und eine von Gott gewollte Wirkung auf sie ausüben. Dabei sollte die Echtheit ihres Glaubens durch Anfechtungen und Prüfungen bewiesen werden (Jak. 1,2-4). Im Himmel, wo weiter keine Schwierigkeiten zu finden sind, könnten wir wohl kaum Geduld lernen. Doch Geduld haben wir nötig (Hebr. 10,36). *„Wir wissen, dass Bedrängnis Geduld bringt"* (Röm. 5,3).

Also muss erst die Geduldprobe hier auf der Erde bestanden werden. Der Herr stellt seine Gemeinde mitten in diese Welt hinein, damit sie auch durch Schwierigkeiten hindurch wächst *„in allen Stücken zu dem hin, der das Haupt ist, Christus"* (Eph. 4,15).

Doch nicht nur die Welt soll der Gemeinde von Nutzen sein. Vielmehr soll die Gemeinde ihren heilsamen Einfluss auf die Welt ausüben: Sie soll das Salz und das Licht der Welt sein (Matth. 5,13.14). Der Herr hat sie auch beauftragt, heute Botschafter an der Stelle von Christus zu sein, denn Gott ermahnt durch die Gemeinde und bittet nun an Christi Statt, dass sich die ungläubige Welt mit Gott versöhnen lasse (2. Kor. 5,20). Die Aufgaben, die der Herr der Gemeinde gestellt hat, sind enorm groß, und die Gemeinde als Ganzes wie auch jedes Glied der Gemeinde darf nicht nur bitten: „Herr, gib mir eine Arbeit, die meiner Kraft und meinen Möglichkeiten angemessen ist", sondern vielmehr: „Herr, gib mir die Kraft, die meinen Aufgaben angemessen ist."

Die Aufgaben der Gemeinde sind sehr eng mit dem Zweck der Gemeinde verbunden (siehe Kapitel 6). Weiter gibt es nun so viele Aufgaben, die der Herr seiner Gemeinde gegeben hat, dass es mir schwerfällt, sie alle zu nennen, und noch mehr, sie zu besprechen. Doch wir sollten noch die folgenden betrachten.

Eine klare Darstellung der Heilserfahrung

Was es eigentlich bedeutet, ein neuer Mensch zu werden und durch den Geist in den Leib Jesu getauft zu sein, wird von vielen Christen nicht verstanden. Oft spricht man nur von einem Teil der Heilserfahrung und meint, damit das Ganze erklärt zu haben, ohne wirklich das Gesamtbild der Heilserfahrung darzustellen. Einige behaupten, man müsse Buße tun, um selig zu werden. Andere sagen, man müsse nur einfach glauben. Wieder andere nennen die Vergebung der Sünden als Voraussetzung, und es gibt jene, die sagen, man müsse eine Erneuerung des Geistes erfahren. Die verschiedenen Meinungen können einen Ungläubigen sehr verwirren, und selbst diejenigen, die schon Gemeindeglieder sind, geraten in Zweifel über gewisse Grundwahrheiten.

Hier auf Erden werden wir wohl nie ganz verstehen, was damit verbunden ist, wenn Jesus sagt: *„Der Wind bläst, wo er will, und du hörst sein Sausen wohl; aber du weißt nicht, woher er kommt und wohin er fährt. So ist es bei jedem, der aus dem Geist geboren ist"* (Joh. 3,8).

Doch wir sollten wenigstens ernsthaft versuchen, soviel von der menschlichen und göttlichen Seite der Heilserfahrung zu verstehen, wie wir nur können.

Zur Bekehrung gehören Buße und Glaube, zur Wiedergeburt die Reinigung durch das Blut und die Innewohnung des Heiligen Geistes. In der Bibel wird der Akt auf der menschlichen Seite gewöhnlich mit Bekehrung bezeichnet. Es ist auffällig, dass wir in der Heiligen Schrift immer wieder die Aufforderung an den Menschen haben, sich zu bekehren (Luk. 22,32; Apg. 3,19; 2. Chron. 7,14; 1. Sam. 7,3; Ps. 22,28; 51,15; Jes. 6,10; 10,21; 55,7; 59,20; 60,5; Jer. 25,5; Hes. 18,32; Matth. 13,15; Mark. 4,12; Luk. 1,16-17; 22,32; Joh. 12,20; Apg. 3,19.26; 9,35; 11,21; 14,15; 15,19; 26,18.20; 2. Kor. 3,16; Jak. 5,19 usw.). In 1. Kön. 18,37 lesen wir schon: *„Erhöre mich, Herr, erhöre mich, damit dies Volk erkennt, dass du, Herr, Gott bist und ihr Herz wieder zu dir kehrst!"* Doch dabei geht es um die Rückkehr Israels als Volk und nicht um die Bekehrung des Einzelnen.

Der Akt auf der göttlichen Seite wird in der Schrift mit Wiedergeburt bezeichnet. Was der Mensch tut, kann er nie ganz vollkommen tun; deshalb ist auch immer wieder eine erneute Umkehr im Leben der Kinder Gottes erforderlich. Petrus war schon ein Jünger Jesu, doch nachdem er den Herrn verleugnet hatte, musste er sich noch einmal bekehren (Luk. 22,32). Israel war schon Gottes Volk, aber es geriet auf böse Wege und musste von diesen Wegen immer wieder umkehren (2. Chron. 7,14). Die Wiedergeburt aber, die Gott im Herzen des Menschen vollzieht, geschieht in einer solch vollkommenen Weise, dass wir in der Bibel nicht lesen, dass sie jemals zu wiederholen sei.

Die Bestandteile der menschlichen Seite, also der Bekehrung, sind Buße und Glaube. Auch diese beiden werden vom Menschen gefordert. Folgende Bibelstellen besagen, dass die Buße im Bereich menschlicher Verantwortung liegt: Jer. 31,19; Matth. 3,2; Luk. 15,7; Apg. 17,30; 2. Petr. 3,9; Offb. 2,5.16.21; Offb. 3,3.19. Der Glaube wird an folgenden Stellen als eine Verantwortung des Menschen dargestellt: Matth. 9,2.22; Luk. 22,32; Joh. 7,37; Apg. 16,31 usw. Es könnte jemand den Einwand machen, wenn Buße und Glaube als Vorbedingung zur Erlösung erforderlich sind und diese beiden in der menschlichen Verantwortung liegen, dann sei die Heilserfahrung teilweise Menschenwerk und nicht allein Gnade. Dazu möchte ich betonen, dass der Mensch, obwohl er für die Buße und den Glauben verantwortlich gemacht wird, sie in keinem Fall aus sich selbst heraus vollbringen kann. Auch Buße ist immer ein Geschenk Gottes (Apg. 5,31; Apg. 11,18; 2. Tim. 2,25). Ebenso ist es mit dem Glauben. Wenn ein Mensch glaubt, so ist der Glaube von Gott gewirkt (Kol. 2,12). In Apg. 17,31 lesen wir, dass der Herr einen Tag festgesetzt hat, an welchem er den Erdkreis mit Gerechtigkeit richten wird durch einen Mann, den er dazu bestimmt hat und den er für jedermann dadurch beglaubigte, dass er ihn von den Toten auferweckt hat.

Wenn beides, Buße und Glaube, von Gott kommt, wie kann es dann als eine menschliche Verantwortung gesehen werden?

Wir müssen auch an den freien Willen denken, den Gott dem Menschen geschenkt hat, wodurch der Mensch das Geschenk Gottes zurückweisen kann. Wenn ein Bettler eine Gabe entgegennimmt, gilt sie als ein Geschenk, und durch das Nehmen der Gabe darf sich der Bettler keine eigene Leistung zuschreiben. Ebenso ist es mit der Buße und mit dem Glauben.

Manche Theologen streiten sich nun darüber, in welcher Reihenfolge Buße, Glaube, Reinigung durch das Blut und Innewohnung des Heiligen Geistes in der Heilserfahrung stehen. Zu dieser Frage sind schon viele unterschiedliche Meinungen geäußert worden. Ich möchte die Heilserfahrung als ein Rad darstellen, das in diesem Fall vier Speichen hat. Wir könnten eine Speiche „Buße", die andere „Glaube", eine weitere „Blut" und eine „Geist" nennen. Doch wenn das Rad erst anfängt, sich zu drehen, dann bewegen sich alle Speichen zugleich. Manche würden vielleicht den Heiligen Geist als letztes Element in der Heilserfahrung hinstellen. Aber ohne die Wirkung des Heiligen Geistes kann niemand Buße tun (Joh. 16,8-11) oder glauben. Es wird ja durch die Heiligung des Geistes bewirkt, dass ein Mensch zum Glauben und zur Besprengung mit dem Blut kommen kann (1. Petr. 1,2).

Hier wird uns deutlich, dass das Ganze nicht verstanden wird, wenn wir nur einen Teil der Heilserfahrung nennen. Die Heilserfahrung ist nicht nur entweder Buße oder Glaube, die Reinigung durch das Blut oder die Innewohnung des Heiligen Geistes. Alle vier zusammen gehören zu dem wunderbaren Heilswerk Gottes im Herzen des Menschen.

Die Gemeinde hat nun die Aufgabe, die Lehre von der Heilserfahrung für jeden, der zur Gemeinde gehört oder die Gemeinde besucht, zu erklären, damit er den vollen Reichtum Gottes, der damit verbunden ist, erkennen und genießen kann.

Die Förderung der Heiligung

Die Heiligung gehört zur allgemeinen Berufung eines jeden Gläubigen (1. Thess. 4,7). Heiligung wird aber auch von der Gemeinde erwartet, denn sie soll *„das heilige Volk"* sein (1. Petr. 2,9). Das Volk, für das Jesus draußen vor dem Tor gelitten hat, *„damit er das Volk heilige durch sein eigenes Blut"* (Hebr. 13,12), schaut mit Dankbarkeit nach Golgatha, wo es geheiligt wurde *„ein für allemal durch das Opfer des Leibes Jesu Christi"* (Hebr. 10,10).

Hier stehen wir vor einer vollendeten Tatsache. Doch in Hebr. 12,14 lesen wir: *„Jagt dem Frieden nach mit jedermann und der Heiligung, ohne die niemand den Herrn sehen wird."* Manche meinen, hier gebe es einen Widerspruch. In dem einen Vers heißt es, dass wir geheiligt sind, und in diesem Vers, dass wir der Heiligung nachjagen sollen.

Beides ist richtig. Die Worte, die Jesus zu Petrus sagte, erklären uns, was hier gemeint ist: *„Wer gebadet ist, hat nicht nötig, gewaschen zu werden, ausgenommen die Füße, sondern er ist ganz rein. Und ihr seid rein, aber nicht alle"* (Joh. 13,10 Schlachter-Übersetzung).

Bei der Wiedergeburt wurden wir gebadet und ganz rein durch das Blut Jesu Christi. Doch die Füße dieser reinen Menschen sollen noch gewaschen werden. Die Füße kennzeichnen den Wandel der Gläubigen hier auf der Erde. Wer die Heiligung des Herzens erfahren hat, möchte jetzt auch der Heiligung des Wandels, des gesamten Lebens, nachjagen. Davon spricht Jesus auch, als er sagt, dass er jede Rebe, die in ihm ist und Frucht bringt, reinigen wird, damit sie noch mehr Frucht bringe (Joh. 15,2). Also geht es hier nicht um eine Heiligung zum Gerettetwerden, sondern um eine Heiligung, weil und nachdem wir gerettet worden sind. Unser Wandel soll gereinigt werden, so dass er mehr und mehr mit der Reinheit des Herzens übereinstimmt, die Jesus uns geschenkt hat.

Das Mittel für diese Reinigung ist das Wort Gottes. Jesus betete: *„Heilige sie in der Wahrheit; dein Wort ist die Wahrheit"* (Joh. 17,17). Wir kennen das Bild des Psalmisten: *„Dein Wort ist meines Fußes Leuchte und ein Licht auf meinem Wege"* (Ps. 119,105). Durch das Lesen und Hören von Gottes Wort scheint immer neues Licht auf unseren Lebenswandel und zeigt uns, was noch zu ändern ist, damit die Harmonie zwischen dem reinen Herzen und dem Verhalten zunehmen kann.

Bestimmt hat jeder schon erfahren, dass andere unsere Fehler schneller entdecken als wir selbst. In der Gemeinde sollen sich die Mitglieder untereinander nach den Worten des Apostels Paulus richten: *„Liebe Brüder, wenn ein Mensch etwa von einer Verfehlung ereilt wird, so helft ihm wieder zurecht mit sanftmütigem Geist, ihr, die ihr geistlich seid; und sieh auf dich selbst, dass du nicht auch versucht werdest"* (Gal. 6,1). Dies passt auch zu den Worten Jesu: *„Wenn nun ich, euer Herr und Meister, euch die Füße gewaschen habe, so sollt auch ihr euch untereinander die Füße waschen"* (Joh. 13,14).

In der Gemeinde spornen sich die Mitglieder gegenseitig in der Heiligung des Lebenswandels an, damit unser ganzes Wesen, das von der Welt gesehen und gelesen wird, mehr und mehr Christusähnlichkeit zeigt. In diesem Bemühen kann man aber auch auf Widerstand stoßen; dann kommt es zur Gemeindezucht.

Biblische Gemeindezucht

Manche wollen die Berechtigung einer Gemeindezucht für unsere Zeit zurückweisen, weil Jesus in einem Gleichnis gelehrt hat, dass Weizen und Unkraut miteinander wachsen sollen bis zur Ernte: *„und um die Erntezeit will ich zu den Schnittern sagen: Sammelt zuerst das Unkraut und bindet es in Bündel, dass man es verbrenne; aber den Weizen sammelt mir in meine Scheune"* (Matth. 13,30).

Doch bei dieser Aussage Jesu darf man nicht vergessen, dass der Acker hier nicht die Gemeinde, sondern die Welt ist (Matth. 13,38). Folgende Bibelworte belehren uns eines anderen:

„Seht zu, liebe Brüder, dass keiner unter euch ein böses, ungläubiges Herz habe, das abfällt von dem lebendigen Gott; sondern ermahnt euch selbst alle Tage, solange es 'heute' heißt, dass nicht jemand unter euch verstockt werde durch den Betrug der Sünde" (Hebr. 3,12-13).

„... und lasst uns aufeinander Acht haben und uns anreizen zur Liebe und zu guten Werken, und nicht verlassen unsre Versammlungen, wie einige zu tun pflegen, sondern einander ermahnen, und das um so mehr, als ihr seht, dass sich der Tag naht" (Hebr. 10,24-25).

Dass ein solches Ermahnen in der Gemeinde auch zu einer Scheidung der Wege führen kann, lernen wir von Paulus:

„Ich ermahne euch aber, liebe Brüder, dass ihr euch in Acht nehmt vor denen, die Zwietracht und Ärgernis anrichten entgegen der Lehre, die ihr gelernt habt, und euch von ihnen abwendet" (Röm. 16,17).

„Wir gebieten euch aber, liebe Brüder, im Namen unseres Herrn Jesus Christus, dass ihr euch zurückzieht von jedem Bruder, der unordentlich lebt und nicht nach der Lehre, die ihr von uns empfangen habt" (2. Thess. 3,6).

Paulus gibt uns dazu noch ein Beispiel, wie er strenge Gemeindezucht geübt hat (1. Kor. 5).

Zweck der Gemeindezucht

Einige Punkte zum Zweck der Gemeindezucht möchte ich unbedingt festhalten:

- Bei der Gemeindezucht geht es nicht darum, an Traditionen oder an gewissen kulturellen Gebräuchen festzuhalten.
- Es geht auch nicht in erster Linie darum, dass man ein Urteil darüber fällt, ob jemand bekehrt ist oder nicht. Es geht hier mehr um die richtige Einstellung des Einzelnen und ob sein Leben des Evangeliums Christi würdig ist.
- Es geht darum, die Reinheit der Gemeinde in Wort und Wandel zu bewahren (Offb. 2,40 und 1. Thess. 4,12).
- Es geht um die Wiederherstellung eines Mitgliedes, das geirrt hat, *„damit sie in Zucht genommen werden und nicht mehr lästern"* (1. Tim. 1,20).
- Gemeindezucht soll als Warnung für die anderen dienen: *„Die da sündigen, die weise zurecht vor allen, damit sich auch die andern fürchten"* (1. Tim. 5,20).

So heißt es nach der Gemeindezucht in Jerusalem, die Petrus durchführte und Ananias und Saphira wegen ihres Betrugs den Tod brachte: *"Und es kam eine große Furcht über die ganze Gemeinde und über alle, die das hörten"* (Apg. 5,11).

Methoden der Gemeindezucht

Biblische Begründung

Die von der Gemeinde vertretene Meinung oder das Urteil über ein Gemeindeglied soll immer biblisch belegt werden. Es geht hier nicht um menschliche Meinungsverschiedenheiten, sondern um die Einstellung zu Themen, die im Wort Gottes festgelegt sind (Apg. 20,28.32).

Biblische Abfolge der Ermahnung

Die Reihenfolge der Schritte für eine Gemeindezucht wird uns von Jesus selbst in Matth. 18,15-18 gegeben:

<u>Erster Schritt:</u> Zuerst *"geh hin und weise ihn zurecht zwischen dir und ihm allein."* Dieser persönliche Weg, der schon informell durchgeführt werden kann, soll dem Irrenden die Möglichkeit zur Umkehr geben, ehe die Angelegenheit weitergetragen wird.

<u>Zweiter Schritt:</u> Nur wenn er darauf nicht hört, *"so nimm noch einen oder zwei zu dir, damit jede Sache durch den Mund von zwei oder drei Zeugen bestätigt werde"* (Matth. 18,16). Hier wird es nun formell und Zeugen, die auch mitwirken können, werden eine Notwendigkeit, um den Bruder zurückzugewinnen.

<u>Dritter Schritt:</u> *"Hört er auf die nicht, so sage es der Gemeinde."* Solange der Irrende unbußfertig bleibt, wird er nicht vor die Gemeinde geladen, sondern der Seelsorger sagt der Gemeinde, wie es um ihn steht.

<u>Vierter Schritt:</u> *"Hört er auch auf die Gemeinde nicht, so sei er für dich wie ein Heide und Zöllner"* oder, wie Paulus es sagt: *"Verstoßt ihr den Bösen aus eurer Mitte!"* (1. Kor. 5,13). Dies geschieht nur, wo keine Umkehr des Irrenden erreicht werden kann.

Ursachen für Gemeindezucht

Im Zusammenhang mit einigen Bibelstellen möchte ich verschiedene Ursachen zur Durchführung von Gemeindezucht nennen.
- Rechthaberei, wenn ein unbeugsamer Egoist durch seine Einstellung immer wieder Zank und Streitigkeiten verursacht (1. Kor. 11,16; Tit. 3,10)

- Eine unbußfertige Einstellung (Matth. 18,15-18)
- Falsche Lehre (1. Tim. 1,19-20; 1. Tim. 6,3-5; Gal. 1,6-9)
- Moralisches Vergehen (1. Kor. 5,1-3)
- Ein unordentliches Leben (2. Thess. 3,6)
- Ein Dauerverhältnis zwischen einem Gläubigen und einem Ungläubigen (2. Kor. 6,14-18)
- Ungehorsam einer Gemeinde gegenüber, die ihn auf dem Boden der Heiligen Schrift zur Umkehr ermahnt (Matth. 18,15-18)

Ziel der Gemeindezucht

Das Ziel der Gemeindezucht soll nie der Ausschluss selbst sein, sondern die Gemeinde soll dem Irrenden helfen, seinen Irrtum zu erkennen und den Weg in die Gemeinschaft zurückzufinden. Es ist sehr wichtig, dass die Gemeindezucht mit feststehenden Tatsachen, die den Irrtum des Mitgliedes belegen, beginnen soll, niemals mit bloßen Gerüchten und ohne Untersuchung des Wahrheitsgehalts von Beschuldigungen anderer.

Solch eine Gemeindezucht muss auch für die Diener der Gemeinde gelten. Doch *„gegen einen Ältesten nimm keine Klage an ohne zwei oder drei Zeugen"* (1. Tim. 5,19). Dabei soll die Gemeinde sich also doppelt versichern, dass die Anklagen berechtigt sind und aus reinen Motiven erhoben werden. Sonst könnten viele Gemeindemitarbeiter, die durch ihren Dienst stärker in den Vordergrund rücken, durch willkürliche Kritik und launenhafte oder gefühlskalte Beschuldigungen in ihrem Dienst lahmgelegt werden.

Pflege der Gemeinschaft von Gläubigen

Von der ersten Gemeinde heißt es: *„Sie blieben aber beständig in der Lehre der Apostel und in der Gemeinschaft und im Brotbrechen und im Gebet"* (Apg. 2,42).

Die Evangelisation der ersten Gemeinde, die in dem vorhergehenden Vers beschrieben wird, ist hier nicht erwähnt. Doch dürfen wir sie sicher zu den vier Bereichen des Gemeindeprogramms, die bereits genannt wurden, hinzuzählen. Also bestand die Gemeinde nicht nur aus einem dieser fünf Aspekte, sondern alle fünf zusammen machten sie zu einer gesunden Gemeinde.

Wo allerdings einer der fünf Bereiche fehlt, entsteht ein bestimmter Mangel; das sollte wiederum bewirken, dass jede

Gemeinde ihr Programm überprüft, ob diese fünf Aspekte in ihrem Programm gebührenden Platz finden. Viele meiner Zuhörer haben mir schon ihr Bedauern bekundet, dass sie zu Gemeinden gehören, in denen sie nur schwer Gemeinschaft erleben können. Das Bedürfnis nach Gemeinschaft erfahren alle Menschen gleich. Gott hat es in sie hineingelegt. Und er selbst sagt, dass es nicht gut sei, wenn der Mensch allein ist.

In unserer fortgeschrittenen Kultur, in der sich die Industrie vermehrt und die Automation zugenommen hat, ist das Bedürfnis nach Gemeinschaft nicht weniger geworden. Mehr und mehr fühlen sich die Menschen nicht als Persönlichkeit betrachtet, sondern als Nummer, als Zahl. Wir stehen in der Gefahr, den Menschen zu einer Maschine abzustempeln, besonders dann, wenn er Tag für Tag an einem Fließband steht und ein und dieselbe Arbeit verrichten muss. Selbst Familien werden durch den Beruf auseinander gerissen und es kann wiederholt vorkommen, dass der Mann die Arbeit seiner Frau nicht versteht und die Frau nicht die Arbeit ihres Mannes. Den Kindern geht es ähnlich. Obwohl man von Menschen umgeben ist, empfindet man innerlich eine große Einsamkeit. Wenn es die Gemeinde nun versteht, dem Menschen eine Gemeinschaftserfahrung zu bieten, so hat sie darin eine starke Anziehungskraft.

Vorbedingungen für eine Gemeinschaftserfahrung

Die gleiche Rangstufe

Gemeinschaft erfordert, dass sich diejenigen, die Gemeinschaft erfahren wollen, auf eine Stufe stellen müssen.

Warum war Adam im Garten Eden einsam? Gott war doch da und er war von allerlei Tieren umgeben. Ja, aber Gott war höher, und die Tiere waren niedriger als er und es gab niemand seinesgleichen. Gott wusste den Ausweg aus dieser Not und schenkte ihm eine Gehilfin, eine gleichwertige Person. Und als Gott Eva dem Adam vorstellte, brach Adam in Jubel aus, der im Urtext wie folgt lautet: *„Das ist endlich Bein von meinem Bein und Fleisch von meinem Fleisch"* (1. Mose 2,23). Dieser Ausruf zeigt uns, wie sehr sich Adam nach jemandem gesehnt hatte, der von derselben Art war.

Die zwischenmenschlichen Beziehungen in unserer Gesellschaft sind oft in unterschiedliche Rangstufen eingeordnet. Da stehen sich Eltern und Kinder, Lehrer und Schüler, Arzt und

Patient, Staatsleute und Bürger, Verkäufer und Kunde usw. gegenüber. Der eine fühlt sich von oben herab behandelt, der andere schaut manchmal auf einen herunter. In unseren Tagen sprechen wir von allerlei Rang- und Sozialschichtstufen der Menschen – die unterste, mittlere und obere Stufe. Je mehr Stufen wir haben, um so schwieriger wird die Gemeinschaft untereinander.

Doch als Jesus geboren wurde, kamen die verachteten Hirten vom Feld und knieten vor ihm. Auch die hoch geachteten Weisen kamen vom Osten, fielen auf ihre Knie und beteten Jesus an. Damit standen sie alle auf einer Stufe. Das kann wohl nur in Christus geschehen, denn es heißt: *„Ein Bruder aber, der niedrig ist, rühme sich seiner Höhe; wer aber reich ist, rühme sich seiner Niedrigkeit, denn wie eine Blume des Grases wird er vergehen"* (Jak. 1,9-10). Paulus spricht von denen, die in Christus eine neue Kreatur geworden sind:

„Hier ist nicht Jude noch Grieche, hier ist nicht Sklave noch Freier, hier ist nicht Mann noch Frau; denn ihr seid allesamt einer in Christus Jesus" (Gal. 3,29).

„Denn es ist hier kein Unterschied: Sie sind allesamt Sünder und ermangeln des Ruhmes, den sie bei Gott haben sollten" (Röm. 3,23).

„Denn aus Gnade seid ihr selig geworden durch Glauben, und das nicht aus euch: Gottes Gabe ist es, nicht aus Werken, damit sich nicht jemand rühme" (Eph. 2,8-9).

Gnadenkinder stehen alle auf einer Stufe und somit haben wir die Voraussetzung für eine Gemeinschaft in der Gemeinde, wie sie nirgendwo sonst möglich ist.

Die gleiche Heilserfahrung

Gemeinschaft erfordert gegenseitiges Verständnis, und dieses basiert darauf, dass man ähnliche Erfahrungen gemacht hat.

Menschen, bei denen wichtige Erfahrungen ähnlich sind, fühlen sich zueinander hingezogen, denn sie haben etwas, das ihnen behilflich ist, einander zu verstehen. Für einen Christen zählt das zu den größten Erfahrungen, was er mit seinem Herrn erlebt hat. Obwohl die äußere Form der Erfahrung unterschiedlich sein kann, ist doch die innere Erfahrung der Christen die gleiche. Folgende Erfahrungen sollen einmal aufgezählt werden:

In der Gegenwart des Herrn erfährt jeder eine <u>totale Bloßstellung</u>. Er sieht sich auf einmal so, wie er ist. Jesaja sah den Herrn auf seinem hohen und erhabenen Stuhl und rief aus: *„Weh mir, ich* *vergehe! Denn ich bin unreiner Lippen und wohne unter einem Volk von unreinen Lippen; denn ich habe den König, den Herrn Zebaoth, gesehen mit meinen Augen"* (Jes. 6,5). Nachdem Petrus die ganze Nacht gefischt und nichts gefangen hatte, sagte der Herr Jesus zu ihm: *„Fahre hinaus, wo es tief ist, und werft eure Netze zum Fang aus!"* (Luk. 5,4). Petrus gehorchte, und sie fingen eine große Menge Fische, mit denen sie zwei Schiffe füllen konnten. Da erkannte Petrus mit einem Mal, dass der Herr, der in seinem Schiff stand, mehr als ein Mensch war. Er war Gott. Und es heißt: *„Als das Simon Petrus sah, fiel er Jesus zu Füßen und sprach: Herr, geh weg von mir! Ich bin ein sündiger Mensch"* (Luk. 5,8).

Auf dem Weg nach Damaskus umleuchtete Saulus plötzlich *„ein Licht vom Himmel; und er fiel auf die Erde und hörte eine Stimme, die sprach zu ihm: Saul, Saul, was verfolgst du mich?"* (Apg. 9,3-4). Diese Erfahrung führte ihn dahin, dass er später sagen konnte: *„Das ist gewisslich wahr und ein Wort, des Glaubens wert, dass Christus Jesus in die Welt gekommen ist, die Sünder selig zu machen, unter denen ich der erste bin"* (1. Tim. 1,15). Merken wir, dass die Erfahrungen von Jesaja, Petrus und Paulus ähnlich sind? In der Gegenwart Gottes sahen sie sich ganz entblößt. Sie sahen sich so, wie sie wirklich waren.

Die zweite Erfahrung, die sich bei allen Gläubigen ähnlich findet, ist ebenso ergreifend: <u>Die wunderbare Vergebung</u>, die jedem einzelnen zugesprochen wurde. David sagte: *„Darum bekannte ich dir meine Sünde, und meine Schuld verhehlte ich nicht. Ich sprach: Ich will dem Herrn meine Übertretungen bekennen. Da vergabst du mir die Schuld meiner Sünde"* (Ps. 32,5). Johannes schrieb: *„und das Blut Jesu, seines Sohnes, macht uns rein von aller Sünde"* (1. Joh. 1,7).

Diese Befreiung von aller Schuld ist sicher eine Erfahrung, die kaum jemand vergessen kann. Als dritte Erfahrung könnten wir die <u>Innewohnung des Heiligen Geistes</u> nennen, die wir in dem Moment, in dem uns Vergebung zuteil wurde, erfahren. *„Ihr aber seid nicht fleischlich, sondern geistlich, wenn denn Gottes Geist in euch wohnt. Wer aber Christi Geist nicht hat, der ist nicht sein"* (Röm. 8,9).

Als nächste Erfahrung möchte ich die <u>Heilsgewissheit</u> nennen (1. Joh. 3,1.14).

Und als letzte Erfahrung, die alle Wiedergeborenen machen durften, wollen wir das <u>Vater-Kind-Verhältnis</u> anführen, das wir zu unserem ewigen Gott im Himmel haben.

Alle, die diese Erfahrungen gemacht haben, brauchen sich gar nicht lange zu kennen oder viele Einzelheiten aus dem Leben eines anderen Christen gehört zu haben. Diese Erfahrungen bilden eine Basis, auf der sich „Herz zum Herzen findet" und auf der man tiefe Gemeinschaft erfahren kann. Eine solche Gemeinschaftsbasis kann die Welt nicht bieten; doch in einer Gemeinde, wo alle Glieder Erfahrungen mit dem Herrn gemacht haben, kann man Gemeinschaft erleben. Wer diese Erfahrungen nicht gemacht hat, kann das allerdings gar nicht verstehen.

Als ich vor etwa zwanzig Jahren zum ersten Mal die Auka-Indianer in Ecuador besuchte, hatte ich das Empfinden, dass zwischen ihnen und mir eine tiefe Kluft lag, die kaum zu überbrücken war. Doch Kimo und Georg, zwei der Indianer, die an dem Mord von fünf Missionaren beteiligt gewesen waren, hatten sich später bekehrt. Als wir dann von unserer Heilserfahrung sprachen, war jede Distanz verschwunden, und wir fielen uns gegenseitig in die Arme.

Zur Gemeinschaft führende Schritte

<u>Aufrichtige Liebe füreinander</u>

Menschliche Liebe hat ihre Grenzen, doch den Kindern Gottes hat der Herr seine Liebe durch den Heiligen Geist in ihre Herzen ausgegossen (Röm. 5,5). Diese Liebe versagt nie und kann selbst dann noch lieben, wenn sie nicht erwidert wird. Gemeindeglieder dürfen die Liebe Gottes für den Mitmenschen als eine Wirklichkeit in ihrem Herzen erfahren. Man braucht sich gar nicht zu bemühen, immer wieder menschliche Liebe aufzubauen. Man darf nur der Liebe Gottes, die in uns ist, nichts in den Weg stellen, damit sie sich ungehindert auf den anderen ergießen kann.

Wer hierbei nicht anfangen will, wird selbst in der Gemeinde über Einsamkeit klagen. Denn diese Liebe nimmt den Menschen so an, wie er ist, und nicht nur so, wie er sein sollte. Manche Menschen sind zwar bereit zu lieben, doch unter der Bedingung, dass sie den Mitmenschen vorher ändern können. Sobald man versucht, einen Menschen zu verändern, verdrängt man aber die Gemeinschaft mit ihm. Man muss sich gegenseitig schon so lieben, wie man ist.

Kapitel 9 – Aufgaben innerhalb der Gemeinde

Vollkommene Annahme untereinander

Der zweite Schritt zur Gemeinschaft ist der, dass man sich gegenseitig vollkommen akzeptiert. Paulus sagt: *„Darum nehmt einander an, wie Christus euch angenommen hat zu Gottes Lob"* (Röm. 15,7). Bei diesem Schritt werden alle persönlichen Vorbehalte, die man gegen einen Mitmenschen hat, aus dem Weg geräumt. Das ist zum Teil schon in der Liebe mit eingeschlossen. Doch manchmal finden sich selbst dann, wenn man jemanden liebt, immer wieder Gründe, um sich von ihm etwas fernzuhalten, sodass man zuletzt zögert, sich ihm ganz auszuliefern. Wenn das geschieht, wird Gemeinschaft verhindert.

Es reiste einmal ein Missionar zu seinem Arbeitsfeld in einem Land, in dem die Einheimischen seiner Einschätzung nach nicht sehr sauber waren. Durch das Zugfenster sah er Gerumpel und Unordnung, und er begann sich vor den Einheimischen zu ekeln. Er schrie zu Gott: „Herr, wohin hast du mich geschickt? Was kann ich mit diesen Menschen anfangen?" Doch Jesus antwortete ihm mit der Frage: *„Simon, Sohn des Johannes, hast du mich lieb?"* aus Joh. 21,17. Der Missionar entgegnete darauf: „Ja! Aber diese Menschen kann ich nicht lieben." Darauf erwiderte Jesus: „Weide meine Schafe!"

In dem Moment erfuhr der Missionar eine Veränderung, und er konnte die Einheimischen so akzeptieren, wie sie waren. Seine Einstellung ihnen gegenüber wirkte sich derart aus, dass viele zu ihm kamen, um sich ihm anzuvertrauen, und durch seine Arbeit fanden sie Jesus, ihren Retter.

In einer Gemeinde können wirklich sehr verschiedene Menschen sein. Doch wenn man sich gegenseitig annimmt, wie Christus uns angenommen hat, dann erfährt die Gemeinde trotz großer Unterschiede bei den Gliedern die Gemeinschaft, nach der sich das menschliche Herz sehnt.

Wachsendes Verständnis füreinander

Jedes menschliche Herz sehnt sich danach von anderen verstanden zu werden. Oft meint man, dass es genügt, das Problem eines anderen zu verstehen und man fängt an, Ratschläge zu geben, bevor man die Person versteht. Viele bibeltreue Christen meinen, die Probleme anderer verstehen zu können, und sind eifrig dabei, ihnen einen Rat zu erteilen. Sie erkennen aber nicht, dass ein noch so guter Rat abstößt, wenn der Betreffende empfinden muss, dass man ihn gar nicht versteht. Die Einstellung des Menschen, der das Problem hat, ist wichtiger als das Problem selbst. Also muss man sich zuerst die Mühe machen, die Einstellung der Person, die von der anderer Menschen mit ähnlichen Problemen bedeutend abweichen kann, zu verstehen. Das erfordert, dass man sich Zeit nimmt und dem Betreffenden die Gelegenheit gibt, sich ausführlich mitzuteilen.

Gemeinschaft besteht nicht aus vielem Reden. Mindestens so nötig ist verständnisvolles Zuhören. Die Bibel sagt, *„ein jeder Mensch sei schnell zum Hören, langsam zum Reden"* (Jak. 1,19). Machen wir es nicht oft umgekehrt, sind schnell im Reden und langsam im Hören? Um die Gemeinschaft zu erhalten, müssen wir aber umdenken und anders handeln. Man muss den Mitmenschen erst verstehen lernen und ihm dann antworten.

Das Wesen wahrer Gemeinschaft

Um das Wesen wahrer Gemeinschaft verstehen zu können, könnten wir das, was nach unserer Meinung Gemeinschaft sein soll, aber nicht ist, dem gegenüberstellen, was Gemeinschaft wirklich ist.

Gemeinschaft ist:	Gemeinschaft ist nicht:
Miteinander austauschen	Sich anderen mitteilen (Vortrag)
Gegenseitiger Gedankenaustausch	Anderen Informationen erteilen
Gemeinsames Suchen, um eine Antwort zu finden	Gültige Antworten geben
Überzeugungen des anderen verstehen und respektieren	Andere für unsere Überzeugung gewinnen
Beim Suchen nach gegenseitigem Verständnis bildet die Person den Mittelpunkt	Beim Suchen nach richtiger Erkenntnis bildet die Wahrheit selbst den Mittelpunkt

Die anderen akzeptieren, wie sie sind	Die anderen zu verändern suchen
Sich reif erweisen, indem man seine Gefühle kontrolliert	Nur gute Gefühle für den anderen empfinden

Zwei Quellen können eine wachsende Christus-Erkenntnis fördern:
1. Gottes Selbstoffenbarung durch sein Wort
2. Sein Wirken im Leben anderer (Gott spricht zu uns durch die Erfahrung anderer)

Gemeinschaft muss sich an der Wahrheit orientieren, sich aber auf die Person konzentrieren! Der Gemeinde, in der nicht bewusst Gemeinschaft als Gemeindeerfahrung gepflegt wird, fehlt etwas. Man kann gute, „apostolische" Lehre hören und doch nach der Versammlung einsam nach Hause gehen. Man kann beim Brotbrechen oder beim heiligen Abendmahl persönlich mit Gott in Verbindung treten, sich aber doch von Menschen verlassen fühlen. Man kann sogar in der Gebetsstunde sitzen und manche Bedürfnisse mit der Gemeinde zusammen vor den Herrn bringen und doch das Empfinden haben, dass niemand nach dem eigenen Ergehen fragt. Dabei hat die Gemeinde die Aufgabe, dieses Bedürfnis nach Gemeinschaft zu erkennen und Vorkehrungen zu treffen, sie in der Gemeinde zu verwirklichen.

In großen Versammlungen ist das allerdings schwer zu erreichen. Es könnte erforderlich sein, dass man für Erfahrungen in kleineren Gruppen sorgt, z.B. in Hauskreisen. In jedem Fall ist (s. Apg. 6) der Dienst von Diakonen erforderlich, wenn sich jemand in der Gemeinde übersehen fühlt. In unserer Gesellschaft findet man viel Einsamkeit, und die Not nimmt in unseren Tagen immer mehr zu. Deswegen ist es dringend notwendig, dass die Gemeinde Jesu ihre Aufgabe erkennt und praktische Vorkehrungen trifft, um hier Bedürfnissen entgegenzukommen.

Ein Zeuge Jesu sein

Begriffsdeutung

Viele Christen sind sich nicht darüber im klaren, was mit diesem Ausdruck gemeint ist. Um der wirklichen Bedeutung etwas näher zu kommen, sollten wir diesen Auftrag von anderen biblisch berechtigten Aufgaben etwas abgrenzen:

Nicht: ermahnen

Ein Zeuge Jesu zu sein bedeutet nicht, dass wir andere ermahnen sollen. Ermahnen ist zwar eine biblisch berechtigte Aufgabe. Auch Paulus sagt: *„Ist jemand Ermahnung gegeben, so ermahne er"* (Röm. 12,8), und er freute sich, *„dass ihr euch untereinander ermahnen könnt"* (Röm. 15,14).

Paulus ermutigt z.B. die Thessalonicher, indem er sie auffordert: *„Darum ermahnt euch untereinander, und einer erbaue den anderen, wie ihr auch tut"* (1. Thess. 5,11).

Wir erkennen darin, dass manche Gotteskinder die Aufgabe des Ermahnens vom Herrn empfangen haben. Doch ein Zeuge Jesu zu sein bedeutet etwas anderes.

Manche wiederum glauben, dass sie ein Zeuge gewesen sind, wenn sie jemandem, der unrecht gehandelt hat, tüchtig die Wahrheit gesagt haben. Was sie gesagt haben, mag schon richtig gewesen sein, aber ein Zeugnis für Christus ist es deswegen nicht.

Nicht: belehren

Christus bezeugen ist auch nicht gleichbedeutend mit lehren, obwohl dies bestimmt auch eine biblisch berechtigte Aufgabe ist. Jesus selbst erteilt seinen Jüngern einen Lehrauftrag im Rahmen des Missionsbefehls: *„Darum gehet hin und machet zu Jüngern alle Völker: Taufet sie im Namen des Vaters und des Sohnes und des Heiligen Geistes und lehret sie halten alles, was ich euch befohlen habe"* (Matth. 28,19-20).

Ein Lehrer informiert und erklärt. Das dürfen wir auch nicht unterlassen. Doch anschließend beschäftigen wir uns eingehend mit dem, was uns die Bibel von Jesus sagt und wie seine Worte zu verstehen sind. Das ist bestimmt eine wichtige Aufgabe, aber Zeuge sein bedeutet etwas ganz anderes.

Nicht: überzeugen
Belehren ist noch etwas anderes als Zeugnis geben. Hier wird Menschen ein notwendiger Rat erteilt, die in der Gefahr stehen, eine falsche Entscheidung zu treffen. Dabei hat man es mit moralischen Werten zu tun, und man versucht, den anderen zu überzeugen, so dass er den richtigen Weg einschlägt. Das ist ein wunderbarer Dienst, aber ein Zeuge zu sein ist etwas anderes.

Nicht: evangelisieren
Evangelisieren ist auch etwas anderes, als von Gott zu zeugen. Diese Behauptung mag manch einem fremd vorkommen, weil zu selten der Unterschied zwischen evangelisieren und zeugen hervorgehoben wurde. Folgender Satz könnte uns helfen, das besser zu verstehen: Das Ziel der Evangelisation ist, Menschen zu Christus zu führen – beim Zeugnis bringen wir Christus zu den Menschen. Evangelisation ist wirklich schwierig, wenn das Zeugnis unterlassen wird. Wenn es irgend möglich ist, sollte das Zeugnis der Evangelisation vorausgehen. Es ist sicher leichter, Christus zu den Menschen zu bringen, als die Menschen zu Christus zu führen. Das bedeutet aber nicht, dass wir die Evangelisation vernachlässigen sollen. Doch die Evangelisation unter Ungläubigen wird viel leichter, wenn sie Jesus Christus bereits durch Zeugnisse kennengelernt haben.

Ein biblisches Beispiel
Die Antwort darauf, was ein Zeuge zu sein bedeutet, gibt uns Jesus in Markus 5, wo er einen Besessenen von den bösen Geistern befreite. Als Jesus danach weiterziehen wollte, bat der Befreite, doch auch aufs Schiff kommen zu dürfen, denn er wollte bei Jesus sein. Die meisten Seelsorger heute hätten diesem Neubekehrten wahrscheinlich geraten, seine bisherige Gesellschaft zu verlassen und nahe bei Jesus zu bleiben. Doch zu unserer Verwunderung lesen wir, dass Jesus das nicht zuließ, sondern zu ihm sagte: *„Geh hin in dein Haus zu den Deinen und verkünde ihnen, welch große Wohltat dir der Herr getan und wie er sich deiner erbarmt hat"* (Mark. 5,19).

Aus diesen Worten Jesu dürfen wir schließen, was bezeugen eigentlich bedeutet: Dieser Neubekehrte sollte zurück zu seinen Freunden gehen und ein Zeuge sein, indem er ihnen einfach erzählen sollte, was Jesus für ihn getan hatte. Ja, ein Zeuge Jesu zu sein bedeutet, anderen zu erzählen, was Jesus für einen persönlich getan hat. Bezeugen heißt nicht, dass man berichtet, was der Herr an Abraham, Mose, Elia, Petrus oder Paulus bewirkt hat. Es bedeutet auch nicht, dass wir anderen sagen, was Gott für Martin Luther, Ignatius, John Wesley oder Billy Graham getan hat. Das hat zwar alles seinen Platz. Aber ein persönliches Zeugnis besteht darin, dass wir anderen sagen, was der Herr für uns persönlich getan hat und was er uns bedeutet.

Voraussetzung um ein Zeuge Jesu zu sein
Um ein wirksamer Zeuge Jesu zu sein, braucht man keine entsprechende Bildung, wie wünschenswert diese generell auch sein mag. Man braucht dabei auch keine gut formulierte und vorbereitete Rede zu halten. Auch mit theologischen Begriffen oder Ausdrücken braucht man sich nicht zu plagen. Man muss lediglich eine einschneidende Erfahrung mit Jesus gemacht haben.

In Markus 5 haben wir zunächst ein Zeugnis von Menschen, die einige Erfahrungen gemacht hatten: *„als die Schweinehirten sahen, was aus dem Besessenen geworden war, flohen sie in die Stadt und verkündeten dies den Leuten dort und auf dem Land"* (Mark. 5,14). *„Und die es gesehen hatten, erzählten ihnen, was mit dem Besessenen geschehen war, und das von den Säuen"* (Mark. 5,16).

Wir haben keinen Grund anzunehmen, dass die Hirten nicht die Wahrheit sagten, aber sie selbst hatten keine direkte Erfahrung mit Jesus gemacht. Was für eine Wirkung hatte dann ihr Zeugnis von Jesus? Die Leute kamen aus der Stadt zu Jesus und sahen den, der vom Teufel besessen war, wie er bekleidet und vernünftig dasaß, und fürchteten sich. Weiter heißt es in V. 17: *„Und sie fingen an und baten Jesus, aus ihrer Gegend fortzugehen."* Ein großartiges Zeugnis ohne eigene persönliche Erfahrung ist der Welt widerlich und von den Ungläubigen nicht erwünscht.

Wie ganz anders war es aber mit dem, der eine Erfahrung mit Jesus gemacht hatte. Der Befreite *„ging hin und fing an, in den Zehn Städten auszurufen, welch große Wohltat ihm Jesus getan hatte; und jedermann verwunderte sich"* (Mark. 5,20).

Merken wir, wie einfach das Zeugnis und wie gewaltig die Wirkung war: Jedermann verwunderte sich. Ein theoretisches Zeugnis kann bestritten werden. Aber wenn jemand vor uns steht und z.B. sagt: *„Eins aber weiß ich: dass ich blind war und bin nun sehend"* (Joh. 9,25), dann ist die Auswirkung spürbar und weitaus größer.

Gegen eine Erfahrung kann man einfach nichts erwidern, da ist etwas dran: *„und jedermann verwunderte sich".*

Zudem hat Gott den Menschen so geschaffen, dass es ihn, wenn er eine schöne Erfahrung gemacht hat, drängt, diese anderen mitzuteilen. Warum erzählen Menschen, die von einer langen Reise zurückkommen, so viel? Weil sie so viel erfahren haben! Sie laden ihre Freunde und Nachbarn ein, zeigen Bilder und erzählen, wie es ihnen ergangen ist. Es ist für sie eine Freude, anderen davon weiterzusagen.

Denken wir uns nun einen Menschen, der eine Erfahrung mit Jesus gemacht hat. Er erfuhr volle Vergebung, begann ein neues Leben, fand einen tiefen Sinn für sein Dasein, und vor ihm öffnete sich eine lebendige Hoffnung für die Zukunft. Dieser Mensch muss sich wirklich schwer beherrschen, wenn er davon schweigen soll. Ein Mann Gottes soll einmal gesagt haben: „Wenn das, was du von deiner Religion gewonnen hast, etwas ist, das du möglicherweise für dich behalten kannst, ohne es anderen mitzuteilen, dann ist das nicht Gottes größte Gabe des Evangeliums, und es ist nicht Erlösung. Die Tatsache, dass du es nicht weitergibst, beweist einfach, dass du das Leben nicht hast; denn wenn du es hättest, würde dich diese Tatsache drängen, sie weiterzutragen, weil es das ist, was es ist."

Dr. D. Edmund Hiebert, früherer Lehrer des Biblischen Seminars der Mennoniten Brüdergemeinden in Fresno/Kalifornien, lehrte folgendes: „Der Drang zum Zeugnis steht in einem direkten Verhältnis zur Tiefe deiner christlichen Erfahrung."

Doch solche Erfahrungen, die wir anderen mitteilen, dürfen nicht zu alt sein. Wir sind geneigt, ein und dieselbe Erfahrung immer wieder zu erzählen, selbst wenn sie schon Jahre her ist. Viele kennen das Zeugnis mancher Christen schon auswendig. Paulus spricht folgendermaßen von gesunden Christen: *„Darum werden wir nicht müde; sondern wenn auch unser äußerer Mensch verfällt,. so wird doch der innere von Tag zu Tag erneuert"* (2. Kor. 4,16). Diese tägliche Erneuerung ist eine Notwendigkeit für ein wirkungsvolles Zeugnis.

Israel erhielt in der Wüste Manna vom Himmel. Dieses war aber nur innerhalb von 24 Stunden genießbar – danach hatte es Würmer. Leider gibt es auch viel wurmstichiges Christentum, und dieses Zeugnis wird von der Welt zurückgewiesen. Wichtig sind also neue, frische Erfahrungen mit dem Herrn.

Doch hier hat die Gemeinde eine mehrfache Aufgabe: erstens die Mitglieder mit den Worten von Petrus zu ermahnen:
„Seid allezeit bereit zur Verantwortung vor jedermann, der von euch Rechenschaft fordert über die Hoffnung, die in euch ist" (1. Petr. 3,15), und zweitens darauf zu achten, dass der Inhalt des Zeugnisses nicht nur Schwärmerei ist oder dass man nicht soviel von Träumen erzählt (s. Jer. 23,25-28). Ein Zeugnis soll eine nüchterne Wiedergabe dessen sein, was jemand tatsächlich in jüngster Zeit mit Gott erlebt hat.

Zeugnismethoden

Es gibt viele, die sagen, dass man von seinem Christsein nicht viele Worte machen solle. Man sollte es ausschließlich durch seine Lebensweise bezeugen.

Jesus aber sagte zu dem befreiten Besessenen: *„Geh hin in dein Haus zu den Deinen und verkünde ihnen, welch große Wohltat dir der Herr getan und wie er sich deiner erbarmt hat"* (Mark. 5,19). Darauf lesen wir über ihn: *„und er ging hin und fing an, in den Zehn Städten auszurufen, welch große Wohltat ihm Jesus getan hatte"* (V. 20).

Außerdem lesen wir in Röm. 10,9: *„Denn wenn du mit deinem Munde bekennst, dass Jesus der Herr ist, und in deinem Herzen glaubst, dass ihn Gott von den Toten auferweckt hat, so wirst du gerettet."* Selbstverständlich darf der Lebenswandel dem Gesagten nicht widersprechen, denn es heißt zu Recht: „Was du tust, spricht so laut, dass ich nicht hören kann, was du sagst."

Dennoch müssen wir andererseits zugeben, dass es manche Wahrheiten gibt, die man mit der Lebensweise allein nicht bezeugen kann. Wie will man z.B. nur mit dem Leben zeigen, was Vergebung oder Gnade bedeutet, damit andere Menschen es verstehen können? Der Lebenswandel allein sagt nicht alles.

Ein Mann war von einem Musikkonzert so hingerissen, dass er nach Hause ging und so leben wollte, dass alle Menschen in seiner Umgebung merken sollten, wie herrlich diese Musik gewesen war. Doch trotz all seines Bemühens konnte er mit seiner Lebensweise allein keine Vorstellung davon vermitteln, wie schön das Konzert gewesen war. Er konnte es ihnen nur erzählen und sie dann einladen, beim nächsten Mal mitzukommen und es sich selbst anzuhören. So ähnlich ist es auch bei der Heilserfahrung, und auf diese Weise muss man auch mit Vergebung oder Gnade umgehen.

Darüber hinaus stimmt es auch, dass man selbst mit dem besten

Leben zwar die Aufmerksamkeit der Menschen auf sich ziehen kann, damit allein aber niemandem hilft oder ihn rettet. Es ist absolut notwendig, dass neben einem des Evangeliums würdigen Lebenswandel eine mündliche Erklärung dazu abgegeben wird, damit das Lob für eine angenehme Lebensweise nicht uns gehört, sondern Gott, und zeigt, dass es nur eine Frucht davon ist, was Jesus in unserem Herzen getan hat.

Das Zeugnis zu Hause
Unser Zeugnis für Christus soll bereits zu Hause anfangen. Jesus sagte dem befreiten Besessenen zuerst: *„Geh hin in dein Haus zu den Deinen und verkünde ihnen, welch große Wohltat dir der Herr getan und wie er sich deiner erbarmt hat."*

Doch für viele ist das gesprochene Zeugnis zu Hause am schwersten. In der Gemeinde, bei einer Versammlung, auf der Straße oder irgendwo sonst kann man vielleicht etwas äußern, doch zu Hause ist man stumm, eventuell stumm gemacht worden. Das wird auch seinen Grund haben. Denn niemandem ist unser Lebenswandel wohl so bekannt wie unseren Angehörigen, und wenn das Leben hier nicht mit dem Zeugnis übereinstimmt, erregt das begreiflicherweise Ärger.

Zu dieser Situation gibt uns Petrus einen Rat, den er an die Frauen richtet: *„Desgleichen sollt ihr Frauen euch euren Männern unterordnen, damit auch die, die nicht an das Wort glauben, durch das Leben ihrer Frauen ohne Worte gewonnen werden, wenn sie sehen, wie ihr in Reinheit und Gottesfurcht lebt"* (1. Petr. 3,1-2). Dies setzt voraus, dass ein ungläubiger Mann schon weiß, was seine Frau erfahren hat; doch die Echtheit ihrer Heilserfahrung soll sich durch ihre Lebensweise bestätigen.

Ein Mann war wütend darüber, dass sich seine Frau für Christus entschieden hatte, denn seitdem änderte sich das ganze Familienleben bei ihm zu Hause. Seine Frau ging zu den Gemeindegottesdiensten, und er blieb unzufrieden zu Hause. Nach einigen Wochen aber schlich er sich – ohne das Wissen seiner Frau – auch in diese Kirche. Nach der Predigt erging der Aufruf, ob sich jemand zu Jesus bekehren wollte. Zur Überraschung der Frau trat ihr Mann nach vorne.

Als der Pastor ihn dann fragte, was ihn zu der Entscheidung bewogen hatte, erwiderte der Mann: „Es war eigentlich nicht Ihre Predigt. Aber ich habe schon mehrere Wochen mit Jesus in meinem Haus zusammengelebt. Ich habe keine weiteren Fragen mehr – ich möchte mich jetzt bekehren."

Auch gläubige Kinder, deren Eltern nicht an Gott glauben, sollten den Rat von Petrus ernstnehmen. Bestimmt haben die Eltern bereits gehört, was Jesus für ihre Kinder getan hat. Wenn ein Kind oder Jugendlicher etwas gefragt wird, sollten sie auch offen antworten. Doch oft bewirkt das Leben selbst, ohne viele Worte, am meisten.

Um zu Hause richtig durch Tat und Wort zeugen zu können, darf man sich natürlich in der Gemeinde seelsorgerliche Hilfe holen und um die Fürbitte anderer Christen bitten.

Das Zeugnis der Gemeinde

Die Gemeinde als Ganzes sollte auch in ihrer Stadt und Umgebung ein gutes Zeugnis sein. Dies setzt jedoch voraus, dass die Mitglieder der Gemeinde mit ihrem persönlichen Zeugnis und Lebensstil das Zeugnis der Gemeinde nicht schwächen, sondern stärken. Auch um den Ruf der Gemeinde willen sollte eine Gemeinde über den Zeugendienst ihrer Mitglieder wachen.

Manche Christen meinen es gut, doch bezüglich ihrer Art und Weise, ein Zeugnis zu geben, brauchen sie die nötige Unterweisung. Wenn es richtig gehandhabt wird, kann das Zeugnis eines Einzelnen bei einem Ungläubigen durchaus die Frage hervorrufen:

„Wohin gehst du denn zum Gottesdienst? Kann ich auch einmal mitkommen?" Viel zu selten passiert heute in der Gemeinde das, was der Prophet Sacharja von Israel sagt: *„Zu der Zeit werden zehn Männer aus allen Sprachen der Heiden einen jüdischen Mann beim Zipfel seines Gewandes ergreifen und sagen: Wir wollen mit euch gehen, denn wir hören, dass Gott mit euch ist"* (Sach. 8,23).

Kapitel 10
Aufgaben außerhalb der Gemeinde

Das Zeugnis der Gemeinde als Ganzes
Über das Zeugnis der einzelnen Glieder hinaus soll die Gemeinde auch ein Zeugnis als Körperschaft haben. Die Gesellschaft um uns herum soll nicht den Eindruck erhalten, dass das Christentum nur aus vielen Einzelpersonen besteht; sie soll vielmehr sehen, dass es einen starken Zusammenhalt unter Christen gibt, der sie zu einer Einheit macht. Als eine solche Einheit soll die Gemeinde in der Stadt oder in der näheren Umgebung bekannt werden.

Die Urgemeinde in Jerusalem wurde von ihren Feinden beschuldigt: *„Ihr habt Jerusalem erfüllt mit eurer Lehre und wollt das Blut dieses Menschen über uns bringen"* (Apg. 5,28).

Von wie vielen Gemeinden könnte man heute sagen, dass sie ihre Stadt oder Umgebung mit ihrer Lehre erfüllt haben? Und wie haben die ersten Christen es gemacht? Sie *„hörten nicht auf, alle Tage im Tempel und hier und dort in den Häusern zu lehren und zu predigen das Evangelium von Jesus Christus"* (Apg. 5,42).

Die Veranstaltungen der ersten Gemeinden wurden nicht alle in einem Gemeindezentrum abgehalten. Es gab eine gute Ausgewogenheit zwischen dem, was im Tempel geschah, und dem, was in den Häusern stattfand. Sie hatten nicht nur eine „Kommstruktur", bei der man Außenstehende zu den Veranstaltungen der Gemeinde im Gemeindezentrum einlud, sondern sie hatten auch eine „Geh-Struktur", wobei die Gemeindeglieder ihr Zeugnis und den Segen, der aus ihrem Zeugnis hervorging, in die Häuser brachten. Auf diese Weise erfuhren alle in der Stadt, selbst wenn sie niemals einen Gottesdienst der Gemeinde besucht hatten, welchen Glauben die Christen dort hatten und was Christus für sie bedeutete. So erhielt die Umgebung, in der sich die Gemeinde niedergelassen hatte, ein richtiges Bild von ihr. Diese zeugnishafte

Aufgabe der Gemeinde in der Gesellschaft, in der sie steht, wird von vielen Gemeinden unterlassen. Wenn man dann die Menschen, die nahe am Gemeindezentrum wohnen, aber keine Besucher oder Mitglieder der Gemeinde sind, fragt: „Was ist das für eine Gemeinde?", wird man feststellen, dass selbst die Nachbarn oft gar nicht wissen, was für eine Gemeinde das eigentlich ist und woran sie glaubt. Von der ersten Gemeinde aber wusste man, sie *„lobten Gott und fanden Wohlwollen beim ganzen Volk"* (Apg. 2,47).

Wie kann die Gemeinde zu einem solchen Verhältnis zu ihrer Stadt und zu den Bewohnern kommen? Wohl in keinem Fall dadurch, dass die Gemeinde erwartet, dass die Gesellschaft zuerst eine Brücke zu ihr baut. Denn die Gemeinde hat den Auftrag, in der Welt zu leben und mit den Menschen in Kontakt zu treten; deshalb soll sie sich die größte Mühe geben, das richtige Bild von Gemeinde in die Nachbarschaft zu tragen. Folgende Hinweise können hierbei eine Hilfe sein:

Teilnahme am gesellschaftlichen Leben

Mitglieder der Gemeinde können und sollen mit ihrem Zeugnis aktive Bürger werden. Bei öffentlichen Veranstaltungen und Beratungen sollte die Stimme der Gemeinde zu hören sein, und zwar klar und bestimmt, doch immer mit Sanftmut und Liebe. Auch dürften mehr Gemeindeglieder in den bürgerlichen Behörden und Vereinen mitarbeiten, die bestimmte Lebensgebiete vertreten, die sich nicht gegen die Bibel richten.

Weiter sollte die Gemeinde jede Gelegenheit wahrnehmen, ehrenamtliche „Samariterdienste" in ihrer Umgebung zu verrichten. Alles das wird an geeigneter Stelle mit einem entsprechenden Zeugnis für Jesus verbunden sein.

Öffentliche Veranstaltungen der Gemeinde

Die Gemeinde sollte ihre Veranstaltungen öffentlich bekanntgeben, damit die Leute, wenn sie selbst auch nicht hingehen, wenigstens wissen, was dort in etwa vor sich geht. Entsprechende Anzeigen in der Zeitung, ein Schaukasten oder auch Plakate, die man hier und da anbringen kann, leisten dabei einen wertvollen Dienst. Warum betreiben Firmen und Geschäfte wohl so viel Werbung? Vieles davon geht sicher auch unter, aber im Großen und Ganzen macht Werbung sich doch bezahlt. Ebenso hinterlassen manchmal Handzettel einer Gemeinde, die persönlich mit einem freundlichen Gruß an der Wohnungstür abgegeben werden, einen nachhaltigen Eindruck.

Christliche Kalender

Ein kleines, aber zweckmäßiges Geschenk, das man das ganze Jahr hindurch verwenden kann, werden die Menschen nicht so schnell vergessen; besonders dann nicht, wenn es ihnen persönlich überreicht wurde. Ein christlicher Jahreskalender z.B. könnte hier fruchtbare Dienste tun.

Besondere Veranstaltungen

Die Gemeinde könnte auch besondere Veranstaltungen durchführen, in denen sie ihre Dankbarkeit für die Dienste der verschiedenen öffentlichen Behörden ausspricht und ihre Anerkennung zeigt.

So veranstaltete einmal eine Gemeinde ein besonderes Fest für alle Polizisten in der Stadt. Damit brachte sie ihren Dank für deren Hilfe und die in der Stadt herrschende Ordnung zum Ausdruck. Eine andere Gemeinde veranstaltete für die Lehrer sämtlicher Schulen ein Fest. Wieder eine andere Gemeinde führte während der Schulferien eine große Kinderwoche für alle ansässigen Kinder durch, was von den Eltern sehr geschätzt wurde.

Persönliche Beziehungen

Ein kurzer Freundschaftsbesuch von Vertretern der Gemeinde in den Wohnungen der Nachbarn kann wahre Wunder vollbringen. Bei solchen Besuchen sollte es gar nicht darum gehen, dass man die Außenstehenden drängt, in die Gemeinde zu kommen, um dort den Segen Gottes zu empfangen. Vielmehr sollte man die Absicht verfolgen, Segen in den Lebensbereich dieser Menschen hineinzutragen. In ihrer Wohnung zu sein, ihnen zuzuhören, wie es ihnen geht, und ihnen zu versichern, dass Gott auch sie liebt und ihnen manche Lasten abnehmen möchte, versetzt die Besuchten immer wieder in Verwunderung. Ohne dass man auf einen Besuch der Gemeinde gedrängt hat, wird eine Gemeinde, die in die Häuser geht, erfahren, dass die Zahl ihrer Gottesdienstbesucher zunimmt.

All diese Hinweise geben der Gesellschaft ein klares Bild von der Gemeinde, die in ihrer Mitte ihr Zentrum hat. Zusammengefasst möchte ich es das Zeugnis der Gemeinde als Körperschaft nennen. Man kann es auch in der Form eines Dreiecks darstellen: Die untere Seite des Dreiecks stellt das Gebet und das Zeugnis der Gemeinde dar. Die eine Dreieckseite, von der unteren Linie bis zur Spitze, ist ein Bild dafür, was sich die Gemeinde in der Gesellschaft erworben hat. Die dritte Seite hält das Bemühen der Gemeinde um ihre Außenwirkung sowie um andere Möglichkeiten fest.

Der untere Teil des Dreiecks ist zugleich das Fundament für den gesamten Prozess. Je mehr man es betont, desto erfolgreicher ist die Gemeinde in den Aktivitäten, ihrer Umgebung das rechte Bild von Jesus Christus zu vermitteln. Allein das Fundament ohne das, was darauf gebaut ist, ist aber nicht biblisch und zeugt von einer Gemeinde, die zwar viel betet und viel praktizieren will, aber nicht handelt. Möge der Herr unsere Gemeinden davor bewahren!

Viele Christen sprechen von ihrem schwachen Zeugnis. Entspricht das den Tatsachen? Kann ein Zeugnis für Jesus wirklich schwach sein? Hat Jesus nicht selbst gesagt: *„Ihr werdet die Kraft des heiligen Geistes empfangen, der auf euch kommen wird, und werdet meine Zeugen sein"* (Apg. 1,8)?

Dazu lesen wir auch: *„Der Geist selbst zeugt mit unserem Geist, dass wir Gottes Kinder sind"* (Röm. 8,16).[4]

Es ist tatsächlich so, dass wir nie von Jesus sprechen können, ohne dass der Heilige Geist mitredet. Jesus hat auch gesagt: *„Er wird mich verherrlichen; denn von dem Meinen wird er's nehmen und euch verkündigen"* (Joh. 16,14).

---

4 Elberfelder-Übersetzung – in der Lutherbibel fehlt das Wortchen „mit", denn dort heißt es: „Der Geist selbst gibt Zeugnis unserem Geist, dass wir Gottes Kinder sind." Darunter könnte man verstehen, dass der Heilige Geist unseren Geist überzeugt, dass wir Gottes Kinder sind. Die Elberfelder-Übersetzung kommt dem Urtext näher.

Jesus zu offenbaren ist die Hauptaufgabe des Heiligen Geistes, und das will der Heilige Geist durch uns und mit uns tun. Wenn wir uns dazu hingeben, dann reden nicht nur wir über Jesus, sondern der Geist Gottes, der in uns wohnt, gibt zusammen mit unserem Geist Zeugnis von Jesus. Das stimmt auch mit Apg. 5,32 überein: *„Und wir sind Zeugen dieses Geschehens und mit uns der heilige Geist, den Gott denen gegeben hat, die ihm gehorchen."*

Gottes Geist und unser Geist arbeiten hierin zusammen. Jesus hat uns extra mitgeteilt, dass der Heilige Geist seine wunderbare Kraft durch unser Zeugnis zum Ausdruck bringen wird. Welch eine ermunternde Tatsache! Niemand zeugt ganz allein von Jesus. Gottes Geist ist immer dabei! Und weil das so ist, kann es eigentlich kein schwaches Zeugnis für den Glauben an Jesus Christus geben, wenn es ernstgemeint ist.

Doch beim Zeugnis wollen wir oft durch ein starkes Selbstbewusstsein das Geistesbewusstsein verdrängen. Dann ist es schwach. Wenn wir beim Zeugnis aber das Bewusstsein bewahren, dass der Heilige Geist durch uns spricht, wird das Zeugnis auf eine höhere Stufe gehoben und füllt unser Herz mit neuem Mut.

Die Rettung der Verlorenen

Jesus hat einmal gesagt: *„Denn der Menschensohn ist gekommen, zu suchen und selig zu machen, was verloren ist"* (Luk. 19,10). Dieser Zweck seines Kommens stand bei Jesus immer an erster Stelle. Und was bei Jesus an erster Stelle steht, darf in der Gemeinde nicht an zweiter Stelle stehen. Die Gemeinde ist nicht dazu da, einen Selbsterhaltungskampf zu führen, sondern die Verlorenen zu suchen und sie zu Christus zu führen!

Die Verlorenen suchen

Sogar Jesus stellte das Suchen dem Seligmachen voran. Die Gemeinde will jedoch immer wieder, dass die Menschen selig werden sollen, ohne dass man sie zuerst sucht. Was meint denn ein solches Suchen?

Äußere oder innere Suche?

Verlorene Menschen suchen bedeutet nicht, dass man erforschen müsste, wo sie sich physisch aufhalten oder wo sie wohnen. Wenn das gemeint wäre, hätte Jesus sie doch nicht zu suchen brauchen.

Er wusste ja, wo sich die Menschen aufhielten. Denn Jesus sagte über Nathanael, als er ihn mit Philippus kommen sah: *„Siehe, ein rechter Israelit, in dem kein Falsch ist"* (Joh. 1,47). Nathanael war darüber sehr erstaunt und fragte Jesus: *„Woher kennst du mich?"* Darauf antwortete Jesus: *„Bevor Philippus dich rief, als du unter dem Feigenbaum warst, sah ich dich"* (Joh. 1,48).

Jesus wusste schon, wo Nathanael gewesen war, ohne dass er ihn suchen musste. Wenn wir die Menschen nur äußerlich suchen sollten, wäre das gar nicht so schwierig. Ein Telefonbuch genügt meist fürs erste. Doch hier ist mehr gemeint.

Innere Anknüpfungspunkte

Es geht beim Suchen um einen inneren Anknüpfungspunkt bei unseren Mitmenschen. Von Natur aus will der Mensch im Prinzip nichts von Gott wissen: *„da ist keiner, der nach Gott fragt"* (Röm. 3,11), stellt die Bibel fest. Also muss zuerst ein Anknüpfungspunkt gesucht werden, um einen Menschen zu Jesus zu führen.

Bei meiner vielfältigen seelsorgerlichen Arbeit mit Ehepaaren kommt es immer wieder vor, dass Mann und Frau im selben Zimmer vor mir sitzen, aber einer am anderen vorbeiredet. Ich habe auch schon an einem Tisch gesessen, wo Vater und Sohn aus einer Schüssel aßen. Selbst dabei sprach der eine am anderen vorbei. Für das Gesagte war bei dem anderen kein Anknüpfungspunkt vorhanden; dieser musste erst gesucht werden.

Nehmen wir dafür ein bekanntes biblisches Beispiel. Nachdem Andreas Jesus zugehört hat, spricht er zuerst seinen Bruder Simon an. Aber wie sollte er anfangen, dessen Interesse für Jesus zu wecken? Andreas beginnt: *„Wir haben den Messias gefunden"* (Joh. 1,41). Dieser Satz stieß auf ein Interessengebiet seines Bruders, und so konnte ihn Andreas zu Jesus führen.

Wir lesen weiter, dass Jesus den Philippus findet. Dürfen wir da nicht annehmen, dass Jesus wie bei Nathanael schon wusste, wo dieser sich aufhielt? Sicher! Doch Jesus musste bei Philippus zuerst einen Anknüpfungspunkt finden, um zu sagen: *„Folge mir nach"* (Joh. 1,43).

So gibt es manche wertvolle Beispiele in der Heiligen Schrift. In Johannes 4 haben wir die Begegnung Jesu mit einer samaritischen Frau, die zum Jakobsbrunnen kommt, um Wasser zu schöpfen. Soviel wir dem Text entnehmen können, hatte sie kein geistliches Interesse. Wie fand Jesus bei ihr wohl einen Anknüpfungspunkt

Kapitel 10 – Aufgaben außerhalb der Gemeinde

für ein Gespräch? Er sagte einfach: *„Gib mir zu trinken!"* Erschrokken reagierte sie darauf: *„Wie, du bittest mich um etwas zu trinken, der du ein Jude bist und ich eine samaritische Frau?"* Doch Jesus sprach weiter: *„Wenn du erkenntest die Gabe Gottes und wer der ist, der zu dir sagt: Gib mir zu trinken!, du bätest ihn, und der gäbe dir lebendiges Wasser"* (Joh. 4,7-10).

Er führte das Gespräch so weit, dass die Frau ihn bat: *„Herr, gib mir solches Wasser!"* (V. 15). Und erst, als Jesus mit dem seelsorgerlichen Gespräch fertig war, lesen wir: *„Da ließ die Frau ihren Krug stehen und ging in die Stadt und spricht zu den Leuten: Kommt, seht einen Menschen, der mir alles gesagt hat, was ich getan habe, ob er nicht der Christus sei!"* (Joh. 4,28-29).

Als sie zum Brunnen kam, wollte sie eigentlich nur Wasser schöpfen. Nach dem Gespräch mit Jesus vergaß sie jedoch ganz von ihrem Wasserkrug. Jesus begegnete ihr und fing dort, wo sie stand, ein Gespräch mit ihr an.

Apg. 13,14 ff. berichtet uns von der Tätigkeit des Paulus in Antiochien/Pisidien, als er am Sabatttag in die Synagoge ging und sich hinsetzte. Wir können annehmen, dass am Sabbat dort hauptsächlich Juden anwesend waren. Auf welche Weise spricht Paulus diese Menschen an? Achten wir auf seine Worte: *„Ihr Männer von Israel und ihr Gottesfürchtigen, hört zu! Der Gott dieses Volkes Israel hat unsre Väter erwählt und das Volk groß gemacht, als sie Fremdlinge waren im Lande Ägypten, und mit starkem Arm führte er sie von dort heraus. Und vierzig Jahre lang ertrug er sie in der Wüste und vernichtete sieben Völker in dem Land Kanaan und gab ihnen deren Land zum Erbe"* (Apg. 13,16-19).

Fällt uns dabei auf, dass er die Sprache der Juden spricht? Können wir im Geiste nicht fast schon sehen, wie ihm die bärtigen Patriarchen zugenickt und vielleicht gedacht haben: „Ja, das stimmt, was du sagst, Paulus. Sprich nur weiter." Er hatte also den Anknüpfungspunkt gefunden. Danach erzählt er ihnen von David, dem vielgeliebten König der Juden, und meint am Ende: *„So sei euch nun kundgetan, liebe Brüder, dass euch durch ihn Vergebung der Sünden verkündigt wird; und in all dem, worin ihr durch das Gesetz des Mose nicht gerecht werden konntet, ist der gerecht gemacht, der an ihn glaubt"* (V. 38-39). Erst, nachdem Paulus seine Zuhörer gefunden oder mit seiner Darstellung gefesselt hat, erzählt er ihnen von Jesus.

Derselbe Paulus fing aber bei den Athenern ganz anders an.

Nachdem er ihre vielen Götzenbilder gesehen hatte, ging er zum Gerichtsplatz. Dort nahm er die Gelegenheit wahr, die Leute öffentlich anzusprechen, wobei er sagte: *„Ihr Männer von Athen, ich sehe, dass ihr die Götter in allen Stücken sehr verehrt. Ich bin umhergegangen und habe eure Heiligtümer angesehen und fand einen Altar, auf dem stand geschrieben: dem unbekannten Gott. Nun verkündige ich euch, was ihr unwissend verehrt"* (Apg. 17,22-23).

Und er erzählte ihnen von diesem Gott und sagte: *„Denn in ihm leben, weben und sind wir; wie auch einige Dichter bei euch gesagt haben: Wir sind seines Geschlechts"* (V. 28). Dabei beobachten wir, wie er bei ihren eigenen Göttern anfängt, ohne diese zu verwerfen, doch auch ohne sie anzuerkennen. Er erkennt die religiöse Einstellung der Athener an, fängt dann bei dem unbekannten Gott an, den sie suchen, und bringt ihnen das Evangelium.

Warum begann Paulus seine Rede hier so ganz anders? Er musste beide Gruppen dort abholen, wo sie zu finden waren, und gewann somit ihr Gehör. Das betont er auch besonders, wenn er sagt: *„Den Juden bin ich wie ein Jude geworden, damit ich die Juden gewinne. Denen, die unter dem Gesetz sind, bin ich wie einer unter dem Gesetz geworden – obwohl ich selbst nicht unter dem Gesetz bin –, damit ich die, die unter dem Gesetz sind, gewinne. Denen, die ohne Gesetz sind, bin ich wie einer ohne Gesetz geworden – obwohl ich doch nicht ohne Gesetz bin vor Gott, sondern bin in dem Gesetz Christi –, damit ich die, die ohne Gesetz sind, gewinne. Den Schwachen bin ich ein Schwacher geworden, damit ich die Schwachen gewinne. Ich bin allen alles geworden, damit ich auf alle Weise einige rette"* (1. Kor. 9,20-22).

Ein Christ saß einmal im Zug mit einem Alkoholiker zusammen. Dieser bot ihm immer wieder zu trinken an. Doch der Mann Gottes lehnte die Flasche dankend ab. Als sich das wiederholte und der Gottesmann erneut ablehnte, nahm der Trinker seinen Alkohol zu sich und meinte: „Jetzt denken Sie bestimmt, dass ich ein schrecklicher Säufer bin." Der Christ entgegnete darauf: „Soll ich Ihnen wirklich sagen, was ich von Ihnen halte?" Der Trinker befürchtete nun das Schlimmste und antwortete: „Na, sagen Sie's nur." Da schaute ihn der Mann freundlich an und sagte: „Ich habe noch nie solch einen freigebigen Mann getroffen, wie Sie es sind. Bisher hat mir nie jemand etwas zum dritten Mal angeboten, nachdem ich vorher zweimal abgelehnt hatte."

Da hatte er den Mann gewonnen und konnte anschließend mit ihm über Jesus reden. Mancher von uns hätte sich vielleicht gesagt, dass ein Alkoholiker gar nicht auf Christus ansprechbar sei. Das mag vielleicht sein. Aber damit hätte er den Mann schon von vornherein nicht gesucht und gar nicht versucht, ihn zu finden und für Christus zu gewinnen.

Am Fuß eines Berges lag ein Dorf. Das Wasser, das die Dorfbewohner benötigten, holten sie von einem See, der etwas höher am Berg gelegen war. Dazu diente ihnen ein Pferd, das den leeren Wagen den Berg hinaufzog, um dann mit dem gefüllten Faß zurückzukehren. Doch eines frühen Morgens merkten die Dorfbewohner, dass das Pferd nicht mehr da war. Kein Pferd, kein Wasser. So musste sich das halbe Dorf auf die Beine machen und das Pferd suchen.

Unter den Dorfbewohnern befand sich auch ein junger Mann, der als geistig behindert galt. Dieser ging auch mit auf die Suche. Nachdem sie an die zwei Stunden nach dem Pferd gesucht hatten, kamen sie ins Dorf zurück, um von ihrem ergebnislosen Tun zu berichten. Und als sie nach eingehenden Überlegungen, wo sich das Pferd befinden könnte, zu keinem Ergebnis kamen, sahen sie mit einem Mal, dass der behinderte junge Mann – von dem sie es am allerwenigsten erwartet hatten – mit dem Pferd über den Berg kam. Da waren sie froh und fragten ihn, wie er es fertiggebracht hatte, das Pferd ausfindig zu machen. Der Junge antwortete, dass es gar nicht schwer gewesen sei, das Tier zu finden. Als er gehört hatte, dass das Pferd weggelaufen war, hatte er sich gleich überlegt, wohin er gehen würde, wenn er ein Pferd wäre. Dann ging er zu der Stelle, wo er das Pferd vermutete, und dort fand er es auch.

Manche Christen – und auch ganze Gemeinden – verstehen es oft nicht, sich in die Lage von Nichtchristen zu versetzen. Können wir uns noch vorstellen, wie ganz anders es bei uns wäre, wenn wir nie Gottes Wort gehört, nie die Bibel gelesen, nie beten gelernt hätten, nie in der Kirche gewesen wären, nie Jesus erfahren oder das Wirken des Heiligen Geistes an uns verspürt hätten? Unsere Denkweise wäre doch ganz anders, und unsere Interessen lägen auf ganz anderen Gebieten. Verstehen wir überhaupt, was es bedeutet, Menschen zu finden? Das meint, sie dort abzuholen, wo sie sich befinden, um sie zu gewinnen.

Dabei könnte einer auf den Gedanken kommen, dass er mit den Ungläubigen auch Dinge mitmachen müsste, die für einen Christen nicht gut sind. Wer aber mit der Sünde einen Kompromiss eingeht, der öffnet keine Tür zum Zeugnis, sondern schließt sie zu.

Der nach Babylon verschleppte Daniel lebte ein wunderbares Zeugnis und hatte einen weitreichenden Einfluss. Aber als Belsazar ein Fest mit seinen Nebenfrauen gab, war Daniel nicht mit dabei. Man musste ihn erst ausfindig machen, um dem König Gottes Schrift an der Wand zu deuten.

Der einflussreiche Josef in Ägypten war nicht bereit, eine Sünde zu begehen. Er floh lieber davor. Entsprechend ist es die Aufgabe der Gemeinde Jesu Christi, die Verlorenen zu finden, ohne ethisch-theologische Kompromisse einzugehen.

Die Verlorenen zu Christus führen

Menschen zu finden soll immer ein Weg zum Ziel bleiben; es sollte nie zum Ziel selbst werden. Viele Christen haben einige Freunde, die für ein gutes Gespräch über den Glauben offen sind, doch sie werden nicht zu Christus geführt. Dies ist eine schwere Unterlassungssünde, die vor Gott zu verantworten sein wird. Die beste menschliche Freundschaft ohne Jesus kann nie eine Errettung des Ungläubigen herbeiführen. Es hätte nicht viel Sinn, wenn wir nur läsen: *„Andreas [...] findet zuerst seinen Bruder Simon"* und es nicht auch hieße: *„und er führte ihn zu Jesus"* (Joh. 1,40-42).

Dieses Zu-Jesus-Führen wird heute auch oft Evangelisation genannt. Sie ist als eine Aufgabe der Gemeinde anzusehen. Ich möchte drei Hürden nennen, welche die Evangelisation oft überwinden muss:

Sozialer Vergleich

Bei der ersten Hürde steht der Gläubige dem Ungläubigen gegenüber und vergleicht sich häufig mit ihm. Das ist mehr ein menschlicher Vorgang und wird deshalb als schwierig empfunden. Der Gläubige sieht sich dem Ungläubigen gegenübergestellt. Je mehr er sich mit dem anderen vergleicht, desto kleiner wird er selbst, und desto größer wird der Ungläubige in seinen Augen. Je länger er mit diesem Vergleichen fortfährt, um so größer wird sein Minderwertigkeitsgefühl, und der Mensch, der für Jesus gewonnen werden soll, scheint immer größer und unnahbarer zu werden. Bei solchen Gedanken kommt es ganz schwer zu einem evangelistischen Gespräch, und man sagt sich: „Wenn ich nur Leute von meinem eigenen Stand treffen würde, könnte ich schon ein Zeugnis geben. Doch mein jetziges Gegenüber sollte von jemandem, der besser ausgerüstet ist als ich, angesprochen werden." Dann ist der gesprächsbereite Christ plötzlich mutlos, und mit einer guten Begegnung kann kaum noch gerechnet werden.

Intellektueller Zweikampf
Die zweite Hürde ähnelt der ersten, denn dabei vergleicht man seine intellektuellen Fähigkeiten mit denen des Nächsten. Man fürchtet auf einmal, dass der Ungläubige viele Fragen hat, die man nicht beantworten kann, und dass ein intellektueller Zweikampf ausbricht. Der Gesprächspartner könnte ja gebildeter sein oder von Berufs wegen höher stehen. Deshalb traut man sich nicht, ihn anzusprechen, denn vielleicht ist er in der Wissenschaft und Weltgeschichte mehr bewandert.

Beispielsweise halten viele Schüler ihr Zeugnis für Jesus vor den Lehrern zurück. Das gleiche Minderwertigkeitsgefühl finden wir auch bei Patienten dem Arzt gegenüber. Alle Personen, bei denen sich eine Gelegenheit zum Glaubensgespräch ergeben könnte, sind solch einem Christen seiner Meinung nach verstandesmäßig überlegen, und so versucht er es meist nicht einmal. Er weiß nicht, wie er anknüpfen könnte, und geht dann mit dem Gefühl weg, eine Gelegenheit zum Zeugnis verpasst zu haben.

Kampf der Geister
Bei der dritten Hürde bedeutet Evangelisation einen Kampf zwischen zwei Geistern. Dazu sagt Paulus: *„Ihr aber seid nicht fleischlich, sondern geistlich, wenn denn Gottes Geist in euch wohnt. Wer aber Christi Geist nicht hat, der ist nicht sein"* (Röm. 8,9). *„Oder wisst ihr nicht, dass euer Leib ein Tempel des heiligen Geistes ist, der in euch ist und den ihr von Gott habt, und dass ihr nicht euch selbst gehört?"* (2. Kor. 6,19) Es gibt also keinen, der ernsthaft an Jesus Christus glaubt, in dem nicht auch der Heilige Geist Wohnung genommen hätte.

Auf der anderen Seite belehrt uns Paulus auch darüber, dass in jedem Ungläubigen ein Geist wohnt. Er sagt dazu: *„Auch ihr wart tot durch eure Übertretungen und Sünden, in denen ihr früher gelebt habt nach der Art dieser Welt, unter dem Mächtigen, der in der Luft herrscht, nämlich dem Geist, der zu dieser Zeit am Werk ist in den Kindern des Ungehorsams"* (Eph. 2,1-2).

Es gibt tatsächlich keinen Menschen, in dem nicht ein Geist

wohnt. Hier taucht nun die Frage auf, welcher Geist in uns wohnt und in dem Mitmenschen, der Jesus nicht kennt. Petrus sprach an Pfingsten davon, was der Prophet Joel zuvor im Auftrag Gottes verheißen hatte: *„Und es soll geschehen in den letzten Tagen, spricht Gott, da will ich ausgießen von meinem Geist auf alles Fleisch"* (Apg. 2,17). Für welchen Zweck ist der Geist wohl ausgegossen worden? Die Antwort gibt uns Jesus selbst in Joh. 16,8-11: *„Und wenn er (der Heilige Geist) kommt, wird er der Welt die Augen auftun über die Sünde und über die Gerechtigkeit und über das Gericht; über die Sünde: dass sie nicht an mich glauben; über die Gerechtigkeit: dass ich zum Vater gehe und ihr mich hinfort nicht seht; über das Gericht: dass der Fürst dieser Welt gerichtet ist."*

Der Heilige Geist hat den Auftrag, die Ungläubigen von ihrer Sünde zu überzeugen, und zwar von der Sünde, dass sie nicht an Jesus glauben, der allein ihr Retter sein kann. Wenn wir versuchen, die Leute von ihrer Sünde zu überzeugen, zerstören wir vieles. Das kann zu Streit und sogar zu Feindschaft führen. Denn dafür braucht ein Christ ein starkes Geistesbewusstsein und tiefes Vertrauen – nicht auf sich selbst oder auf seinen Verstand, sondern auf die Wirkung des Heiligen Geistes im Herzen der Person, die Jesus noch nicht kennt.

Dieser Geist wirkte auch schon zu Noahs Zeiten an den Menschen; Gott musste aber deshalb über sie das Gericht kommen lassen, weil sich die Menschen nicht mehr von Gottes Geist strafen lassen wollten (1. Mose 6,3) – nicht etwa, weil er nicht zu ihnen geredet hatte.

Geistesbewusstsein ist auch für jeden Evangelisten von größter Bedeutung. Sogar der von Gott begnadete Evangelist Billy Graham betont immer wieder, dass es nicht seine Arbeit sei, Menschen zu Jesus zu führen, sondern die Arbeit des Heiligen Geistes durch ihn als Werkzeug.

Das muss sich jeder Gläubige und auch die ganze Gemeinde sagen: Ich bin es nicht, wir sind es nicht, die Menschen zu Jesus bringen können, sondern es ist das Wirken des Heiligen Geistes in uns und durch uns.

Ohne Geistesbewusstsein hat wahrscheinlich jeder Christ große Minderwertigkeitsgefühle. Wenn wir das Bewusstsein bewahren, dass es nicht eine Aufgabe ist, die ich tun muss, sondern eine, die der Heilige Geist durch mich ausführen will, kann ich erfahren, was Johannes folgendermaßen formulierte: *„Kinder, ihr seid von*

Gott und habt jene überwunden; denn der in euch ist, ist größer als der, der in der Welt ist" (1. Joh. 4,4).

Vertrauen auf die Wirkung des Heiligen Geistes verdrängt aufkommende Minderwertigkeitsgefühle, denn ich bin ja nur ein Instrument, das der Heilige Geist gebrauchen will. So darf ich erfahren, dass Gott tatsächlich *„überschwänglich tun kann über alles hinaus, was wir bitten oder verstehen, nach der Kraft, die in uns wirkt"* (Eph. 3,20).

Dieses Bewusstsein muss auch bei jedem evangelistischen Einsatz in der Gemeinde zum Zuge kommen oder hineingetragen werden, sei es durch einen einzelnen oder durch das Bemühen der ganzen Gemeinde. Der Heilige Geist, der in uns wohnt, wird den Kampf mit dem Geist, der in dem Ungläubigen wohnt, selbst führen.

Methoden der Evangelisation

Wie bereits gesagt, gibt es grundsätzlich viele Methoden. Wir sollten nur darauf achten, dass die Prinzipien, die die Methoden bestimmen, nicht verletzt werden. Folgende Prinzipien möchte ich nochmals unterstreichen:

Ganz abgesehen von der Methode, geht es nicht ohne das Schwert des Geistes, nämlich das Wort Gottes. Denn nur das Wort Gottes ist *„lebendig und kräftig und schärfer als jedes zweischneidige Schwert, und dringt durch, bis es scheidet Seele und Geist, auch Mark und Bein, und ist ein Richter der Gedanken und Sinne des Herzens"* (Hebr. 4,12).

Außerdem ist es wichtig, dass jeder Einzelne – selbst bei großen Erweckungen, bei denen viele zu Jesus kommen wollen – genügend persönliche Aufmerksamkeit erhält und durch Gottes Wort zur Gewissheit geführt wird. Eine Predigt sollte so ausgerichtet sein, dass sie zu einer Christusentscheidung des Suchenden führt. Die Wiedergeburt ist immer eine Erfahrung, die jeder persönlich erleben muss.

Weil es so viele verschiedene Menschen gibt, gibt es auch viele Evangelisationsmethoden, die hier nicht alle aufzuzählen sind. Doch liegt es nahe, einige davon etwas zu kommentieren.

Großevangelisationen

Gibt es mehrere evangelikal ausgerichtete Gemeinden an einem Ort, sollten diese zusammen auch Großevangelisationen veranstalten, die ich aus mehreren Gründen nur empfehlen kann.

Stadtgespräch

Bei einer Großevangelisation wird der ganzen Stadt und allen Bewohnern einmal bewusst gemacht, worum es den Gemeinden wirklich geht. Die gesamte Atmosphäre kann bei dieser Gelegenheit derart gut sein, dass man an verschiedenen Stellen beginnt, von dieser wichtigen Sache zu reden. In den Geschäften, auf der Straße, bei der Arbeit und in den Schulen sollten die meisten inzwischen gehört haben, was in der Stadt vorgeht. Dann ist es für die Christen leicht, daran anzuknüpfen und das Gespräch weiterzuführen.

Nun gibt es sicher einige Leute, die sich nicht in eine Kirche oder ein Gemeindezentrum einladen lassen, aber durchaus bereit sind, an einen neutralen Ort zu kommen, um dort das Wort Gottes zu hören. Danach werden sie sich mit der Frage der persönlichen Erlösung noch eingehender beschäftigen und dann vielleicht eher auch ein Gotteshaus aufsuchen.

Gemeinsames Anliegen

Durch eine Großevangelisation kann der ganzen Umgebung bezeugt werden, dass die einzelnen veranstaltenden Gemeinden nicht in Konkurrenz zueinander stehen, sondern dass sie sich vielmehr ergänzen. Das erkennt die Welt dadurch, dass die bei einer gemeinsamen Evangelisation beteiligten Gemeinden sich auf den Brennpunkt des Evangeliums konzentrieren, nämlich dass ein schuldbeladener Mensch einen Erlöser braucht. So ermutigen alle veranstaltenden Gemeinden den einzelnen Menschen, diese größte persönliche Frage zuerst zu lösen.

Oft hat die Gesellschaft den Eindruck, dass sich die verschiedenen Glaubensrichtungen feindlich gegenüberstehen. In der Durchführung des wichtigen gemeinsamen Anliegens kann sie aber sehen, dass sich die Gemeinden trotz unterschiedlicher Meinungen und Formen in manchen Fragen gegenseitig schätzen und aktiv ergänzen. Auf diese Weise bekommt die Welt auch wieder ein Stück Herrlichkeit der Gemeinde Jesu Christi zu sehen.

Vertrauensbildung

Bei einer Großevangelisation kommen oft verborgene Neigungen mancher Menschen dem Evangelium gegenüber zum Vorschein. Immer wieder gibt es solche versteckten Nikodemus-Typen.[5] Sie beschäftigen sich mit Glaubensfragen, können sich aber nur schwer einer bestimmten Gemeinde anvertrauen. Doch wenn sie mit einem Mal sehen, dass mehrere Gemeinden zusammen einen Aufruf ergehen lassen und dass es ihnen nicht in erster Linie um neue Gemeindeglieder geht, sondern darum, dass Nichtchristen ein persönliches Verhältnis zu Jesus Christus bekommen, dann kommen auch sie eher an die Öffentlichkeit, und es kann ihnen besser geholfen werden.

Horizonterweiterung
Für die beteiligten Gemeinden wird auch der geistliche Horizont mancher Gemeindeglieder durch eine Großevangelisation erweitert. Sie hatten zwar immer wieder erfahren, dass Gott in ihrer Gemeinde wirkt und auch Wunder vollbringt. Doch nun merken sie, dass Gottes Wirken auch in anderen Kreisen spürbar ist. Dazu verstehen sie besser, dass das Reich Gottes, obwohl ihre eigene Gemeinde auch das Wesen Gottes veranschaulicht, noch viel größer ist.

Es gibt noch andere besondere Beiträge, die eine Großevangelisation für die Gemeinden mit sich bringen kann. Doch die genannten sollen genügen, um gemeinsame Evangelisationen in gewissen Zeitabständen zu rechtfertigen, so dass die verschiedenen Ortsgemeinden, wenn sie sich einig sind, immer wieder welche durchführen sollten.

Gemeindeevangelisation
In einer Gemeinde sollte es beides, eine Saatzeit und eine Erntezeit, geben. Wenn es einer Gemeinde durch Gottes Gnade gelungen ist, ein gutes Christuszeugnis in die Umgebung zu tragen, zieht sie manche Menschen an. Diese besuchen vielleicht zunächst kleinere Veranstaltungen der Gemeinde wie Jugend-, Frauen- oder Hauskreise. Dann beginnen sie, auch die Gottesdienste regelmäßig zu besuchen, und werden durch das Hören der biblischen Predigt auf eine Entscheidung vorbereitet.

Nun ist es verständlich, dass eine solche Gemeinde noch besondere Gelegenheiten schafft, bei denen die gewonnenen Besucher zu einer Entscheidung für Christus ermutigt werden. Das kann

---

5   Nilkodemus kam in der Nacht allein zu Jesus, s. Joh. 3.

durch eine Evangelisation im Gemeindezentrum geschehen. Eine solche Gemeindeevangelisation korrigiert dann auch den Eindruck, der bei Großevangelisationen entstehen kann, dass Bekehrungen vorwiegend an einem neutralen Ort, also außerhalb der Gemeinde, geschehen. Trotz der Berechtigung gelegentlicher Großevangelisationen sollte jede Gemeinde auch für sich das Bewusstsein fördern, dass gerade sie ein Werkzeug in Gottes Hand sein soll, um die Nachbarn zu erreichen.

Die Freude, die dadurch in eine Gemeinde kommt, gleicht der Freude, die eine Familie erfährt, wenn ein Kind geboren wird. Sie wiederum spornt die Mitglieder aufs Neue an, ständig bemüht zu sein, ihren Nachbarn, Kollegen oder Freund zu „finden" und ihn dann mit zur Gemeinde zu bringen, wo er eine Glaubensentscheidung treffen kann.

Außerdem hat eine Gemeindeevangelisation den Vorteil, dass die Nacharbeit bei den Neubekehrten leichter und überschaubarer ist. Die Tatsache, dass jemand sich bereits in der Kirche aufhielt und inmitten der Menschen, die zur Gemeinde gehören, zu Christus fand, hilft ihm schon, das Bedürfnis nach der eigenen Zugehörigkeit zu erkennen und zu erfüllen. Der weitere Weg zur Taufe und Aufnahme in die Gemeinde ist hierdurch wesentlich erleichtert. Einzelne Gemeindeglieder können denen nachgehen, die eine Entscheidung getroffen haben, sie zu Hause besuchen und ihnen in vielen Fragen weiterhelfen.

Persönliche Evangelisation

Wenn Bekehrungen nur innerhalb der Gemeinde und durch Gemeindeveranstaltungen geschehen, kommen manche Christen gar nicht auf den Gedanken, dass sie selbst die Aufgabe haben, andere zu Jesus zu führen. Jemand hat einmal gesagt, dass wir nie vergessen sollten, dass die Schafe die Lämmchen gebären – und nicht der Hirte. Viele Gemeindeglieder vertreten die Meinung, dass nur ein Prediger oder eine leitende Persönlichkeit in der Gemeinde Menschen zu Jesus führen könne.

Doch Menschen zu Jesus zu führen ist keine Gnadengabe, die nur wenige erhalten, sondern eine Aufgabe, an der alle Christen sich beteiligen sollen. Das lernen wir aus den Worten Jesu:

„*Folgt mir nach; ich will euch zu Menschenfischern machen*" (Matth. 4,19). Der erste Teil dieses Verses zeigt uns unsere Aufgabe, und der zweite Teil sagt, was Jesus dann mit uns machen will, wenn wir unsere Aufgabe erfüllen. In welchem Teil ist ein Versagen wohl eher möglich: in unserer Nachfolge oder in der Verantwortung Jesu, uns zu Menschenfischern zu machen? Die Antwort darauf ist sicher eindeutig, denn eine gesunde biblische Christusnachfolge führt uns dahin, dass wir Menschenfischer werden. Wo nun kein Menschenfischen stattfindet, müssen wir unsere Nachfolge neu überprüfen.

Es gibt für einen echten Christen wohl kaum ein größeres Erlebnis als die Erfahrung, dass der Herr ihn als Handlanger gebraucht, um jemanden zu ihm zu führen. Dadurch wird sein persönlicher Glaube neu belebt. Die Bibel wird für ihn zu einer näheren Wirklichkeit und sein Verhältnis zu Jesus wird und bleibt aktuell.

Die persönliche Evangelisation wird immer leicht sein, wenn man seinem Zeugnis für Jesus treu geblieben ist. Die beste Zeit für die persönliche Evangelisation ist die, wenn ein Christ gefragt wird, wie man das erfahren kann, was er erfahren hat.

Es gibt jedoch immer noch Christen, die das Evangelisieren als reine Gnadengabe bezeichnen. Sie berufen sich dabei auf Eph. 4,11, unterlassen es jedoch, die richtige Verbindung von V. 11 und V. 12 herzustellen. Die in V. 11 genannten Diener finden ihr Arbeitsfeld in der Zurüstung der Heiligen zum Dienst. Das erscheint uns naheliegend, wenn wir an Apostel, Hirten und Lehrer denken. Aber trifft das auch auf den Evangelisten zu? Ich möchte die Gegenfrage stellen: Welches Recht haben wir, den Evangelisten aus dieser Reihe der Diener Christi herauszunehmen und ihm ein anderes Arbeitsfeld zuzuweisen als das, was uns in V. 12 eindeutig für ihn genannt worden ist? Dies bedeutet schlicht und einfach, dass Gott der Gemeinde gewisse Aufgaben gibt, die nicht die Evangelisten selbst verrichten sollen, sondern diejenigen, welche die Arbeit für die Evangelisten vorbereiten.

Als einer, der schon Jahre auch als Evangelist gedient hatte, durfte ich an einer Evangelistenkonferenz teilnehmen, wo James Kennedy aus Lauderdale/Florida eine Ansprache hielt. Er machte dabei folgende Aussage, die mich erschütterte: „Brüder, berechnet die Resultate eurer Evangelisationen nicht nach der Zahl derer, die sich bekehrt haben, sondern nach der Zahl der erretteten Seelen, die ihr zurückgelassen habt." Ich musste mich sehr bemühen umzudenken, um seine Aussage als biblisch richtig anerkennen und sie dann in die Tat umsetzen zu können.

Wo einzelne Gemeindeglieder andere Menschen zu Jesus führen, ist eine Anleitung dazu hilfreich. Diese kann in Form einer Schulung durch erfahrene Personen durchgeführt werden. Es gibt dazu auch eine Menge Bücher, die man als Leitfaden benutzen kann.

Das theoretische Wissen, wie man vorgehen soll, ist zweifellos wichtig. Doch dies allein genügt nicht. James Kennedy erzählte bei der Evangelistenkonferenz, wie er eine mehrwöchige Schulung mit einer größeren Anzahl seiner Mitglieder durchgeführt hatte. Am Ende der Schulung erteilte er ihnen den Auftrag, nun hinauszugehen, um das Gehörte in die Praxis umzusetzen. Da erlebte er eine große Enttäuschung. Die Mitarbeiter verließen zwar das Gemeindehaus, aber die meisten gingen nach Hause. Daraufhin glaubte er, die Schulung wäre nicht ausreichend gewesen. So führte er eine zweite Schulung durch, die intensiver und länger war als die erste. Danach sandte er die Teilnehmer erneut aus, und wieder gingen die meisten nach Hause. Da lernte er umzudenken, bis er zu der Überzeugung kam: „Ich darf die Teilnehmer am Schluss der Schulung nicht einfach auffordern hinauszugehen, sondern ich muss ihnen sagen, dass sie mit mir zusammen hinausgehen können." Er musste mit ihnen gehen, damit sie beobachten konnten, wie er seine Besuche in den verschiedenen Häusern machte und wie er die Menschen zu Jesus führte.

Es gibt so manches, das man niemals lernt, wenn man nicht zusätzlich zur Theorie unter der Anleitung eines Lehrers Erfahrungen sammelt. Schwimmen lernt man nicht nur aus dem Buch, sondern man steigt am besten mit einem Schwimmlehrer ins Wasser. Auch den Führerschein erhält man nicht nach der theoretischen Prüfung, sondern erst, nachdem man die praktische Prüfung bestanden hat. Alle Ärzte brauchen mehr als ein theoretisches Medizinstudium; daneben müssen sie auch unter Aufsicht entsprechender Ausbilder praktische Erfahrungen machen. Doch in der Gemeinde erwartet man oft, dass die Mitglieder schon nach einigen Lehrstunden ohne Zögern mit der Evangelisationsarbeit beginnen.

Mit Recht betont man heutzutage immer wieder, dass die neutestamentliche Gemeinde von einer Komm-Struktur zu einer Geh-Struktur umschalten muss. Das bedeutet, dass Christen nicht dauernd zu den Leuten sagen, sie sollten einmal in ihre Gemeinde kommen, um das Evangelium zu hören, sondern sie selbst gehen hinaus und bringen den Menschen die Botschaft dorthin, wo sie sich eben aufhalten.

All denen in der Leitung jedoch, die die Gemeinde zurüsten wollen zu dem Dienst, andere zu Jesus zu führen, möchte ich sagen, dass sie wie James Kennedy von einer Geh-Struktur auf eine Komm-Struktur umschalten müssen, also vor den Gläubigen hergehen sollen. Es geht darum, nicht nur zu sagen, sondern tatsächlich zu zeigen, wie man Menschen ansprechen und zu Jesus führen kann. Es gibt kein theoretisches Wissen, das praxisbezogenes Lernen unnötig macht. Man sollte nicht die Praxis ohne die Theorie fördern, aber ebensowenig sollte man Theorie ohne Praxis anbieten. Diese beiden gehören zusammen. Persönliche Evangelisation ist eine sehr wichtige Aufgabe der Gemeinde. Jemand in der Gemeinde muss dabei „Evangelist" sein, der andere theoretisch und auch praktisch für den Dienst der Seelengewinnung zurüstet.

Heimatmission

Wenn es darum geht, die in der nahen Umgebung der Gemeinde wohnenden Menschen zu Jesus zu führen, nennen wir das Evangelisation. Doch wenn es viele von der Gemeinde entfernt liegende Orte gibt, an denen kein evangelikales Zeugnis zu finden ist, sollte sich die Gemeinde am Ort darüber Gedanken machen, wie dort mit einem Zeugnis für Christus begonnen werden kann. Dieses Bemühen nennt man oft Heimatmission, was bedeutet, dass eine Gemeinde eine neue Zweigstelle an einem Ort anfängt, wo ein gewisser Mangel an biblischem Zeugnis erkennbar ist.

Weil so manche Gemeinde am Ort diese Aufgabe nicht erkennt oder sie trotz ihrer Erkenntnis vernachlässigt hat, sind im Laufe der Zeit viele Missionswerke entstanden, um gerade an solchen Orten ein neues Christuszeugnis aufzurichten. Doch biblisch gesehen sollte dies eigentlich die Aufgabe einer Ortsgemeinde sein. Vertreter der Gemeinde sollten vor Gott einen entsprechenden Ort suchen und finden, in welchem solch ein Zeugnis notwendig ist. Danach sollte die Gemeinde für die zu erwartende Ernte Jesu um Arbeiter beten, diese Mitarbeiter suchen, finden und beauftragen, dass sie im Namen der Ortsgemeinde die missionarische Arbeit beginnen.

Zwei verschiedene Methoden sind für die Entstehung einer Gemeinde an einem neuen Ort erfolgreich angewandt worden:

Evangelistischer Großeinsatz

Der Neuanfang begann hier gleich mit großem Einsatz: Ein geräumiges Zelt wurde aufgestellt, eine tüchtige Evangelisationsmannschaft eingeladen, intensive Werbung in der ganzen Umgebung durchgeführt, und die Abendveranstaltungen im Zelt wurden so attraktiv wie möglich gestaltet, um bei den Bewohnern Interesse zu wecken. Mit einem derartigen Aufwand am Anfang hatte man bald die Aufmerksamkeit vieler Menschen am Ort erhalten und auch manche von denen erreichen können, die innerlich suchend waren.

Nachdem dieser Einsatz nach einer gewissen Zeit zu Ende ging, blieben etliche Mitarbeiter der Gemeinde (oder Mission) zurück, um die Personen, die sich offen für Gott gezeigt hatten, zu sammeln und weiterzuführen. An manchen Stellen ergaben sich schon einige Bekehrungen während des Einsatzes, so dass bald, nach gebührendem Bibelunterricht, die ersten Christen getauft wurden und damit Begründer einer neuen Gemeinde wurden. In anderen Fällen haben die betreffenden Arbeiter die Personen, die eine Offenheit dem Evangelium gegenüber gezeigt hatten, besucht, in Hauskreise gesammelt und mit viel Geduld und anhaltendem Bemühen, sie zu Jesus zu führen, an ihnen weitergearbeitet, bis es später zu einer Gemeinde kam.

Missionarische Kleinarbeit

Die zweite Methode fing viel kleiner an. Oft war es nur ein gläubiges Ehepaar oder eine Familie, manchmal zwei oder drei gläubige Familien, die sich an einem Ort sesshaft machten. Durch ihre Kontakte zu Nachbarn, Geschäftsleuten sowie zu Arbeitskollegen gewannen sie deren Freundschaft, luden sie zu informellen Treffen ein, weckten in ihnen Interesse für das, was die Bibel zu aktuellen Problemen sagt und fingen sehr oft mit Haus- oder Bibelkreisen an, um diese Leute für Jesus zu gewinnen.

Diese zweite Methode ist zwar oft etwas langsamer als die erste, doch baut sie stärkere persönliche Beziehungen zu den Menschen auf und festigt so die Grundlage für die Missions- und Gemeindearbeit.

Sicher gibt es auch noch andere Methoden. Man sollte einfach das Anliegen prüfen und sich von Gott die Weisheit schenken lassen, wie es in einem gegebenen Fall am besten zu machen sei.

Eine größere Gemeinde kann sich jedenfalls der Verantwortung für die Heimatmission schwerlich entziehen, wenn sie ihren biblischen Auftrag ernst nimmt. Normalerweise sollten Gemeinden immer bemüht sein, an bestimmten Orten Tochtergemeinden ins Leben zu rufen.

Jemand hat einmal gesagt, dass normal veranlagte Menschen Kinder haben können. Nur wenn sie entweder krank oder zu alt sind, ist es nicht möglich. Dasselbe könnte man auch auf Gemeinden anwenden. Eine Gemeinde, die hierin keinen Auftrag sieht und nichts zur Seelengewinnung beiträgt, ist entweder krank oder altersschwach. Wo die Liebe zu Jesus brennt, kann man eigentlich nicht ruhig bleiben, bis man alles Mögliche getan hat, um auch in der Heimatmission tätig zu sein.

Außenmission

Jesus sagte an einer Stelle: *„Und ich habe noch andere Schafe, die sind nicht aus diesem Stall; auch sie muss ich herführen, und sie werden meine Stimme hören, und es wird eine Herde und ein Hirte werden"* (Joh. 10,16). Jesus hat nie die Menschen um sich herum übersehen und Israel lag ihm bestimmt am Herzen, denn er klagt weinend über Jerusalem: *„Wenn doch auch du erkenntest zu dieser Zeit, was zum Frieden dient! Aber nun ist's vor deinen Augen verborgen"* (Luk. 19,42). Dennoch war seine Sicht weltweit, weshalb er seinen Jüngern den Auftrag erteilte: *„Gehet hin in alle Welt und predigt das Evangelium aller Kreatur. Wer da glaubt und getauft wird, der wird selig werden; wer aber nicht glaubt, der wird verdammt werden"* (Mark. 16,15-16).

Jesu Sorge um die Errettung von Menschen war nicht nur auf Israel konzentriert, sondern er sagte seinen Nachfolgern eindeutig: *„Darum gehet hin und machet zu Jüngern alle Völker"* (Matth. 28,19). Den Ausdruck „alle Völker" darf keine Gemeinde außer Acht lassen. Doch nicht wenige Christen sind von der weit verbreiteten Religiosität der Völker überwältigt. Der Islam hat sich mit Riesenschritten ausgebreitet. Die Religionen des Fernen Ostens haben mit einem Mal missionarische Dimensionen gezeigt und dringen sogar in die Christenheit vor. Viele Kirchen würden es vielleicht nicht zugeben, doch ihr Verhalten einer verlorenen Welt gegenüber gibt uns den Eindruck, dass sie denen zustimmen, die meinen: „Die haben ja alle ihre Religionen. Lasst sie in Ruhe!"

In den Herzen der Apostel brannte der Missionsgedanke, denn sie waren der Überzeugung: *„Und in keinem andern ist das Heil, auch* *ist kein andrer Name unter dem Himmel den Menschen gegeben, durch den wir sollen selig werden"* (Apg. 4,12).

Paulus sagt es folgendermaßen: *„So ermahne ich nun, dass man vor allen Dingen tue Bitte, Gebet, Fürbitte und Danksagung für alle Menschen. Dies ist gut und wohlgefällig vor Gott, unserm Heiland, welcher will, dass allen Menschen geholfen werde und sie zur Erkenntnis der Wahrheit kommen. Denn es ist ein Gott und ein Mittler zwischen Gott und den Menschen, nämlich der Mensch Christus Jesus, der sich selbst gegeben hat für alle zur Erlösung, dass dies zu seiner Zeit gepredigt werde"* (1. Tim. 2,1.3-6).

Religiöse Menschen mögen es mit ihrem Glauben ernst meinen – ohne Jesus sind sie nach Gottes Wort jedoch alle verloren.

Kann eine Gemeinde mit diesem Jesus, dessen größtes Anliegen die verlorene Menschheit ist, Gemeinschaft pflegen, ihm danken und ihn preisen für ihr eigenes Heil und dabei den Verlorenen gegenüber gleichgültig bleiben? Muss uns da nicht die Angst packen, wenn wir an ein bequemes und selbstzufriedenes Christsein denken? Dem unermüdlichen Bemühen von Apostel Paulus, das Evangelium auszubreiten, lag eines zugrunde: *„Denn die Liebe Christi drängt uns"* (2. Kor. 5,14).

Von wahrer Liebe zu Jesus zu sprechen und zur gleichen Zeit keinen offensichtlichen Sinn für Mission zu haben, ist ein Widerspruch in sich selbst. Man schätzt, dass über dreißig Prozent der Erwachsenen in den westlichen Ländern wirklich als gläubig zu bezeichnen sind; im Vergleich dazu findet man beispielsweise nur ein Prozent christusgläubiger Menschen in Japan. Haben die Christen in einem Land, in dem proportional sehr viele gläubig sind, nicht die Aufgabe, den Gläubigen in einem Land zu helfen, in dem so wenige Jesus, den Heiland, kennen? Ein Geist der Mission muss in jeder echt gläubigen Gemeinde zu spüren sein. Auch ein bestimmter Anteil des Budgets sollte der Mission zukommen.

Die Berufung in den Missionsdienst sollte immer wieder betont werden. Jede Gemeinde, ebenso jedes einzelne Gemeindeglied, muss zu folgenden Worten Gottes Stellung nehmen: *„Du Menschenkind, ich habe dich zum Wächter gesetzt über das Haus Israel. Du wirst aus meinem Munde das Wort hören und sollst sie in meinem Namen warnen. Wenn ich dem Gottlosen sage: Du musst des Todes sterben! und du warnst ihn nicht und sagst es ihm nicht, um den Gottlosen vor seinem gottlosen Wege zu warnen, damit er am Leben bleibe, – so wird der Gottlose um seiner Sünde willen sterben, aber sein Blut will ich von* *deiner Hand fordern. Wenn du aber den Gottlosen warnst und er sich nicht bekehrt von seinem gottlosen Wesen und Wege, so wird er um seiner Sünde willen sterben, aber du hast dein Leben errettet"* (Hes. 3,17-19). Jede Gemeinde sollte sich an einem Missionsprojekt im Ausland beteiligen; wenige Gemeinden allerdings können diese Arbeit in einem fernen Land von sich aus begleiten und überwachen. Aus diesem Grund schließen sich oft mehrere Gemeinden bezüglich der Missionsprojekte und der Spenden zusammen und senden ihre Missionare durch ein dann entstehendes Missionswerk aus, um ihren Teil direkt zur Mission beizutragen.

Daneben gibt es jedoch auch sogenannte überkonfessionelle Missionswerke, die weder den Gemeinden noch einzelnen in der Gemeinde wirklich bekannt sind. Diese bitten aber durch reisende Vertreter, Werbeliteratur oder Werbebriefe um finanzielle Unterstützung in den Gemeinden. Bevor man darauf reagiert, sollte man sich genau vergewissern, ob diese Missionswerke tatsächlich glaubwürdig sind und ihre Spenden auch für den angegebenen Zweck verwenden. Es gibt nämlich Missionswerke, die sehr um Unterstützung werben, aber ihre Buchführung nicht für die Öffentlichkeit zugänglich machen. In einem solchen Fall ist es ratsam, sich zurückzuziehen und eine andere Missionsgesellschaft zu suchen, die korrekt darauf achtet, *„dass es redlich zugehe nicht allein vor dem Herrn, sondern auch vor den Menschen"* (2. Kor. 8,21).

Man kann sich aber nicht von der gesamten Missionsarbeit distanzieren, nur weil solche Geldspenden manchmal missbraucht werden. Es gibt nach wie vor viele Missionsgesellschaften, die vollkommen glaubwürdig sind, dem Herrn aufrichtig dienen und den Verlorenen das Evangelium bringen wollen. Für diese wollen wir beten und für ihr Werk können wir gerne etwas geben.

Jede Gemeinde muss sich darüber klar werden, worin genau ihre Aufgabe besteht. Denn sonst könnte sie in der Gefahr stehen, sich zu sehr zu zersplittern und nirgendwo mehr richtige Stoßkraft zu besitzen. Wir können nicht alle guten Werke auf einmal unterstützen. Im Gebet vor dem Herrn sollten wir herausfinden, wo der Herr unsere Gemeinde gebrauchen möchte und wofür wir aufopfernd und treu unseren Beitrag leisten sollen.

Der Dienst an den Armen und soziales Engagement
Über die Aufgabe der Gemeinde armen Menschen gegenüber ist bereits viel diskutiert worden. Nicht allzu oft hat man dafür eine

befriedigende Lösung gefunden. Die Frage stellt sich, ob sich die Gemeinde hauptsächlich mit der Verkündigung des Evangeliums beschäftigen und den Dienst an den Armen als Nebensache ansehen soll, oder ob beide, Dienst und Verkündigung, in der Gemeinde gleichgestellt werden sollen.

Manche behaupten, dass die evangelikale Christenheit die Verkündigung auf Kosten der Fürsorge für die Armen getan habe. Je mehr man Einblick in die Welt erhält, desto mehr spricht einen die Not der Armen an und fordert unser Mitgefühl soziales Engagement. Wie soll man nun als Einzelner sowie als Gemeinde seine Mittel, seine Zeit und seine Talente angemessen zwischen diesen beiden, Verkündigung und Diakonie, aufteilen?

Der zweifache Auftrag Gottes

Gottes Auftrag vor dem Sündenfall

Nachdem Gott den Menschen nach seinem Ebenbild geschaffen hatte, segnete er sie und sprach zu ihnen: *"Seid fruchtbar und mehret euch und füllet die Erde und machet sie euch untertan und herrschet über die Fische im Meer und über die Vögel unter dem Himmel und über das Vieh und alles Getier, das auf Erden kriecht"* (1. Mose 1,28).

Weiter heißt es: *"Und Gott der Herr nahm den Menschen und setzte ihn in den Garten Eden, dass er ihn bebaute und bewahrte"* (1. Mose 2,15). Mit diesen Worten hat Gott den Menschen für das Wohlergehen der Natur verantwortlich gemacht. Gott hatte nie die Absicht, die Natur sich selbst zu überlassen. Der Mensch sollte sie verwalten. Diese Herrschaft bezieht sich auf die Natur um uns, an uns, aber auch in uns.

Die Notwendigkeit, die Natur um uns herum, unsere Umwelt, zu beherrschen, sehen die meisten Menschen ein. Wenn jemand, nachdem er seinen Garten in Ordnung gebracht hat, für einige Wochen in Urlaub fährt, hört man ihn nach seiner Rückkehr vielleicht ausrufen: „Der Garten ist aber verwahrlost!" Und Gott würde dann sagen: „Mache dir die Natur untertan und herrsche über sie." Das bedeutet, dass wir an die Arbeit gehen sollen, denn Gott gibt uns die Verantwortung für das Aussehen unseres Gartens.

Die Natur an uns braucht auch jemanden, der über sie herrscht. Manche wollen ganz gerne Naturkinder sein und alles wachsen lassen – besonders die Haare auf dem Kopf und im Gesicht sowie die Nägel an Händen und Füßen. Doch die Bibel sagt, dass wir uns die Natur untertan machen und sie beherrschen sollen. Gott macht uns für unser Äußeres verantwortlich! Wir wollen dabei keine Norm aufstellen, wie lang oder wie kurz das Haar sein soll, doch soll es in jedem Fall sauber sein und in Ordnung gehalten werden.

Die Natur in uns meint die verschiedenen Triebe, die Gott in uns hineingelegt hat und die uns immer wieder beherrschen wollen. Alle diese Triebe sind an sich nicht böse. Sie sind uns von Gott geschenkt worden, und alles, was Gott geschaffen hat, nannte er sehr gut. Doch kann jeder dieser Triebe zur Sünde führen und zwar in dem Moment, wo der Trieb uns beherrscht, statt dass wir ihn beherrschen. Paulus sagt dazu: *„Alles ist mir erlaubt, aber nicht alles dient zum Guten. Alles ist mir erlaubt, aber es soll mich nichts gefangennehmen"* (1. Kor. 6,12). Das sagt Paulus in Bezug auf den Geschlechtstrieb, der auch von Gott geschenkt wurde und der furchtbare Zerstörungen anrichten kann, wenn er uns beherrscht, statt dass wir ihn im Zaum halten. Wenn der Mensch es dem Trieb gestatten würde, ihn zu beherrschen, würde der Trieb den Menschen entwürdigen und ihn auf die Stufe des Tieres herunterziehen, das von Instinkten geleitet durchs Leben geht. Doch der Mensch darf seine Natur beherrschen und recht verwalten.

Gottes Auftrag erfordert, dass wir gute Verwalter sind über die vielfaltigen Möglichkeiten, die in der Natur liegen. Dies schließt beides ein: erstens, dass der Mensch das, was die Natur hervorbringt, verwalten soll, und zweitens, dass er die Verantwortung für die Verteilung dieser Naturprodukte übernimmt. Es bedeutet nicht, dass der Mensch die Natur selbstsüchtig ausnutzen kann, sondern er soll sie hegen und pflegen, zum Nutzen der ganzen Menschheit. Dieser Befehl wurde dem Menschen eben vor dem Sündenfall gegeben, als seine Selbstsucht noch nicht zu Tage getreten war.

Dieser Schöpfungsauftrag wurde nicht nur der Gemeinde, sondern der ganzen Menschheit gegeben. Alle sind daran beteiligt, Gläubige und Ungläubige, und sollten an diesem Werk gemeinsam arbeiten. Der Auftrag gilt der gesamten Menschheit, wobei eine Heilserfahrung nicht Vorbedingung ist, um sich daran beteiligen zu können.

Die Sünde hat den Menschen entwürdigt und den Auftrag, ein guter Haushalter zu sein, für selbstsüchtige Zwecke ausgenutzt.

Jeder will nun die Produktionsmöglichkeiten der Natur für sich manipulieren und nur mit Gewinn an andere weitergeben. Der Westen klagt, wenn die Araber die Ölpreise anheben. Wir sind froh, dass es andere Länder sind, die unter der Armut leiden und in denen hohe Preise für Nahrungsmittel gezahlt werden müssen. So haben im Tschad die Landwirte geklagt, dass die Regierung sie zwinge, mehr Baumwolle anzubauen und weniger Land für die Nahrungsmittelproduktion bereitzustellen, damit die Regierung die Baumwolle exportieren könne. Die Folge davon ist, dass viele Menschen dem Hungertod preisgegeben werden. Ich habe es mit eigenen Augen gesehen, wie ein guternährter Vater vor mir stand, dessen Kind wegen Unterernährung sterben musste. In nicht wenigen Ländern wird der Regierungschef auf Kosten des armen Volkes ein reicher Mann. Das ist nicht mehr menschlich! Es kommt dem Verhalten eines Raubtieres gleich.

Durch die Heilserfahrung in Christus wird der Mensch eine neue Kreatur (2. Kor. 5,17). Die wahre Menschlichkeit wird wiederhergestellt und die Ebenbildlichkeit des Menschen im Blick auf Gott wird erneut erkennbar, denn Christus macht aus dem selbstsüchtigen Menschen eine selbstlose Persönlichkeit.

Das hat auch eine ganz bestimmte Wirkung auf die Einstellung eines wiedergeborenen Christen zu dem Auftrag, den Gott den Menschen erteilte, ehe die Sünde in die Welt kam. Jakobus meint ganz praktisch: *„Was hilft's, liebe Brüder, wenn jemand sagt, er habe Glauben, und hat doch keine Werke? Kann denn der Glaube ihn selig machen? Wenn ein Bruder oder eine Schwester Mangel hätte an Kleidung und an der täglichen Nahrung und jemand unter euch spräche zu ihnen: Geht hin in Frieden, wärmt euch und sättigt euch!, ihr gäbet ihnen aber nicht, was der Leib nötig hat – was könnte ihnen das helfen? So ist auch der Glaube, wenn er nicht Werke hat, tot in sich selber"* (Jak. 2,14-17).

Durch seine neue Natur geprägt, kann kein wiedergeborener Christ an der äußeren Not seiner Mitmenschen gleichgültig vorübergehen.

Von dieser neu erkannten Verantwortung soll später noch die Rede sein.

Der zweite Auftrag Gottes nach dem Sündenfall

Den zweiten Auftrag Gottes erklärt uns Jesus folgendermaßen: *„Mir ist gegeben alle Gewalt im Himmel und auf Erden. Darum gehet hin und machet zu Jüngern alle Völker: Taufet sie auf den Namen des Vaters* *und des Sohnes und des heiligen Geistes und lehret sie halten alles, was ich euch befohlen habe. Und siehe, ich bin bei euch alle Tage bis an der Welt Ende"* (Matth. 28,18-20).

Dieser Auftrag wiederholt sich in den verschiedenen Evangelien und auch immer wieder in den Briefen.

Eines ist dabei überall zu erkennen und zwar, dass der Auftrag den Jüngern Jesu gegeben wurde. Es ist vielleicht schwer zu begreifen, dass Gott die Verkündigung seinen Kindern anvertraut hat, die doch so oft versagen. Man fragt sich dann, ob nicht die Engel diesen Dienst besser ausführen könnten. Doch unsere Fragen und Zweifel ändern nichts an der Tatsache, dass Gott die Verkündigungsaufgabe seinen Kindern übertragen hat.

In Apostelgeschichte 10 lesen wir von einem römischen Hauptmann namens Kornelius, der den Herrn aufrichtig suchte. Da erschien ihm ein Engel; doch dieser durfte ihm nicht den Weg zum Heil zeigen. Er durfte ihm nur sagen, dass seine Gebete und Almosen vor Gott gekommen seien, und gab ihm den Rat: *„Und nun sende Männer nach Joppe und lass holen Simon mit dem Beinamen Petrus. Der ist zu Gast bei einem Gerber Simon, dessen Haus am Meer liegt"* (Apg. 10,5-6). Der Engel war nicht beauftragt, Kornelius den Heilsweg zu zeigen. Einer, der das Heil in Christus selbst erfahren hatte, musste kommen und ihm die Heilsbotschaft bringen.

Beim Lesen in Gottes Wort wird uns außerdem bewusst, dass der Herr für diesen Verkündigungsdienst nur reine Gefäße gebrauchen möchte.

Als Paulus nach Philippi reiste, traf er dort eine Magd mit einem Wahrsagegeist: *„Die folgte Paulus und uns überall hin und schrie: Diese Menschen sind Knechte des allerhöchsten Gottes, die euch den Weg des Heils verkündigen"* (Apg. 16,17).

Menschlich gesprochen hätte man sich doch freuen können, dass diese Magd für die Apostel arbeitete. Sie lud die Leute ein, die Knechte Christi anzuhören. Doch ihre Mitarbeit war nicht erwünscht. Denn Paulus war darüber so aufgebracht, dass er sich umwandte und zu dem Geist sprach: *„Ich gebiete dir im Namen Jesu Christi, dass du von ihr ausfährst. Und er fuhr aus zu derselben Stunde"* (Apg. 16,18).

Das Resultat für dieses Vorgehen von Paulus war seine Verhaftung, worauf man ihn und einen Mitarbeiter nach einer schmerzvollen Geißelung ins Gefängnis warf. Ihre Füße wurden sogar in den Block gelegt. Durch ein großes Erdbeben befreite der Herr sie dann und gebrauchte Paulus weiter für den Verkündigungsdienst. Aber die Mitarbeit einer Person, in der nicht der richtige Geist wohnte, musste zurückgewiesen werden.

Das stimmt mit den deutlichen Worten von Petrus überein: *„Ihr aber seid das auserwählte Geschlecht, die königliche Priesterschaft, das heilige Volk, das Volk des Eigentums, dass ihr verkündigen sollt die Wohltaten dessen, der euch berufen hat von der Finsternis zu seinem wunderbaren Licht"* (1. Petr. 2,9). Ganz eindeutig wird hier gesagt, dass der Verkündigungsdienst von einem auserwählten Geschlecht, von einer königlichen Priesterschaft, von einem heiligen Volk, ja von dem Volk, das Gott gehört, ausgeübt werden soll. Hierbei haben keine Ungläubigen das Recht mitzuarbeiten.

Gott will seinen Segen durch seine Kinder auf die Welt ausgießen. Er sagte dies auch sehr deutlich zu Abraham: *„In dir sollen gesegnet werden alle Geschlechter auf Erden"* (1. Mose 12,3; 18,18 und 22,17-18). Diesen Auftrag hat Gott dann an Abrahams Sohn Isaak weitergegeben und zu ihm gesagt: *„Durch deinen Samen sollen alle Völker auf Erden gesegnet werden"* (1. Mose 26,4). Nach Isaak erhielt Jakob diesen Auftrag (1. Mose 28,14). Darauf wurde Israel als das alttestamentliche Volk Gottes, das ständig aus der Vergebung Gottes lebte, damit beauftragt (4. Mose 14,21). Durch den Propheten Jesaja erinnert Gott sein Volk Israel mit folgenden Worten an diese wichtige Aufgabe: *„Es ist zu wenig, dass du mein Knecht bist, die Stämme Jakobs aufzurichten und die Zerstreuten Israels wiederzubringen, sondern ich habe dich auch zum Licht der Heiden gemacht, dass du seist mein Heil bis an die Enden der Erde"* (Jes. 49,6).

Wie wir uns schon klargemacht haben, ist im Neuen Testament die Gemeinde mit diesem Auftrag bedacht worden. Doch Jesus selbst hat neben dem Verkündigungsdienst auch immer wieder materielle und leibliche Nöte der Menschen behoben. Selbst Petrus erwähnte vor seinen Zuhörern an Pfingsten: *„Ihr Männer von Israel, hört diese Worte: Jesus von Nazareth, von Gott unter euch ausgewiesen mit Taten und Wundern und Zeichen, die Gott durch ihn in eurer Mitte getan hat [...]"* (Apg. 2,22).

Immer wieder leuchtet es hervor, dass das Heilswerk und die Heilsbotschaft bei Jesus stets an erster Stelle standen.

Als vier Männer einen Gelähmten zu ihm brachten, sagte Jesus zu allererst: *„Mensch, deine Sünden sind dir vergeben"* (Luk. 5,20). Zuerst überzeugte er die Menschen, die bei der Heilung des

Kranken herumstanden, dass sein Werk immer in erster Linie die Vergebung der Sünden ist.

"Damit ihr aber wisst, dass der Menschensohn Vollmacht hat, auf Erden Sünden zu vergeben – sprach er zu dem Gelähmten: Ich sage dir, steh auf, nimm dein Bett und geh heim" (Luk. 5,24). Seine erste Mission war, zu suchen und selig zu machen, was verloren war.

Als Jesus über Jerusalem weinte, klagte er, dass sie ihn nicht als Retter aus ihrer Sünden-Not annehmen wollten. Doch er bot sich nicht an, sich für sie zu verwenden, damit sie von dem furchtbaren Untergang Jerusalems durch die römische Heeresmacht verschont blieben, um sie vor der anschließenden furchtbaren Not zu bewahren.

In der ersten Gemeinde fand man eine auffallende Bereitschaft, sich für die Nöte der Armen einzusetzen. Darüber heißt es: *"Es war auch keiner unter ihnen, der Mangel hatte; denn wer von ihnen Äcker oder Häuser besaß, verkaufte sie und brachte das Geld für das Verkaufte und legte es den Aposteln zu Füßen; und man gab einem jeden, was er nötig hatte"* (Apg. 4,34-35). Die Ansprüche auf materielle, äußere Hilfe nahmen derart zu, dass die Gemeinde in der Gefahr stand, den Verkündigungsdienst an die zweite Stelle zu setzen. Als die Apostel das merkten, trafen sie bestimmte Vorkehrungen, damit der Hilfsdienst keinesfalls den Verkündigungsdienst hinderte. Deshalb wählte die Gemeinde Diakone, und die Apostel sagten: *"Wir aber wollen ganz beim Gebet und beim Dienst des Wortes bleiben"* (Apg. 6,4).

Als dieser Verkündigungsdienst den Apostel Paulus drängte, hatte er scheinbar keine Gewissensbisse, Trophimus in Milet krank zu verlassen, um seiner Aufgabe treu zu bleiben (2. Tim. 4,20). Zugleich stellen wir aber auch fest, dass die Apostel in den ersten Gemeinden dem Dienst an Kranken und Hilfsbedürftigen nie gleichgültig gegenüberstanden. Paulus sagt selbst: *"Darum, solange wir noch Zeit haben, lasst uns Gutes tun an jedermann, allermeist aber an des Glaubens Genossen"* (Gal. 6,10).

Wir lesen vielleicht auch erstaunt von der Geldsammlung in den Gemeinden, die durch seine Arbeit entstanden waren, und wie sorgfältig die Spenden für den angegebenen Zweck verwendet wurden (2. Kor. 8-9).

Die Einsetzung der Diakone in Jerusalem erfolgte nach der großen Verkündigung des Evangeliums, als die Gemeinde die ganze Stadt mit ihrer Lehre erfüllt hatte (Apg. 5,28), damit durch ihren

Dienst jede Unzufriedenheit der armen Glaubensgeschwister beseitigt werden konnte. Doch als nach dem Märtyrertod von Stephanus eine große Verfolgungswelle über die Gemeinde kam, mussten die Christen ihre Güter zurücklassen und in die Gebiete von Judäa und Samarien fliehen. Doch selbst dann stand nicht die Not der Armut an erster Stelle. Es heißt vielmehr: *„Die nun verstreut worden waren, zogen umher und predigten das Wort"* (Apg. 8,4).

Auch einer, der für diakonische Dienste eingesetzt worden war, predigte das Evangelium mit Vollmacht, so dass sich in der Stadt Samaria so viele bekehrten, dass sich die ganze Stadt darüber freute (Apg. 8,8). Dieser Mann, Philippus, wurde vom Geist Gottes in die Wüste geführt, um dort dem Kämmerer aus Äthiopien das Evangelium von Jesus Christus zu predigen (Apg. 8,35).

In den folgenden Berichten der Apostelgeschichte stand ebenfalls immer der Dienst am Wort – trotz materieller Mängel oder Verfolgung der Gläubigen – an erster Stelle. Das Buch schließt mit dem Bericht von Paulus in römischer Gefangenschaft, wo es heißt, dass er denen, die zu ihm kamen, das Reich Gottes predigte und *„lehrte von dem Herrn Jesus Christus mit allem Freimut ungehindert"* (Apg. 28,31).

Die Einstellung der Gemeinde dazu

Aus den vorhergehenden Punkten zum sozialen Engagement wollen wir nun einige Prinzipien herausgreifen, die uns bei unserer Einstellung zur Diakonie interessieren könnten.

<u>Nächstenliebe</u>

Die Gemeinde schuldet der Welt zuerst einmal ein klares Zeugnis von der rettenden Gnade Gottes, doch darf sie den materiellen oder physischen Nöten der Menschen nicht gleichgültig gegenüberstehen. Selbst wenn ein Mensch wiedergeboren ist, bleibt er doch immer Mensch. Als solcher darf er sich auch als Christ nicht der Not seiner Mitmenschen entziehen. Solange wir in dieser Welt leben, dürfen wir nicht so weltfremd wirken, dass wir nicht mehr zu gebrauchen sind. Unsere Aufgabe ist es, in der Welt zu leben, sie aber nicht distanzlos liebzugewinnen.

<u>Formen der Zusammenarbeit mit anderen Gesellschaftsgruppen</u>

Um die materiellen und physischen Nöte armer Menschen zu befriedigen, können Christen natürlich auch mit Ungläubigen zusammenarbeiten, die sich als Menschen um die Not ihrer Mitmenschen kümmern. Das kann folgendermaßen geschehen:

Staatliche Dienstleistungen: In vielen Ländern sorgen die Bürger selbst, vertreten durch ihre Regierungsorgane, für die Befriedigung der Bedürfnisse bezüglich Ausbildung, wirtschaftlicher Verhältnisse und des Gesundheitszustandes der Bevölkerung. Wir können dankbar sein, dass diese Bedürfnisse in vielen Fällen vom Staat, von der Gesellschaft abgedeckt werden. Auch wenn die Motive dafür nicht immer christlich sind, so ist das Anliegen der Maßnahmen doch immer das Wohl der Bürger.

In diesem Fall ist es nicht notwendig, dass die Diakone einer Gemeinde derartige Dienste übernehmen, es sei denn, die Gemeinde verbindet besondere geistige Werte im Zusammenhang damit. So ein Einsatz ist normalerweise nicht erforderlich; auch fehlen den Gemeinden dazu häufig die nötigen Mittel, um mit den weltlichen Organisationen zu konkurrieren. Japanische Missionsgesellschaften beispielsweise konzentrieren sich aus diesem Grunde in ihrer Tätigkeit auf die Verkündigung, weil der Staat dort die medizinischen Bedürfnisse abdeckt und für gute Ausbildungsmöglichkeiten sorgt.

Christliche Dienste: Wenn die Regierung eines Landes nicht auf die existentiellen Bedürfnisse seiner Bevölkerung eingehen kann, sollten sich die Christen – neben ihrer Aufgabe der Verkündigung – schon Mühe geben, so viele dieser Bedürfnisse wie möglich zu stillen. Deshalb haben manche Kirchen und Missionsgesellschaften zum Beispiel Schulen eingerichtet, um ihren Mitmenschen gute Ausbildungsmöglichkeiten anzubieten. Auch leisten sie in vielen Städten hervorragende medizinische Arbeit und geben sich viel Mühe bei der Verbesserung der wirtschaftlichen Lage.

Wenn mit der Zeit die Bevölkerung des Landes durch die Erfolge der Missionsschulen, der Krankenhäuser und der Wirtschaftsprojekte ermutigt wurde und selbst diesem Vorbild nacheiferte, zogen sich die Diakone und Missionare häufig von dieser Art Dienst zurück, um ihrer Hauptaufgabe, nämlich der Verkündigung des Evangeliums, wieder ganz nachgehen zu können.

Die Gemeinden bzw. alle Gläubigen müssen sich immer wieder daran erinnern, dass der Auftrag der Verkündigung ihnen allein übergeben worden ist und dass die Welt, der Staat, die Gesellschaft hier nicht mitarbeiten kann und darf. Wie kann denn ein Mensch, der Christus nicht als Herrn und Heiland angenommen hat, anderen Menschen von der Vergebung der Sünden predigen und sie einladen, Jesus als Herrn aufzunehmen?!

Veränderung der Gesellschaft: Bei allen Diensten der Gemeinde an ihren Nächsten muss man nur immer im Auge behalten, dass das Ziel, die Welt zu verbessern, nie erreicht werden kann, wenn wir auf den vollkommenen und besseren Menschen warten. Das kann nur durch die Macht des Evangeliums geschehen.

Vorbeugungseffekt: Die Verkündigung des Evangeliums heilt nicht nur die Nöte von heute, sondern sie bewirkt zugleich eine Vorbeugung für zukünftige Nöte.

Die Hauptaufgabe: Die Gemeinde muss sich immer wieder ins Bewusstsein rufen, dass Millionen und Abermillionen von Menschen in Angst und Not leben. Zur gleichen Zeit gibt es jedoch sicher mehr als drei Milliarden Menschen, die für immer verloren gehen, weil sie nicht von Christus gehört haben.

Die Verbindung von Verkündigung und Diakonie

In dem Bemühen, ihren Auftrag in den beiden Bereichen, Verkündigung und Diakonie zu erfüllen, sollte die Gemeinde bestrebt sein, diese beiden so zu verbinden, dass ihre Umgebung den diakonischen Dienst immer als einen Teil des Christuszeugnisses betrachten kann. Zwar kann es vorkommen, dass es Situationen gibt, in denen Verkündigung auch ohne Diakonie geschieht. Doch Diakonie sollte nie anstatt der Verkündigung und ohne ein Zeugnis für Christus eingesetzt werden.

Dies bedeutet, dass man hoffen sollte, dass Menschen in Ländern, in denen die christliche Verkündigung verboten ist, doch durch das persönliche Zeugnis christlicher Diakone den Herrn erkennen und dass dadurch eventuell neue Türen für die Verkündigung geöffnet werden. Deshalb sollte man auch in dieser Situation die zwei Bereiche nicht voneinander trennen. Diejenigen, die im Verkündigungsdienst arbeiten, sollten immer ein offenes Auge und ein gütiges Herz für die sie umgebenden Nöte haben und mithelfen, wo es etwas zu helfen gibt. Diejenigen wiederum, die sich im diakonischen Dienst aufopfern, sollten nie ohne ein persönliches Zeugnis von Christus dastehen. Und wenn sich die für das Evangelium verschlossenen Türen vermehren oder eine Verkündigung sogar unmöglich erscheint, sollten die Prediger ihre Kollegen Diakone herbeirufen, damit durch sie jede Gelegenheit zur Verkündigung ausgeschöpft wird.

Kapitel 10 – Aufgaben außerhalb der Gemeinde

Wenn nun oben angedeutet wurde, dass eine Verkündigung ohne Diakonie denkbar ist, so ist mit dieser Aussage keinesfalls gemeint, dass die Gemeinde ihren Blick für die Nöte der Mitglieder verschließen soll. Wir können uns nie der Aufgabe entziehen, mit den Weinenden zu weinen und uns mit den Fröhlichen zu freuen. Keine Gemeinde, egal ob sie im Wohlstand lebt oder in Armut verharren muss, darf bei einem Menschen, der, im übertragenen Sinn, unter die Räuber fiel und von ihnen beraubt und verwundet wurde, wie der Priester oder der Levit gleichgültig vorübergehen (Luk. 10,31.32). Gesellschaftliche Organisationen seitens der Regierung können zum Beispiel Kindern zwar Lesen, Schreiben und Rechnen beibringen, aber nicht die geistlichen Nöte der Schüler stillen. Säkulare Krankenhäuser haben die Möglichkeit, Patienten durch ärztliche Behandlung von Krankheiten zu heilen. Doch für die seelischen und geistlichen Nöte der Patienten in diesen Einrichtungen sollte schon die Gemeinde zuständig sein.

Eigentlich könnte man sagen, dass Verkündigung und Diakonie in der Gemeinde den zwei Flügeln eines Vogels gleicht. Wenn nun ein Flügel versagt, stürzt der Vogel in die Tiefe. Beachten wir nur bei diesem Vergleich, dass die Diakonie auch von anderen Gesellschaftsgruppen ausgeführt werden und dass die Gemeinde dann ihre Hauptbetonung mehr auf die Verkündigung legen kann. Um hier vor Gott die richtige Entscheidung zu treffen, braucht eine Gemeinde sicher die nötige Weisheit und biblische Überzeugung, damit sie sich im Gleichgewicht befindet.

Kapitel 11
Eine neutestamentliche Einstellung zur Gemeinde Jesu Christi

Je mehr wir das neutestamentliche Bild der Gemeinde kennen lernen, desto mehr wächst in unseren gläubigen Herzen der Wunsch, dass Gott uns *„den Geist der Wahrheit und der Offenbarung, ihn zu erkennen"* (Eph. 1,17) in der Gemeinde schenkt. Eine wachsende Erkenntnis des geistlichen Reichtums, der in der Gemeinde zu finden ist, bestimmt dann auch mehr und mehr unsere persönliche Einstellung zur Gemeinde.

Heute gibt es manche Christen, die die Gemeinde als Nebensache ansehen. Sie begründen ihre Gleichgültigkeit damit, dass die Gemeinde nicht unbedingt heilsnotwendig sei, so dass sie an den Rand ihres geistlichen Interesses geschoben wird. Andere Personen haben sogar eine recht negative Einstellung gegenüber der Gemeinde, weil sie von ihr als Ganzes oder von einzelnen Mitgliedern bitter enttäuscht wurden.

Man hört auch immer wieder, dass „das Christentum von heute" keine Beziehung zum heutigen Leben habe. Manch eine Kirche nimmt Menschen durch die Säuglingstaufe als Mitglieder in die Gemeinde auf, ohne dass der Täufling dem Beitritt zugestimmt hat, und bietet ihre Dienste weiter nur noch zur Trauung und zur Beerdigung an. Diese Menschen folgern dann einfach, dass die Kirche samt Gemeinde überholt ist und inzwischen zu den Altertümern gehört.

Doch diese Meinung ändert sich, wenn man selbst einmal durch Gottes Wort Jesus Christus begegnet ist und erkennt, was die Gemeinde eigentlich, für uns wie für unseren Herrn und Heiland, bedeutet. Um unsere persönliche Einstellung überprüfen zu können, ist es nützlich, wenn wir uns die Einstellung einiger Personen zur Gemeinde in der Heiligen Schrift ansehen.

Die Einstellung Jesu Christi zur Gemeinde

Jesu Meinung über die Gemeinde wurde bereits zum Teil in Kapitel 1 zum Ausdruck gebracht. Einige Punkte jedoch sollen noch etwas mehr betont werden.

Jesu Liebe zu seiner Gemeinde

An erster Stelle wäre unbedingt die Liebesbeziehung Jesu zu seiner Gemeinde zu nennen. So wird eine gute Ehe mit ihr verglichen: *„Ihr Männer, liebt eure Frauen, wie auch Christus die Gemeinde geliebt hat und hat sich selbst für sie dahingegeben"* (Eph. 5,25).

Jesus selbst sagt: *„Niemand hat größere Liebe als die, dass er sein Leben lässt für seine Freunde"* (Joh. 15,13). Deshalb möchte ich sogar die Behauptung aufstellen, dass Jesus nichts und niemanden mehr liebt als die Gemeinde, weil er sein Leben für sie gegeben hat.

Das kommt daher, dass die Gemeinde aus Menschen besteht, die mit Paulus sagen dürfen: *„Ich lebe, doch nun nicht ich, sondern Christus lebt in mir. Denn was ich jetzt lebe im Fleisch, das lebe ich im Glauben an den Sohn Gottes, der mich geliebt hat und sich selbst für mich dahingegeben"* (Gal. 2,20).

Nichts anderes auf der Welt steht Jesus so nahe wie seine Gemeinde.

Jesu persönlicher Einsatz für die Gemeinde

Jesus hat einmal gesagt: *„Du bist Petrus, und auf diesen Felsen will ich meine Gemeinde bauen, und die Pforten der Hölle sollen sie nicht überwältigen"* (Matth. 16,18).

Diese Einsatzbereitschaft für die Gemeinde ist die Auswirkung seiner Liebe zu ihr. Sein Bemühen ist vor diesem Hintergrund verständlich. Wenn es um das Wohl der Gemeinde geht, so ist Jesus kein Zuschauer, der passiv das Leben der Gemeindeglieder betrachtet, um etwa zu sehen, wie sich die Gemeinde durch Schwierigkeiten hindurchquält oder ob ihre Methoden richtig oder falsch sind. Nein, er übernimmt selbst die Verantwortung für das Wohl der Gemeinde. Er setzt sich für sie ein, so dass sie „die Pforten der Hölle" nicht überwältigen können.

Viele Gemeinden tragen gar nicht das Bewusstsein in sich, dass Jesus sich für sie einsetzt und dass kein Feind den Aufbau der Gemeinde verhindern kann. Die Vollendung der Gemeinde ist uns verheißen, jedoch nicht aufgrund eines besonders guten

Materials, das zu ihrem Bau verwendet wird, sondern allein durch den Baumeister, der ja kein anderer ist als Jesus Christus.

Jesu Erziehung an der Gemeinde

Jesus selbst gibt bestimmte Anordnungen, wie man zum Beispiel Mängeln in der Gemeinde erfolgreich begegnen kann (Matth. 18). Darin deutet er an, wie sich die Gemeinde bemühen soll, wenn ein Mitglied einmal versagt. Wie schon besprochen, ist dann oft der Einsatz der ganzen Gemeinde gefordert. Wir haben auch gelesen, wie der erhöhte Christus fünf von den sieben Gemeinden, an die er Briefe sandte, ganz streng tadeln musste wegen ihrer Fehlerhaftigkeit. Es gibt immer wieder Menschen, die von der Gemeinde nicht viel halten, weil sie dort so viele Fehler finden und Sündhaftigkeit erleben. Aber besonders in der Gemeinde offenbart Gott auf unbegreifliche Weise seine Vollkommenheit durch menschliche Unvollkommenheit. Und trotz der Mängel bleibt der Herr mitten unter ihnen, denn er hat uns die Zusage gegeben, dass am Ende nicht Satans Macht die Oberhand behält, sondern Gottes Vollkommenheit zu sehen sein wird.

Jesu Fürsorge für die Gemeinde

Wie schon in Kapitel 1 angesprochen, wandelt Christus mitten unter den Gemeinden (Offb. 2,1) und hält die *„sieben Sterne in seiner rechten Hand"* (Offb. 1,16), so dass er bei all seinen Werken die Gemeinde nie vergisst und sie ihm ganz nahe ist.

Jesu Weisheit in der Gemeinde

Jesus offenbart seine mannigfaltige Weisheit den Mächten und Gewalten im Himmel durch die Gemeinde (Eph. 3,10). Er konzentriert nicht nur seine Aufmerksamkeit auf die Gemeinde, wie wir gesehen haben, sondern es geht ihm um die Aufmerksamkeit aller Mächte und Gewalten im Himmel, dass sie nämlich sehen und staunen, welche Weisheit Gottes in der Gemeinde zu beobachten ist. Die Gemeinde ist tatsächlich ein Schaufenster, durch welches die Engel die Herrlichkeit Gottes sehen können.

Die Einstellung des Apostels Paulus zur Gemeinde Jesu Christi

Paulus' Sorge um die Behebung von Mängeln

Paulus ist sich der Mängel in den Gemeinden wohl bewusst, denn kaum ein zweiter hat Fehler und Sünde in der Gemeinde so klar dargestellt wie er in seinen Briefen. Den Korinthern hielt er ihr fleischliches Verhalten vor, wie es an ihrem Wetteifer und an ihrem Zank erkennbar war, und er verurteilte ihr Parteiendenken (1. Kor. 3). Mit aller Schärfe griff er das unmoralische Wesen an und forderte die Gemeinde auf: *„Verstoßt ihr den Bösen aus eurer Mitte!"* (1. Kor. 5,13).

Er sah die Selbstsucht und Rechthaberei von Gemeindegliedern, die sich mit einem Gerichtsurteil durchsetzen wollten (1. Kor. 6,1-8). Nötig fand er es, das Familienleben der Korinther in die rechten Ordnungen zu weisen (1. Kor. 7). Paulus musste auch Frieden stiften unter Christen, die sich in ihrer neuen Freiheit für stark hielten und die anderen, die „Schwachen", nicht tragen wollten (1. Kor. 8.9). Er musste sie belehren, wie man richtig mit dem Fleisch umgehen sollte, das den Götzen geweiht war (1. Kor. 10). Paulus musste die verheirateten Frauen auf die ihnen gebührende Stellung in der griechischen Gesellschaft hinweisen (1. Kor. 11,1-16 und 14,34-35). Er musste die Gemeinden belehren, das Abendmahl richtig zu feiern (1. Kor. 11,17-34), und er musste ihnen zeigen, wie sie mit den Gnadengaben in der Gemeinde sinnvoll umgehen konnten (1. Kor. 12.14). So musste er die Gemeinde, die (laut Kapitel 1,7) keinen Mangel an Gnadengaben hatte, daran erinnern, dass die Voraussetzung zum Gebrauch aller Gnadengaben die Liebe ist (Kap. 13). Er setzte sich in der Gemeinde auch für das richtige Verständnis von der Totenauferstehung ein (1. Kor. 15).

Und bei all diesen Mängeln in einer Gemeinde und derart unvollkommenen Menschen adressierte er seinen Brief an die *„Gemeinde Gottes in Korinth, an die Geheiligten in Christus Jesus, die berufenen Heiligen samt allen, die den Namen unsres Herrn Jesus Christus anrufen an jedem Ort"* (1. Kor. 1,2).

Bei den Gemeinden von Galatien tadelte Paulus ihre Gesetzlichkeit, und das ging ihm so nahe, dass er sogar sagte: *„Ich fürchte für euch, dass ich vielleicht vergeblich an euch gearbeitet habe"* (Gal. 4,11).

In der Gemeinde von Philippi musste er Evodia und Syntyche ermahnen, die Einigkeit der Gemeinde nicht zu gefährden (Phil. 4,1). Und in Kolossä war die Gemeinde im Begriff, das Evangelium gegen menschliche Philosophien und Satzungen einzutauschen (Kol. 2,8).

Es gab noch viele andere fehlerhafte Gemeinden, die uns Paulus und auch andere neutestamentliche Schreiber nennen, doch keiner der Diener an ihnen, der diese Mängel sah, hat sich von der jeweiligen Gemeinde abgewandt. Alle blieben treu und arbeiteten in der Kraft des Geistes weiter, bis die göttliche Vollkommenheit die menschliche Unvollkommenheit überwand.

Paulus' Hingabe an und für die Gemeinde

Von einem Paulus, der über so viele Fehler in der Gemeinde Bescheid wusste, könnte man wohl erwarten, dass er der Gemeinde gegenüber, wenn auch nicht ganz ablehnend, so doch zumindest gleichgültig wäre.

Paulus sah es grundsätzlich als seine Hauptaufgabe an, den Heiden als Missionar zu dienen (Gal. 2,8). In dieser Arbeit musste er viel Schweres erfahren, wie er uns in 2. Korinther 11,23-27 mitteilt. Demnach hatte er mehr Schläge erlitten als andere und war öfter gefangen und in Todesnöten gewesen. Fünfmal hatte er neununddreißig Geißelhiebe hinnehmen müssen. Er war dreimal mit Stöcken geschlagen und einmal sogar gesteinigt worden, dreimal hatte er Schiffbruch erlitten und vierundzwanzig Stunden trieb er auf dem offenen Meer. Er war viel gereist und dabei in Gefahr gewesen durch Flüsse, unter Räubern, Juden und Heiden, in Gefahr in Städten und in Wüsten, auf dem Meer, selbst unter falschen Brüdern, und ständig *„in Mühe und Arbeit, in viel Wachen, in Hunger und Durst, in viel Fasten, in Frost und Blöße"* (V. 27). Da könnte man schon vermuten, dass Paulus die Gemeinden vergessen würde, denn er kämpfte oft ums Überleben. Doch betont er ausdrücklich *„außer all dem noch das, was täglich auf mich einstürmt, und die Sorge für alle Gemeinden"* (2. Kor. 11,28).

Der Gemeinde in Korinth, bei der er besonders viele Fehler beobachtet hatte, wollte er helfen und versuchen, diese Mängel zu beseitigen. Deshalb schrieb er ihr: *„Siehe, ich bin jetzt bereit, zum dritten Mal zu euch zu kommen, und will euch nicht zur Last fallen; denn ich suche nicht das Eure, sondern euch. Ich aber will gern hingeben und hingegeben werden für eure Seelen. Wenn ich euch mehr liebe, soll ich* *darum weniger geliebt werden?"* (2. Kor. 12,14-15). Der Gemeinde in Thessalonich, wo er wegen seines erfolgreichen Missionsdienstes von den Juden vertrieben wurde, zeigt er seine selbstaufopfernde Einstellung mit den Worten: *„Wie eine Mutter ihre Kinder pflegt, so hatten wir Herzenslust an euch und waren bereit, euch nicht allein am Evangelium Gottes teil zu geben, sondern auch an unserm Leben; denn wir hatten euch liebgewonnen"* (1. Thess. 2,8).

Die Gemeinden in Galatien machten Paulus viel Sorge. Sie schenkten den Gesetzespredigern Gehör und standen in der Gefahr, die Gnade Gottes, von der Paulus ihnen gepredigt hatte, beiseite zu schieben. Da hätte er auch sagen können: Ich habe mich genug um euch bemüht. Nun seht mal zu, wie ihr fertig werdet. Doch nein, er schreibt: *„Meine lieben Kinder, die ich abermals unter Wehen gebäre, bis Christus in euch Gestalt gewinne! – Ich wollte aber, dass ich jetzt bei euch wäre und mit andrer Stimme zu euch reden könnte; denn ich bin irre an euch"* (Gal. 4,19-20). Darauf folgt eine väterliche Ermahnung aus einem Herzen, das vor Liebe brennt.

Eine solche Einstellung zur Gemeinde Jesu Christi ist heute nicht bei vielen Christen zu finden.

Mindesterwartungen an eine Gemeinde für eine neutestamentliche Einstellung ihr gegenüber

Nun stellen wir uns die Frage, ob ein Christ zu jeder Gemeinde, die sich als Kirche oder Gemeinde Jesu Christi bezeichnet, eine solche Einstellung der liebenden Hingabe haben sollte. Soll die Hingabe blind sein? Oder gibt es gewisse Kriterien, die man bei der Überlegung anwenden kann, welcher Gemeinde man sich anschließen, welcher Ortsgemeinde man seine Kraft und Zeit widmen sollte?

Meines Erachtens gibt es wenigstens drei Kriterien, anhand derer man eine Gemeinde prüfen kann, um die richtige Einstellung zu ihr zu bekommen.

Eine bibeltreue Gemeinde

Die Gemeinde sollte so beschaffen sein, dass sie Gottes Wort, wie es uns in der Bibel gegeben ist, ohne Vorbehalt als endgültige Autorität in Fragen des Glaubens und Lebens akzeptiert.

Paulus hatte viel Liebe und Geduld für eine Gemeinde, die so manche Fehler machte. Wenn es aber zu falschen Lehren kam, nahm er eine unverrückbare Stellung dazu ein. Er sagt: *„Aber* *auch wenn wir oder ein Engel vom Himmel euch ein Evangelium predigen würden, das anders ist, als wir es euch gepredigt haben, der sei verflucht"* (Gal. 1,8-9).

Man kann sich kaum eine schärfere Rede vorstellen als die, die Jesus gegen die religiösen Führer seiner Zeit, die Pharisäer und Schriftgelehrten, vorbrachte. In Matthäus 23 redet Jesus diese gesetzesversessenen Personen mindestens acht Mal als Heuchler an und spricht über sie ein achtfaches „Wehe" aus.

Wie deutlich rügte der Herr die Gemeinde von Pergamon, weil sie an der Lehre Bileams festhielt und auch die Lehre der Nikolaiten duldete. Das war für Jesus so schwerwiegend, dass er sagte: *„Tue Buße; wenn aber nicht, so werde ich bald über dich kommen und gegen sie streiten mit dem Schwert meines Mundes"* (Offb. 2,16).

Durch den Propheten Jeremia hält uns Gott einen Vergleich vor von solchen Propheten, die viel mit Träumen zu tun haben *„und wollen, dass mein Volk meinen Namen vergesse über ihren Träumen, die einer dem andern erzählt, wie auch ihre Väter meinen Namen vergaßen über dem Baal. Ein Prophet, der Träume hat, der erzähle Träume; wer aber mein Wort hat, der predige mein Wort recht. Wie reimen sich Stroh und Weizen zusammen? spricht der Herr"* (Jer. 23,27-28).

Paulus ließ Timotheus in Ephesus, damit er auf die Leute aufpassen sollte, die andere Lehren verbreiteten und viel von Fabeln und Geschlechtsregistern redeten, *„die kein Ende haben und eher Fragen aufbringen, als dass sie dem Ratschluss Gottes im Glauben dienen"* (1. Tim. 1,4). Er machte Timotheus darauf aufmerksam, in seinem Lehrdienst *„das Ungeistliche lose Geschwätz und das Gezänk der fälschlich so genannten Erkenntnis, zu der sich einige bekannt haben und sind vom Glauben abgeirrt"* (1. Tim. 6,20-21), zu meiden.

Mit ähnlicher Dringlichkeit warnt Paulus seinen anderen Mitarbeiter Titus, nicht *„auf die jüdischen Fabeln und die Gebote von Menschen, die sich von der Wahrheit abwenden"*, zu achten (Titus 1,14). Weiter heißt es: *„Von törichten Fragen aber, von Geschlechtsregistern, von Zank und Streit über das Gesetz halte dich fern; denn sie sind unnütz und nichtig"* (Tit. 3,9).

Auf diese Weise zeigt Paulus seine Intoleranz gegenüber einer Lehre, die nicht dem Evangelium gemäß ist – heute würden wir sagen, die nicht der Heiligen Schrift entspricht.

Umso notwendiger ist es demnach für uns, dass wir, ehe wir uns einer Gemeinde gegenüber verpflichten, prüfen, ob sie das Evangelium bibeltreu verkündigt.

Eine christozentrische Gemeinde

Weiter sollten wir erwarten, dass eine Gemeinde, mit der wir uns identifizieren wollen, Christus den ihm gebührenden Platz gibt. Im 1. Johannesbrief werden wir aufgefordert: *„Ihr Lieben, glaubt nicht einem jeden Geist, sondern prüft die Geister, ob sie von Gott sind; denn es sind viele falsche Propheten ausgegangen in die Welt. Daran sollt ihr den Geist Gottes erkennen: ein jeder Geist, der bekennt, dass Jesus Christus in das Fleisch gekommen ist, der ist von Gott; und ein jeder Geist, der Jesus nicht bekennt, der ist nicht von Gott. Und das ist der Geist des Antichrists, von dem ihr gehört habt, dass er kommen werde, und er ist jetzt schon in der Welt"* (1. Joh. 4,1-3).

An Jesus Christus scheiden sich die Wege der Menschheit. Der alte Simeon, der in Jerusalem auf den Trost Israels wartete, sagte zu Maria, der Mutter Jesu: *„Siehe, dieser ist gesetzt zum Fall und zum Aufstehen für viele in Israel und zu einem Zeichen, dem widersprochen wird"* (Luk. 2,34). Das heißt nichts anderes, als dass unsere Stellung zu Jesus entscheidet, ob wir fallen oder aufstehen. Das betrifft den einzelnen Menschen, aber ebenso auch eine Gemeinde.

Bei der Wiedergeburt muss jedes Gemeindeglied eine Entscheidung für Christus getroffen haben, und wenn diese Entscheidung der Glieder so eindeutig sein soll, dann darf die Stellung der ganzen Gemeinde nicht weniger klar sein. Es muss unzweideutig zu erkennen sein, dass in dieser Gemeinde an Jesus Christus als den Sohn des ewigen Gottes geglaubt wird, der Fleisch wurde und unter uns wohnte (Joh. 1,14) und der *„unsre Sünden selbst hinaufgetragen hat an seinem Leibe auf das Holz, damit wir, der Sünde abgestorben, der Gerechtigkeit leben. Durch seine Wunden seid ihr heil geworden"* (1. Petr. 2,24).

Und diesen Jesus *„hat Gott auferweckt und hat aufgelöst die Schmerzen des Todes, wie es denn unmöglich war, dass er vom Tode festgehalten werden konnte"* (Apg. 2,24).

Die Apostel rufen uns einstimmig mit Petrus zu: *„Diesen Jesus hat Gott auferweckt; dessen sind wir alle Zeugen. So wisse nun das ganze Haus Israel gewiss, dass Gott diesen Jesus, den ihr gekreuzigt habt, zum Herrn und Christus gemacht hat"* (Apg. 2,32.36).

Wo man nicht an die leibliche Auferstehung Jesu glaubt, da ist jede Predigt vergeblich, ja da ist auch der Glaube vergeblich (1. Kor. 15,14).

Wie schon von Petrus angedeutet, ist der auferstandene Christus auch erhöht worden zur Rechten Gottes und vertritt uns vor ihm (Röm. 8,34). Und es kommt die Zeit, wenn in dem Namen Jesu sich beugen sollen aller derer Knie, die im Himmel und auf Erden und unter der Erde sind, und alle Zungen bekennen sollen, dass Jesus Christus der Herr ist, zur Ehre Gottes, des Vaters (Phil. 2,10-11).

Weil nun die geschichtlichen Tatsachen über Jesus in der Bibel so klar herausgestellt werden, muss die Gemeinde und müssen entsprechend ihre Glieder glaubend festhalten, was Petrus vor dem Hohen Rat in Jerusalem aussprach: *"In keinem andern ist das Heil, auch ist kein andrer Name unter dem Himmel den Menschen gegeben, durch den wir sollen selig werden"* (Apg. 4,12).

Die Hauptaufgabe des Heiligen Geistes, den Gott der Vater zu Pfingsten ausgegossen hat, besteht darin, zu einem christozentrischen Glauben zu führen. Denn Jesus sagte seinen Jüngern: *"Wenn aber jener, der Geist der Wahrheit, kommen wird, wird er euch in alle Wahrheit leiten. Denn er wird nicht aus sich selber reden; sondern was er hören wird, das wird er reden, und was zukünftig ist, wird er euch verkündigen"* (Joh. 16,13-14). So wichtig die Lehre vom Heiligen Geist auch ist und wie sehr sie in der Heiligen Schrift volle Berechtigung findet, darf man doch nie vergessen, dass der Heilige Geist nicht viel „aus sich selber reden" wird, sondern er verherrlicht Jesus Christus.

Eine von Gottes Geist erfüllte Gemeinde ist eine vom Geist kontrollierte Gemeinde und wird daher immer eine christozentrische Gemeinde sein. Deshalb können wir von dieser Mindesterwartung an eine Gemeinde nicht absehen. Wer würde einer Gemeinde angehören wollen und sich für sie einsetzen, wo Jesus Christus draußen vor der Tür steht und man ihm diese Tür nicht öffnet (s. Offb. 3,20)?

Eine missionarische Gemeinde

Die dritte Mindesterwartung an eine Gemeinde wäre, dass man an ihrem Programm und Bemühen dieselben Prioritäten erkennen kann, wie wir sie dem Leben Jesu abspüren.

Christus hat über sich gesagt: *"Denn der Menschensohn ist gekommen, zu suchen und selig zu machen, was verloren ist"* (Luk. 19,10).

Was bei Jesus Christus an erster Stelle steht, darf in keiner Gemeinde an die zweite rücken. In manchen Gemeinden kann man sich des Eindrucks nicht erwehren, dass es ihr um die pure

Selbsterhaltung geht. Solch eine Gemeinde darf allerdings auch unter das Wort Jesu gestellt werden: *"Denn wer sein Leben erhalten will, der wird's verlieren; wer aber sein Leben verliert um meinetwillen, der wird's finden"* (Matth. 16,25).

Der Aufgabe der Gemeinde, die Verlorenen zu suchen, haben wir bereits einige Abschnitte gewidmet. Wir müssen einfach noch einmal unterstreichen, dass eine christozentrische Gemeinde immer engste Gemeinschaft mit Jesus suchen wird. Denn er selbst ist nicht immer bei der Herde der neunundneunzig zu finden, sondern er geht dem einen Verlorenen nach, bis er es findet (Luk. 15,14).

Hier soll deshalb noch einmal an die Ausführungen in Kapitel 6 erinnert werden, wo wir erkennen mussten, dass bei dem dreifachen Auftrag der Gemeinde kein Aspekt vernachlässigt werden darf. Gott zu verherrlichen, die Gemeinde zu erbauen und die Verlorenen zu suchen sind die drei Aspekte, die zusammen den Zweck der Gemeinde ausmachen. Wo eins der drei hintenan gestellt wird, können die beiden anderen nicht weiter gedeihen.

Mission und Evangelisation liegen nicht im Belieben der Gemeinde, die darüber entscheidet, ob sie getan werden oder nicht. Denn wo nicht evangelisiert wird, hört die Gemeinde auf, Gemeinde Jesu zu sein; so wie sie auch dann nicht mehr Gemeinde ist, wenn sie aufhört, den Herrn zu ehren oder die Gemeindeglieder zu erbauen. Wenn man in einem Bereich versagt, dann wirkt sich das auch auf andere Bereiche aus. Evangelisation ist schlicht ein Muss für die neutestamentliche Gemeinde.

Diese drei Mindesterwartungen an eine christliche Gemeinde sollten klar erkennbar sein für jemanden, der sich entscheidet, ob er sich dieser Gemeinde verbindlich anschließt oder nicht. Das bedeutet nicht, dass die Gemeinde in diesen Punkten vollkommen sein soll, aber Ansätze sollten schon klar zu sehen sein: hier ist die Bibel ausschlaggebend für das tägliche Leben; hier steht Jesus Christus im Zentrum; hier versucht man die Verlorenen für Christus zu gewinnen.

Die neutestamentliche Einstellung von Gliedern gegenüber ihrer Gemeinde

Nachdem wir uns die Einstellung Jesu zur Gemeinde sowie die des Apostels Paulus angesehen haben und auch die Frage nach den Mindesterwartungen an eine Gemeinde zu klären versuchten, sollten wir uns nun überlegen: Wie sollte meine Einstellung als Gemeindeglied zu meiner Gemeinde aussehen?

Erwartungen an die Gemeinde
Erwarte nicht, dass die Gemeinde deinen Idealvorstellungen entspricht! Um eine ideale Gemeinde zu sein, müsste sie sehr wahrscheinlich vollkommen sein. Doch eine Gemeinde, die aus fehlerhaften Menschen besteht, kann nicht vollkommen sein, weil sie keine vollkommenen Glieder hat.

Gottes Vollkommenheit offenbart sich, wie wir bereits wiederholt festgestellt haben, durch menschliche Unvollkommenheit. Sollte es eine vollkommene Gemeinde geben, so würde sie spätestens mit meinem oder deinem Beitritt ihre Vollkommenheit verlieren. Das Wunder der Gemeinde besteht darin, dass die göttliche Vollkommenheit die menschliche Unvollkommenheit veredelt und die Glieder und damit die ganze Gemeinde Christus immer ähnlicher macht. Die Gemeinde ist also nicht vollkommen, doch sie strebt Vollkommenheit an. Somit kann sie mit Paulus sagen: *„Meine Brüder, ich schätze mich selbst noch nicht so ein, dass ich's ergriffen habe. Eins aber sage ich: Ich vergesse, was dahinten ist, und strecke mich aus nach dem, was da vorne ist, und jage nach dem vorgesteckten Ziel, dem Siegespreis der himmlischen Berufung Gottes in Christus Jesus"* (Phil. 3,13-14).

Liebe für die Gemeinde
Liebe deine Gemeinde ebenso, wie Christus sie geliebt und sich für sie dahingegeben hat! Wer seine Gemeinde nicht liebt, kann auch keinen sinnvollen Beitrag zu ihrer Verbesserung leisten.

In der Gemeinde zu Korinth gab es keinen Mangel an Gnadengaben (1. Kor. 1,7). Und doch musste Paulus gerade zu dieser Gemeinde sagen: *„Wenn ich mit Menschen- und mit Engelzungen redete und hätte die Liebe nicht, so wäre ich ein tönendes Erz oder eine klingende Schelle. Und wenn ich prophetisch reden könnte und wüsste alle Geheimnisse und alle Erkenntnis und hätte allen Glauben, so dass ich Berge versetzen könnte, und hätte die Liebe nicht, so wäre ich nichts. Und wenn ich alle meine Habe den Armen gäbe und ließe meinen Leib verbrennen und hätte die Liebe nicht, so wäre mir's nichts nütze"* (1. Kor. 13,1-3).

Liebe zur Gemeinde und zu den Gliedern der Gemeinde ist die Voraussetzung zu jeder Leistung, die du und ich zur Verbesserung und Erbauung der Gemeinde beitragen können. Wir lieben die Gemeinde ja nicht, weil sie uns in jeder Beziehung gefällt, sondern wir lieben sie wegen des Einen, der sie „meine Gemeinde" genannt hat. Wenn wir Gottes Kinder sind, dann hat der Herr seine Liebe in unser Herz ausgegossen (Röm. 5,5). In dieser Liebe Jesu Christi steht seine Gemeinde im Zentrum. Diese Stellung muss sie auch in unseren Herzen haben.

Darüber hinaus lieben wir die Gemeinde auch wegen des Ziels, das sie anstrebt. Für uns gilt: *„wir sind schon Gottes Kinder; es ist aber noch nicht offenbar geworden, was wir sein werden. Wir wissen aber: wenn es offenbar wird, werden wir ihm gleich sein; denn wir werden ihn sehen, wie er ist"* (1. Joh. 3,2).

Von all den Dingen, die uns umgeben, können wir nicht sagen, dass sie das Ziel der Vollkommenheit erreichen. Aber der Herr wird selbst einmal eine Gemeinde vor sich stellen, *„die herrlich sei und keinen Flecken oder Runzel oder etwas dergleichen habe, sondern die heilig und untadelig sei"* (Eph. 5,27). Wie sollte man da keine Liebe haben? Wenn wir die Gemeinde lieben, wird in uns auch eine Dienstbereitschaft für sie da sein, mit der wir wirklich zuerst nach dem Reich Gottes trachten können (Matth. 6,33).

Eine Aufopferungsbereitschaft für die Gemeinde ist eigentlich nur bei wenigen zu finden. Dazu kann man auch niemanden zwingen; sie muss von innen her bewirkt werden, so dass man mit Paulus sagen kann: *„die Liebe Christi drängt uns"* (2. Kor. 5,14). Mit unserer eigenen Liebe würden wir das wohl nie schaffen; doch mit der Liebe Jesu kann man die Gemeinde so lieben, wie sie ist, ohne erst warten zu müssen, bis die Gemeinde die an sie gestellten Ansprüche erfüllt. Wenn in unseren Herzen die Liebe für die Gemeinde fehlt, dann dürfen wir das nicht dem allgemeinen Zustand der Gemeinde zuschreiben, sondern müssen unser Verhältnis zu Jesus Christus überprüfen. Denn wer den Heiland von Herzen liebt, der liebt auch das, was von ihm geliebt wird, und das ist seine Gemeinde.

Vorbildliches Leben als Gemeindeglied

Bemühe dich, in deiner Gemeinde mehr als nur ein Durchschnittsmitglied zu sein! Ähnlich schreibt Paulus an einen jungen Gemeindemitarbeiter: *„Niemand verachte dich wegen deiner Jugend; du aber sei den Gläubigen ein Vorbild im Wort, im Wandel, in der Liebe, im Glauben, in der Reinheit"* (1. Tim. 4,12).

Wenn die Gemeinde nicht das ist, was sie sein soll, braucht sie unbedingt einige Glieder, an denen sich die anderen neu orientieren können, was in der Gemeinde eigentlich fehlt. Wo keine Vorbilder da sind, kann man zwar kritisieren, die Mängel immer wieder besprechen und gemeinsam den Zustand der Gemeinde bedauern. Doch nötig ist eine Sicht, wie man die Gemeinde auferbauen kann. Das geschieht durch vorbildlich lebende Glieder, die durch ihre Einstellung andere zur Liebe und zu guten Werken anreizen (s. Hebr. 10,24).

In dem angeführten Vers sagt Paulus nicht etwa, dass Timotheus ein Vorbild für die Ungläubigen sein soll – nein, sondern gerade für die Gläubigen, d.h. für seine Gemeindemitglieder. Betrachten wir jetzt noch die verschiedenen Bereiche, in denen eine Gemeinde überzeugende, vorbildliche Glieder braucht.

An erster Stelle steht ihr Verhältnis zu Gottes Wort. Die meisten Gemeindeglieder hören das Wort wohl, doch es ändert sich deswegen wenig in ihrem Leben. Man hört und sieht nichts von der Wirkung des Wortes. Wenn es dann aber Christen in der Gemeinde gibt, bei denen wir merken, wie ernst sie Gottes Wort nehmen und welche Wirkung es auf ihr Alltagsleben hat und auch auf die Beiträge, die sie durch Dienst oder Spende in der Gemeinde leisten, sehen andere auch, dass das Wort nicht nur zur Unterhaltung gepredigt wird, sondern um das Leben des Einzelnen umzugestalten.

Der nächste Bereich ist gerade der Lebenswandel. Auch darin braucht eine Gemeinde überzeugende Mitglieder. Im Alltag kann man ganz gut erkennen, ob unser Leben anders ist als das des allgemeinen Durchschnitts. Nun, dabei bemühen sich auch manche, für die anderen Menschen ein Vorbild zu sein. Doch wenn man sich erst unter Christen weiß, denkt man oft nicht daran, dass die anderen Christen auch ein Vorbild im Wandel brauchen. Da heißt es, besondere Liebe denen gegenüber zu zeigen, die nicht mit uns übereinstimmen oder uns sogar widerstehen.

In der Gemeinde sollten wir anfangen, die Einsamen zu sehen und uns ihrer annehmen. Das kann erfordern, dass wir unseren Freundeskreis einmal innerlich beiseite stellen und uns derer annehmen, die in der Gemeinde immer wieder allein in den Veranstaltungen sitzen. Wie schön, wenn solche Leute auch einmal zu Gast in die Häuser eingeladen werden. Das wird unter Umständen von den anderen gesehen und regt zur Nachahmung an.

Ein dritter Bereich, in dem Vorbilder erwünscht sind, ist die Liebe. Zu viele geben sich in der Gemeinde mit dem Prinzip zufrieden: „Liebe deinen Nächsten wie dich selbst." Das ist zwar schon beachtlich, doch vergessen sie dabei, dass Jesus uns ein neues Gebot gegeben hat, nämlich *„dass ihr euch untereinander lieb habt"* (Joh. 13,34).

Das Gebot der Nächstenliebe ist eigentlich alttestamentlich und wird zwar im Neuen Testament hier und da zitiert, doch das Ideal, das wir anstreben sollen, ist, uns untereinander zu lieben, wie Jesus Christus uns geliebt hat! Dabei soll sich in unserem Leben eine Selbstlosigkeit zeigen, die sogar selbstsüchtigen Gläubigen in der Gemeinde auffallen wird. Denn auch in der Gemeinde kann es Menschen geben, die uns nicht unbedingt lieben. Die Frage ist aber, ob gerade sie merken, dass wir sie lieben. Wenn wir nämlich nur die lieben, die uns auch mögen, was tun wir dann Besonderes? Das tun laut Matthäus 5,46.47 auch die Heiden und Zöllner. Die Not an Gemeindegliedern, die vorbildlich lieben, ist sehr groß.

Das vierte Gebiet für mitarbeitende Christen bedeutet, ein Vorbild im Geist zu sein. In einer Gemeinde ist selten zu erwarten, dass alle Glieder vom Heiligen Geist erfüllt sind. Voll Geistes zu sein bedeutet nicht nur, dass Gottes Geist in unserem Herzen Raum gewonnen hat, sondern dass wir ganz unter seiner Kontrolle stehen.

Schon in der ersten Gemeinde musste man sich nach Menschen umsehen, die *„voll heiligen Geistes und Weisheit"* waren (Apg. 6,3), um solchen vorbildlichen Gliedern den Dienst als Diakon aufzuerlegen. Und wen wählten sie? Einen Stephanus, der *„voll Gnade und Kraft"* war und von dem es heißt, *„sie vermochten nicht zu widerstehen der Weisheit und dem Geist, in dem er redete"* (Apg. 6,8.10).

Diese Ältesten und Diakone waren vorbildliche Glieder. Doch zu viele Gemeindeglieder heute schauen sich nach solchen geisterfüllten Brüdern und Schwestern um, statt sich mit der Frage zu beschäftigen: Wie kann ich zu einem solchen Glied werden, das vom Heiligen Geist erfüllt ist?

Der nächste Bereich, in dem eine Gemeinde Vorbilder braucht, heißt Glaube. Damit ist nicht der Glaube zum Heil gemeint, den alle Gotteskinder haben müssen, denn ohne ihn kann niemand gerettet werden (Röm. 5,1; Eph. 2,8). Hier geht es um einen Glauben, der die Welt überwindet (1. Joh. 5,4), um den Glauben, zu dem Jesus seine Jünger aufforderte: *"Glaubt an Gott und glaubt an mich"* (Joh. 14,1). Das bedeutet dann, dass wir nach den Worten Jesu leben, der gesagt hat: *"In der Welt habt ihr Angst; aber seid getrost, ich habe die Welt überwunden"* (Joh. 16,33).

Damit kann auch der Glaube gemeint sein, den ein Christ als eine besondere Gnadengabe erhalten kann (1. Kor. 12,9). Wir dürfen uns hier an den Apostel Paulus erinnern, der als Gefangener auf dem Schiff nach Rom in einen großen Sturm geriet, bei dem alle Leute aufhörten zu essen und keine Hoffnung mehr hatten. Da stand er auf und sagte: *"Darum, liebe Männer, seid unverzagt; denn ich glaube Gott, es wird so geschehen, wie mir gesagt ist"* (Apg. 27,25).

Viele kommen in die Gemeinde, die im Sturm des Lebens hilflos dastehen, Angst haben und keinen Mut besitzen. Dann braucht man Glieder in der Gemeinde, die überzeugenden Glauben besitzen; Glauben an einen Herrn, den man wecken und dem man alle Not sagen darf und der dann aufsteht und Wind und Meer bedroht, indem er sagt: *"Schweig und verstumme! Und der Wind legte sich, und es entstand eine große Stille"* (Mark. 4,39).

Hätte Jesus nicht die meisten in der Gemeinde auch fragen müssen, wie er damals die Jünger fragte: *"Was seid ihr so furchtsam? Habt ihr noch keinen Glauben?"* (Mark. 4,40)? Doch welch ein Segen ist es, wenn mitten in einer schwierigen Situation, wo Christen von Zweifeln geplagt sind, jemand aufsteht, der ein Vorbild im Glauben ist.

Der letzte Bereich, für den Vorbilder in der Gemeinde wichtig sind, betrifft die Keuschheit oder Reinheit. In der Gemeinde nimmt die allgemeine Gleichgültigkeit der Sünde gegenüber immer mehr zu. Manche sprechen vielleicht noch von den Sünden anderer, aber selten von ihrem eigenen Versagen. Wie sucht man dann nach Menschen, von denen man den Eindruck hat, dass sie ihr Leben Gott unterstellt haben mit dem Gebet: *"Erforsche mich, Gott, und erkenne mein Herz; prüfe mich und erkenne, wie ich's meine. Und sieh, ob ich auf bösem Wege bin, und leite mich auf ewigem Weg"* (Ps. 139,23-24).

Nur von solchen Christen kann man sagen, sie seien *"Gottes Kinder, ohne Makel mitten unter einem verdorbenen und verkehrten Geschlecht, unter dem ihr scheint als Lichter in der Welt"* (Phil. 2,15).

Über das richtige ethische Verhalten sind manche Gemeindeglieder verwirrt und wissen oft nicht, welche Maßstäbe auf diesem Gebiet gelten sollen. Der Prophet Jesaja könnte auch über unsere Generation sagen: *„Weh denen, die Böses gut und Gutes böse nennen, die aus Finsternis Licht und aus Licht Finsternis machen, die aus sauer süß und aus süß sauer machen!"* (Jes. 5,20).

Wie sehr brauchen wir Vorbilder unter den Christen in der Reinheit! Es gibt zwar Gläubige, die ihre eigene Heiligkeit dadurch bezeugen wollen, dass sie diesbezüglich Kritik an der Gemeinde üben. Doch sind sie gewöhnlich nicht darum besorgt, selbst zu einem Vorbild in der Gemeinde zu werden. Ich wünschte, dass mehr Christen mit Paulus sagen könnten: *„Folgt mir, liebe Brüder, und seht auf die, die so leben, wie ihr uns zum Vorbild habt"* (Phil. 3,17).

Mitarbeit in der Gemeinde

Der Herr Jesus Christus hat eine sehr große Ernte einzunehmen. Aber *„wenige sind der Arbeiter. Darum bittet den Herrn der Ernte, dass er Arbeiter in seine Ernte sende"* (Matth. 9,37-38). Deshalb fordert Paulus den Titus auf: *„Dich selbst aber mache zum Vorbild guter Werke"* (Tit. 2,7).

Viele Christen haben den Zweck ihrer Erlösung vergessen. Paulus weist darauf hin, dass Jesus *„sich selbst für uns gegeben hat, damit er uns erlöste von aller Ungerechtigkeit und reinigte sich selbst ein Volk zum Eigentum, das eifrig wäre zu guten Werken"* (Tit. 2,14).

Im Epheserbrief betont er, dass wir aus Gnade gerettet worden sind, und deswegen sind wir *„sein Werk, geschaffen in Christus Jesus zu guten Werken, die Gott zuvor bereitet hat, dass wir darin wandeln sollen"* (Eph. 2,10).

An Arbeit fehlt es wohl bei den wenigsten. Dennoch sollte unsere Frage sein: Habe ich in der mir zur Verfügung stehenden Zeit meine Kräfte für die Gemeinde eingesetzt bzw. plane ich dies zu tun? Jemand hat einmal gesagt, dass Satan sich so sehr bemüht, uns mit Gutem zu beschäftigen, dass wir keine Zeit haben, das Beste zu tun. Dazu würde Jesus bestimmt sagen: „Was ihr der Gemeinde getan habt, das habt ihr mir getan." Man kann sich kaum einen Dienst denken, der Jesus näher steht als der, den wir für und in der Gemeinde, also für das Reich Gottes verrichten.

Auf Predigerfreizeiten wird oft gefragt: „Wie kann man Menschen für die Mitarbeit in der Gemeinde motivieren?" In vielen Gemeinden sind es nur knapp fünf Prozent der Glieder, die tatsächlich die Arbeit in der Gemeinde tragen. Die anderen sind mehr oder weniger Zuschauer. Man glaube doch nicht, dass alle, die in der Gemeinde einen Dienst tun, im Durchschnitt mehr Zeit haben als Christen, die nicht mitarbeiten. Wiederholt habe ich Personen, die mir freudig mitteilten, was sie in der Gemeinde tun, gefragt: „Woher habt ihr denn die Zeit, euch in diesem Umfang hier einzusetzen?" Immer wieder höre ich dann die Antwort: „Ich habe nicht die Zeit – ich nehme mir Zeit". Wer Jesus und seine Gemeinde liebt, wird sich Zeit zum Dienst nehmen.

Kritik in der Gemeinde

Oft werden die Kritiker in einer Gemeinde selbst heftig kritisiert, so dass man den Eindruck gewinnen könnte, dass die Gemeinde gar keine Kritik wünscht. Doch eine gesunde Gemeinde ist nie ganz mit dem zufrieden, was sie momentan ist, oder mit dem, was sie gerade tut. Sie möchte um jeden Preis an innerem geistlichen Leben zunehmen, aber auch äußeres Wachstum verzeichnen. Dafür ist es erforderlich, dass alles, was in der Gemeinde geschieht, immer wieder überprüft wird. Man sollte dann das Gute unterstreichen und weiter unterstützen. Schwachstellen aber sollte man herausgreifen und sie entweder gesunden lassen oder beseitigen.

Eine solche Überprüfung ist eine Art Kritik, die man an sich selbst, an der Gemeinde, übt. Dazu benötigt man Personen, die eine Sache klar durchschauen und feststellen können, warum sie vielleicht erfolgreich ist und eine andere nicht; wie man einen Bereich noch besser gestalten kann und was man vermeiden sollte. Man muss hier jedoch genau unterscheiden, ob die Kritik negativ ist, d. h. niederreißt und keinen Ersatz anbietet, oder ob positive Kritik geübt wird, die Mängel aufdeckt und Vorschläge anbietet, wie man diese durch entsprechende Mittel oder Wege beseitigt. Negative Kritiker können sogar ein Fluch statt ein Segen sein.

Doch die positiv Kritisierenden, denen es nicht darum geht, etwas niederzureißen, sondern die sich alle Mühe geben, eine Sache zu verbessern und die Gemeinde aufzuerbauen, sind vielleicht prophetisch begabt und ein Geschenk vom Herrn.

Wer auf diesem Gebiet dienen kann, sollte den geistlichen Zustand der Gemeinde immer mit seinem eigenen geistlichen Leben vergleichen. Es kann nämlich vorkommen, dass man den „Splitter" in der Gemeinde sieht und den „Balken" im eigenen Auge übersieht. Wenn jemand anderen gegenüber kritisch ist und sich nicht selbst auch der Kritik unterwirft, muss sein Beitrag in Frage gestellt werden. Doch wie oft haben Prediger und Pastoren schon mit strahlendem Gesicht mitgeteilt, welch eine große Hilfe die Gemeinde durch positive Kritik von Gliedern bekommen hat.

Ganz wichtig wäre hier noch zu betonen, dass man bei Kritik das Hauptgewicht auf die Sache legt und nie eine Person angreift. Es ist zwar oft schwierig, eine bestimmte Sache von einer (dafür verantwortlichen) Person zu unterscheiden. Dann sollte man sich jedoch alle Mühe geben, für beide – sowohl für die Sache als auch für den betreffenden Mitarbeiter – positiv, aufbauend, zu denken. Das Anliegen selbst kann gewiss an erster Stelle stehen, doch das bedeutet nie, dass die damit verbundene Person rücksichtslos zur Seite geschoben werden darf, vielleicht kann man ihr zeigen, wo ihre Art mehr Erfolg haben könnte, oder man erwägt andere Methoden. In jedem Fall sollte der Mitarbeiter merken können, dass man für die Sache als solche ist und nicht gegen ihn persönlich.

Ein falscher Eindruck kann eigentlich nie entstehen, wenn man liebevoll nach Veränderungen sucht. Wo ein Mensch weiß, dass er vom anderen geliebt wird, ist er gewöhnlich auch offen, auf dessen Rat zu hören.

Andererseits sollte ein Mitarbeiter, der einen bestimmten Dienst tut, nicht immer gleich Kritik daran persönlich nehmen und dann sogar gekränkt sein. Manche Gemeindemitarbeiter und Pastoren haben auf diesem Gebiet Schwierigkeiten und sollten sich nicht scheuen, darüber ein seelsorgerliches Gespräch zu suchen.

Jedes Glied hat eine Gabe. Wenn aber diese Gabe nicht richtig erkannt oder angewandt wird, muss man dem Glied helfen, seine Gabe herauszufinden und einen Platz für seinen Dienst zu suchen. Auf der anderen Seite sollte sich auch ein Gemeindemitarbeiter immer wieder sagen: Das Wohl der Gemeinde Jesu steht gewissermaßen über dem persönlichen Wohl des Einzelnen. Eine geistliche Einstellung wird sich immer bereit zeigen, die erwähnten Prioritäten zu akzeptieren und entsprechend zu handeln.

Korrektur in der Gemeinde

Die Gemeinde Jesu hat nun einmal den Auftrag zur gegenseitigen Korrektur von ihrem Herrn erhalten. Sie hat dem einzelnen Glied in seinem Lebenswandel zu helfen und es vor Irrtum zu bewahren (Matth. 18,15-17; 1. Kor. 5). Wir lesen auch in Galater 6,1:

„Liebe Brüder, wenn ein Mensch etwa von einer Verfehlung ereilt wird, so helft ihm wieder zurecht mit sanftmütigem Geist, ihr, die ihr geistlich seid; und sieh auf dich selbst, dass du nicht auch versucht werdest." Auch Jakobus erwähnt diese Aufgabe: *„Liebe Brüder, wenn jemand unter euch abirren würde von der Wahrheit und jemand bekehrte ihn, der soll wissen: wer den Sünder bekehrt hat von seinem Irrweg, der wird seine Seele vom Tode erretten"* (Jak. 5,19-20).

Die menschliche Natur sträubt sich gewöhnlich gegen die Annahme von Zurechtweisung durch andere. Als Jesus diesen gegenseitigen Dienst der Zurechtweisung durch die Fußwaschung veranschaulichte, war Petrus nicht bereit, diese an sich vollziehen zu lassen. Da antwortete Jesus ihm: *„Wenn ich dich nicht wasche, so hast du kein Teil an mir"* (Joh. 13,8). Erst als Petrus sah, wie ernst die Sache war, meinte er: *„Herr, nicht die Füße allein, sondern auch die Hände und das Haupt"* (Joh. 13,9).

Wer die Aufgabe hat, jemanden zu korrigieren, sollte es immer mit sanftmütigem Geist tun, ohne jede Selbstüberhebung dem anderen gegenüber. Denn wir lasen in Gal. 6,1: *„sieh auf dich selbst, dass du nicht auch versucht werdest."* Wir stehen immer in der Gefahr, in der gleichen Versuchung oder in einer anderen selbst zu fallen.

Andererseits sollte jedes Gemeindeglied die Bereitschaft zeigen, sich dem geistlichen Urteil der Geschwister und der Gemeinde zu unterstellen. Hierbei gelten die Worte des Apostels Paulus: *„Tut nichts aus Eigennutz oder um eitler Ehre willen, sondern in Demut achte einer den andern höher als sich selbst, und ein jeder sehe nicht auf das Seine, sondern auch auf das, was dem andern dient"* (Phil. 2,3-4).

In unserer westlichen Kultur hat sich der Individualismus so stark behauptet, dass wir zögern, uns von jemandem etwas sagen zu lassen. Doch wenn die Gemeinde uns etwas mitteilt, dann sollte man es nach den Worten Jesu ernst nehmen, der gesagt hat: *„Hört er auch auf die Gemeinde nicht, so sei er für dich wie ein Heide und Zöllner"* (Matth. 18,17).

Gemeindebewusstsein im Alltag

Die Gemeinde existiert nicht nur für die paar Stunden, während wir uns in einer Veranstaltung befinden, in der alle Glieder anwesend sind. Gewisse Stunden in der Woche ist die Gemeinde versammelt, aber in der restlichen Zeit ist sie verstreut: hier und da in den Häusern, an verschiedenen Arbeitsplätzen oder auch in den verschiedenen Schulen. Die Gemeinde existiert nicht nur in einem Haus oder in einem Saal, während sie ihre Veranstaltungen hat – sie besteht 24 Stunden am Tag, das ganze Jahr hindurch. Wir müssen also lernen, sowohl an eine versammelte Gemeinde zu denken, als auch an eine Gemeinde in der Zerstreuung. Das einzelne Glied darf dieses Gemeindebewusstsein nicht einfach in dem Haus belassen, in dem die Gottesdienste stattfinden. Dort, wo es die restliche Zeit verbringt, ist es immer noch Christ und Gemeindeglied. Sein Reden und sein Benehmen spiegeln die Gemeinde vor den Augen der Welt wider.

Das bedeutet nun, dass wir in unserem Wesen die Gesinnung Jesu Christi, die auch die Gesinnung der Gemeinde sein soll, bewahren und dass unser Reden und Verhalten im persönlichen Leben die Christusähnlichkeit, die eine Gemeinde zeigen soll, reflektiert. Es bedeutet weiter, dass ich die ganze Woche, also auch im Alltag, für Jesus und die Gemeinde da bin. Unsere Umgebung muss auch erkennen können, dass wir keine Einzelchristen sind, sondern dass wir als Glieder in Christus verbunden sind und dass wir uns gern für ihn und das Wohl seiner Gemeinde bemühen. Ein Gemeindeglied kann durch unbiblisches Verhalten die Gemeinde vor den Augen der Welt unansehnlich machen. Andererseits kann es durch sein Leben und Reden den Herrn und die Gemeinde so darstellen, dass Ungläubige fragend werden und auch einmal mit zum Gottesdienst oder Hausbibelkreis kommen möchten, um zu erfahren, wie es dort zugeht.

Eigentlich sollen die Veranstaltungen im Haus der Gemeinde, wo sie sich versammelt, die Glieder ausrüsten, damit sie in der Zerstreuung glaubwürdige Christen sind. Und jedes Glied darf dort seine Aufgabe ernst nehmen, wo es der Herr hingestellt hat, um ein echtes Zeugnis für Christus und die Gemeinde zu sein. Doch wenn Gemeindeglieder den Zweck der Gemeindeveranstaltungen nur darin sehen, geistliche Gemeinschaft zu erleben, und nicht zugleich Auswirkungen für ihren Alltag im individuellen geistlichen Kampf erwarten, dann versagt diese Gemeinde. Jedes Glied muss deshalb aus den Veranstaltungen eine erneute Zurüstung mitnehmen können.

Geduld einüben in der Gemeinde

Von Natur aus sind die meisten Menschen ungeduldig, und bei den meisten fehlt es auch nicht an der Selbstrechtfertigung dafür. Doch die Geduld ist nicht zuletzt eine Frucht des Geistes. Demnach könnten wir sagen, dass Ungeduld ein Ausdruck unserer alten Natur ist, und zwar gehört sie zu den Werken des Fleisches. Zumindest gelten für jeden Gläubigen die Worte: *"Geduld aber habt ihr nötig, damit ihr den Willen Gottes tut und das Verheißene empfangt"* (Hebr. 10,36).

Geduld spricht von der Fähigkeit, unter einer Last zu bleiben und sie nicht vorschnell abzuwerfen. Diese Belastungsfähigkeit fehlt uns immer wieder. Sobald wir eine Last zu tragen haben, werden wir unruhig und beginnen andere zu beschuldigen, so dass es wirklich schwer wird, mit uns zu leben. Je weniger wir für Belastungen bereit sind, desto mehr muss der Herr uns in Zucht nehmen und uns immer wieder Lasten auferlegen.

Ein junger Mann kam zu seinem Seelsorger und klagte ihm, dass er so ungeduldig sei. Er bat, um mehr Geduld für ihn zu beten. Die beiden knieten nieder und der Seelsorger betete herzlich darum, Gott möge dem jungen Mann Bedrängnis schicken. Als er diese Bitte vor dem Herrn mehrmals wiederholte, wurde der junge Mann unruhig und meinte: „Nein, ich will keine Bedrängnis – ich will Geduld!" Darauf antwortete der Seelsorger mit Römer 5,3: *„Nicht allein aber das, sondern wir rühmen uns auch der Bedrängnisse, weil wir wissen, dass Bedrängnis Geduld bringt."*

Ähnlich meint auch Jakobus, dass wir es für lauter Freude erachten sollen, wenn wir in mancherlei Anfechtungen fallen (Jak. 1,2). Warum das denn? In den Anfechtungen erkennen wir unsere eigene Hilflosigkeit und müssen warten, bis uns der Herr hilft. Jakobus fügt dann hinzu: *„und wisst, dass euer Glaube, wenn er bewährt ist, Geduld wirkt. Die Geduld aber soll ihr Werk tun bis ans Ende, damit ihr vollkommen und unversehrt seid und kein Mangel an euch sei"* (Jak. 1,3-4).

Wenn wir eine Last zu tragen haben und uns nicht helfen können, dürfen wir jedoch Gott glauben, dass er uns helfen wird. Und solange wir diesen Glauben festhalten, können wir die Last aushalten. Das ist Geduld. Und diese Geduld soll fest an der Arbeit bleiben bis ans Ende. Wenn jemandem die Geduld reißt, zeigt sich, dass bei dieser Person noch bestimmte Mängel vorhanden sind und sie noch nicht vollkommen ist.

In der Gemeinde gibt es auch manche Lasten zu tragen. Wir erwarten, dass Menschen sich ändern und es passiert nicht. Israel wurde einmal durch Mose Wasser geschenkt, indem er an den

Felsen schlug. Beim zweiten Mal sagte Gott, dass Mose zu dem Felsen reden sollte. Da scheint Mose aber so ungeduldig gewesen zu sein, dass er wieder an den Felsen schlug, statt nur mit ihm zu reden (4. Mose 20,7-13). Und weil er ungehorsam war, durfte er das Volk Israel nicht triumphierend in das verheißene Land führen. Mose war schon als junger Mann ungeduldig und wollte seine Brüder durch seine eigene Kraft retten. Darauf musste er vierzig Jahre in der Wüste verbringen, um Geduld zu lernen (2. Mose 2). Wieviel hat Mose doch seine Ungeduld gekostet!

In der Gemeinde können wir durch Ungeduld sehr viel zerschlagen. Wir sollen uns in der Gemeinde als Diener Gottes mit großer Geduld erweisen. Wer darauf besteht, unbedingt das zu bekommen, was er will, offenbart durch seine Ungeduld eher Unreife und Unvollkommenheit. Ich wünschte, dass man uns so loben könnte, wie Paulus die Thessalonicher: *„Darum rühmen wir uns euer unter den Gemeinden Gottes wegen eurer Geduld und eures Glaubens in allen Verfolgungen und Bedrängnissen, die ihr erduldet"* (2. Thess. 1,4). Uns gilt daher der Aufruf des Apostels Paulus: *„Jage aber nach der Gerechtigkeit, der Frömmigkeit, dem Glauben, der Liebe, der Geduld, der Sanftmut"* (1. Tim. 6,11).

In der Gemeinde rufen wir allen Mitarbeitern, ja allen Gliedern mit Paulus die Worte zu: *„Wir ermahnen euch aber, liebe Brüder: Weist die Unordentlichen zurecht, tröstet die Kleinmütigen, tragt die Schwachen, seid geduldig gegen jedermann"* (1. Thess. 5,14). Mit Sicherheit gibt es noch andere Aspekte bezüglich einer neutestamentlichen Einstellung des Gliedes zu seiner Gemeinde. Doch die genannten sollen genügen, damit wir uns prüfen können, ob unsere Einstellung zur Gemeinde den Erwartungen Gottes in seinem Wort entspricht oder ob wir immer wieder unsere alte Natur offenbaren, wenn wir eine falsche Einstellung zur Gemeinde haben.

Hier gilt es einmal ganz aufrichtig zu sein und ein biblisches Urteil über uns selbst zu fällen. In Bereichen, wo wir versagt haben, wollen wir unsere Sünden bekennen und Vergebung annehmen, damit unsere Einstellung zur Gemeinde dem Muster des Neuen Testaments immer näher kommt.

Wenn wir das aufrichtig tun, kann es vielleicht geschehen, dass wir dabei entdecken, dass in unserer Einstellung der Gemeinde gegenüber viel mehr Fehler sind als in der Gemeinde selbst.